历史新阅读丛书

南朝那段日子

【帝国余晖卷】

上卷

小院之观 著

中国工人出版社

图书在版编目（CIP）数据

南明那段日子. 上卷, 帝国余晖卷 / 小院之观著. -- 北京 : 中国工人出版社，2021.1
ISBN 978-7-5008-7584-0

Ⅰ. ①南… Ⅱ. ①小… Ⅲ. ①中国历史—南明—通俗读物 Ⅳ. ①K248.409

中国版本图书馆CIP数据核字（2021）第019215号

南明那段日子. 上卷, 帝国余晖卷

出 版 人	王娇萍
责任编辑	刘广涛
责任印制	黄　丽
出版发行	中国工人出版社
地　　址	北京市东城区鼓楼外大街45号　邮编：100120
网　　址	http://www.wp-china.com
电　　话	（010）62005043（总编室）　（010）62005039（印制管理中心） （010）62379038（社科文艺分社）
发行热线	（010）62005996　82029051
经　　销	各地书店
印　　刷	三河市万龙印装有限公司
开　　本	710毫米×1000毫米　1/16
印　　张	20.5
字　　数	300千字
版　　次	2021年4月第1版　2023年7月第2次印刷
定　　价	49.80元

目录

第一章 天崩地陷 001
第二章 从北京到山海关 019
第三章 南京！南京！ 047
第四章 从京师到陕西 063
第五章 朱由崧的历史机遇 099
第六章 张献忠入川 126
第七章 清军定江南 161
第八章 隆武帝继位 200
第九章 云南的形势 220
第十章 湖广之变局 242
第十一章 从江西到福建 281
第十二章 两广攻略 297

第一章
天崩地陷

有这样一个朝代，说不清是从什么时候开始，有的人说是1644年，也有的人说是1645年。

有这样一个朝代，说不清是在什么时候结束，有的人说是1662年，也有的人说是1683年。

有这样一个朝代，说不清有几位皇帝，有的人说是五位，也有的人说是四位。

有这样一个朝代，当时所有人都认为它是一个朝代，但之后偏偏又不被承认是一个朝代。

它——就是南明。

南明自己也不服气呀。

我的地盘、人口都要比东晋、南宋大得多，多得多，这俩巴掌大地方的王朝都被认为是正朔，凭啥我不是？

我的时间往少了说有十八年（1644—1662年），往多了说有三十九年（1644—1683年）。看看短命的南北朝，南齐和北周也只有二十三年，西魏和北齐也只有二十一年，东魏更是只有十六年，人家都被认为是南北朝正朔，凭啥我不是？

汉朝有西汉、东汉，晋朝有西晋、东晋，唐朝有后唐，宋朝有北宋、南宋，连元朝都有北元，凭啥我南明就不被承认？

事情还得从头说起。

五龙现世

1644 年，天上出现了“五条龙”。

龙这种生物，只存在于传说之中。但在现实中，却据说有它们的子孙，也就是代言人——真龙天子，即皇帝。

1644 年是大明崇祯十七年。

1644 年是大清顺治元年。

1644 年是李自成大顺永昌元年。

1644 年是张献忠大西大顺元年。

1644 年是南明弘光政权建立。

乱了，全乱了，让我们来捋一捋。

第一条龙，年龄不大，却是资历最老的一条，君临天下已十七年，他就是崇祯皇帝朱由检，大明帝国的第十七位皇帝。1644 年，正是崇祯十七年，但这条龙已经归天。

1644 年正月，李自成大军攻克襄阳，张献忠部攻克蓟州。二月初八，太原失陷；三月初一，重镇大同总兵姜瓖不战而降；三月十七日，李自成部围攻京城。第二天，崇祯皇帝在煤山自缢，身边只有一位太监王承恩陪同上吊。

或许有人问，偌大明朝，就无可战之兵，可勤王之将，任由大顺军长驱直入，直捣京师吗？

很遗憾，确实是没有了。

明朝最后一支能战之师，督师孙传庭所部已经在 1643 年的十月初三在陕西全军覆没。孙传庭本人阵亡，死后尸骨难寻。

这是崇祯皇帝最后一支能指挥得动的军队。

《明史》中记载：“传庭死，而明亡矣。”

孙传庭兵败后，崇祯皇帝反应也很快，他迅速下令刻了一枚“荡寇将军印”。给谁呢？给孙传庭的部下白广恩。

“荡寇将军印”有多大的分量？其实很重。

在明朝，将军印不是随便给的，将军之上加以名号，更是属于难得的荣典，一般只给功勋战将，比如正统年间名将杨洪挂“镇朔将军印”出镇宣府、王骥佩“平蛮将军印”远征麓川。

到了明末，仅有一位将领被赐将军印，他就是左良玉。他在崇祯十三年（1640 年）被授“平贼将军印”。

左良玉是什么分量？他在明末掌握的是首屈一指的重镇，手下的兵力多过孙传庭，坐镇武昌，牵一发而动全身。当然在最后几年，左良玉已出现拥兵自重的苗头，无论是崇祯皇帝还是孙传庭，都已经难以直接指挥他了。

白广恩，何许人也？《明史》中无传，只在他人传记中出现。他虽也身居总兵高位，但终究是“流贼”出身，孙传庭爱其骁勇，才让他统领火车营。但汝州之战，正是白广恩的火车营首先招架不住，高喊“师败已”，引发明军崩溃。此后白广恩又因私怨不救高杰。如果追究罪责，白广恩至少应被革职、下狱。

白广恩显然无法与左良玉相提并论。崇祯皇帝为什么要把不可轻易与人的朝廷名器赐给一个败军之将呢？原因并不复杂，因为崇祯皇帝已经慌了手脚。

到了崇祯朝最后几年，朝廷威信几乎扫地。崇祯十三年（1640 年），朱由检可以处死“剿贼无功”的总理熊文灿，还可以把讳败为胜、杀良冒功的左良玉贬官三级。然而没多久，崇祯皇帝就意识到不妥，杀熊文灿不要紧，他只是个空头司令，贬斥左良玉带来的后果则难以预料，于是赶紧再加以笼络，赐予“平贼将军印”。

到了崇祯十六年（1643 年），朱由检连追责白广恩的勇气也没有了，他寄希望于白广恩能收集孙传庭部败兵，重整旗鼓，成为朝廷藩屏。

确实，孙传庭虽亡，余部还有不少，白广恩、高杰、陈永福等素称悍将，如果能收拢残部，则还有一定实力。

孙传庭部败阵的消息传到北京，崇祯皇帝迅速下令封授白广恩并铸成印信。但印信制铸总要时间，白广恩的动作比崇祯皇帝更快。就在当月，白广恩在固原投降了李自成，两人握手共饮，白广恩被封为桃源伯。

这枚罕见的印信自然就没能送到白广恩手中，可能是落到了白广恩在北京的亲属或部下手里。

1964年，“荡寇将军印”在南京玉带河底的淤泥中被发现，玉带河正是当年留都南京的御河。

此印为银质，伏虎纽，方形，纵横10.4厘米、全高7.5厘米，重3.2公斤，与明代规定的将军印信的规格完全相符。

印文铸“荡寇将军印”柳叶篆文一行五字。印上方左侧刻阴文楷书“崇祯拾陆年拾月日礼部造”，印左边缘刻阴文楷书“崇字捌佰柒拾号”。

“荡寇将军印”现藏于南京博物院，成为当时天下大乱的一个历史见证。

从兵力上看，即使孙传庭兵团覆灭了，明朝在纸面上还有将近百万的军队，几十位总兵，关外更有吴三桂的四万关宁铁骑，尚堪一战。关键是，大明朝人心散了。人心散了，队伍不好带啊。大明崇祯十七年（1644年），天下大多数人认为明朝撑了二百七十六年，气数已尽了，该是改朝换代的时候了。这种时刻，谁站队稳谁就得利。于是大家纷纷依附李自成的大顺军，许多地方即使有兵，也已不作抵抗，只需要“传檄而定”。

千百年来，这种事在改朝换代之时也是屡见不鲜。在这样的心理状态下，大顺军在短短三个月内就席卷了包括京师在内的整个黄河流域，到处是一派望风归附的景象。

崇祯皇帝在先后错失了与清朝议和、南迁、送太子去南京、调关宁军勤王、答应李自成的裂土封王要求等如此之多的机会后，最后选择了自缢。

有骨气，没脑子。

事实证明，一根筋的皇帝不是好皇帝。

崇祯皇帝对大臣们说：

议和是不会议和的，这辈子也不会议和的。

南迁是不会南迁的，这辈子也不会南迁的。

承认李自成的合法性是不可能的，这辈子也不会承认的。

撤守关外是可以撤的，但不到最后一刻也是不会撤守的。

太子是不能送走的，除非我先跑。

那你倒是跑啊！

其实，说归说，做归做，崇祯皇帝并不是没有动作，只是不肯承认而已，这是他性格上的一个缺点——死要面子。这些方案，除了裂土封李自成为王被崇祯皇帝立马拒绝，其他方案都有大臣提议过。崇祯皇帝也切实考虑过，议和、迁都甚至都已经提到了执行层面。

崇祯十五年（1642 年），一直作为崇祯皇帝的代理人同皇太极秘密议和的兵部尚书陈新甲，由于保密工作失误，走漏了风声，崇祯皇帝为了甩锅，将陈新甲九月二十二日斩于市。

议和大门从此关闭。

崇祯十七年（1644 年），新年刚过，面对一路前推的大顺军，朝中大臣提出了三种意见：南迁、撤守、出击。

南迁和撤守都是相对比较理性的选择，如果综合来看，南迁最为稳妥。

但崇祯皇帝选择了出击……

他同意了吏部右侍郎兼东阁大学士李建泰的请命，以最高规格给他送行，并调集最精锐的士兵给他，连西洋人汤若望都随军出征，负责火攻水战。

为了便宜从事，崇祯皇帝赐他兵部尚书一职及尚方宝剑，还亲自给他斟酒三杯，然后下敕令：“代朕亲征。”

明朝由此搁置了其他方案。

被崇祯皇帝寄予厚望的李建泰，于正月二十六日出征，攻下了自家军队驻守的广宗县城，然后躲到了保定府。二月，保定被攻破，李建泰被活捉。

崇祯皇帝火速发勤王诏，召天下兵马进京勤王。问题是，已经来不及了。

吴三桂那回事儿，大家都知道了。但相对来说，他的表现还算是好的。

刘泽清则比吴三桂更牛，拥兵自重，拒不奉诏。

三月十七日，大顺军兵临北京城下；三月十九日，崇祯皇帝在煤山自缢。

崇祯皇帝就这样不争气地死了，甚至连个接班人都没安排，三个儿子被一网打尽。这一点将在随后的日子给依然存续的明朝势力带来巨大的麻烦。

其余几条小龙，在崇祯皇帝面前都是小字辈。崇祯皇帝但凡有一口气在，还是名义上的大明天子，大半壁江山还在他手，清军入关估计不会如此顺利，老朱家也不会闹成一锅粥。

可惜，崇祯皇帝还是不争气地死了。

第二条龙，大顺政权的开国和亡国皇帝——李自成。

李自成，陕西榆林米脂人，原名鸿基，小字黄来儿，又字枣儿。李自成不是纯粹的汉人。李家世代居住的地方叫李继迁寨，正是以西夏先祖李继迁的名字命名。

李自成，简直就是上天派来给大明朝捣乱的。如果按照《封神演义》的说法，他可能就类似女娲派下的狐狸精，专门对付崇祯皇帝，不然无法解释李自成跟崇祯相爱相杀、高度重合的一生。

崇祯皇帝登基第二年，李自成在陕西举旗造反，两人你打我一拳，我踢你一脚，你来我往，打了十六年之久。

其间，原本实力明显占优的崇祯皇帝有几次机会把李自成打到形神俱灭，但李自成愣是缓过来了，不但缓了过来，还实现了反杀。

李自成推倒了崇祯皇帝，推翻了大明，然后……当了四十二天的皇帝……

1645 年，李自成意外死亡……据说是在湖北九宫山死于一个当地农民的手里。

李自成与朱由检之死，仅仅相差一年。

李自成，生来就是为了推翻大明朝的。用一个词来形容的话，两人就是“一生之敌”。

第三条龙，是条吃人的龙，大西政权的首任和末任君主——张献忠。

张献忠，字秉忠，号敬轩，外号黄虎，陕西定边县人。

张献忠跟李自成一样，原来也是给崇祯皇帝打工的。他当过捕快，从过军，但都很失败，只得流落民间。

崇祯三年（1630年），张献忠发动暴动，自号“八大王”。跟李自成一样，张献忠也几度濒临绝境，通过假投降才得以保全。

崇祯十二年（1639年），张献忠再起。

崇祯十四年（1641年），张献忠攻克重镇襄阳；崇祯十五年（1642年），攻陷泸州；崇祯十六年（1463年），攻占武昌。在武昌，他自称“大西王”，建立起了大西政权。

有意思的是，大西政权的年号叫“大顺”，据说这是张献忠诚心为了压李自成一头而决定的。

严格来说，李自成不应该被称为大顺皇帝，大顺是他的国号，他的年号叫作永昌，大顺永昌皇帝才是正确的叫法。

张献忠和李自成经常被拿来相提并论。两人是老乡，又都是农民军领袖，轨迹也多有重合。如果说李自成的大顺政权在短时间内还算名正言顺，他至少当过龙的话，那张献忠只能称为毒蛇，而且是吃人的那种。

张献忠屠川的说法由来已久。

献忠之在蜀也，杀掠尤惨，城邑村野，至数百里无人迹。民逃入深山，不得食而死者委填岸谷；或采草木叶食之，得生者久乃化为野人，裸处林栖，体生白毛，遇人则搏杀之而吮其血。

——王夫之《永历实录》

贼性喜杀，乱蜀时，立赏格：凡部卒日得男壮手足二百双者授把总，女倍之；童稚不计。

——温睿临《南疆逸史》

献贼欲屠成都民，孙可望谏曰："其名等随王多年，身经数百战，所得之地即行杀戮，不留尺寸以作根本。士民既杀，地方取之何用？苟不修王业，将士随王亦无益矣。必欲屠民，其名愿刎颈以代民死。由是马元利、李定国、孙可望、艾能奇、白文选、张化能、刘文秀、张能第等，皆俯伏流涕谏，乃止。"

——吴伟业《绥寇纪略》

县榜取士，士争乞生，复以兵围之，数千人咸振笔携策而死。

——查继佐《罪惟录》

会献贼欲尽杀川兵……会献贼前锋猝至，初九日城陷，焚杀无遗。

——韩国相《流离传》

尽勒绅士入城、军民入村，凡居山扎寨者攻之，擒之，斩首剁手无算。

抚南营内逃去都司张斗南。献贼大怒。除将军都督外，凡南路全营大小官悉诛之。宥死者二人。责抚南百棍，都督各百五十棍，四路追拿，遇兵民即杀。

献忠调远近乡绅赴成都，尽杀之。调各学生员听考，到即禁之大慈寺，齐集之日，自寺门两旁各站甲士三层至南城。献忠坐街头验发，如发某一庠过前，一人执高竿悬白纸旗一副，上书：某府州县生员。教官在前，士子各领仆从行李在后，鱼贯而行至城门口，打落行李，剥去衣服，出一人甲士即拿一人。牵至南门桥上，斫入水中，师生主仆悉付清流，河水尽赤，尸积流阻。

献贼移师出城，驻营于郊。令各营纵火烧毁房屋。一时各郡县城野庐舍俱烬，未尽残木必攒焚成灰而后止。平成都城，推堕其墙垛。

秋八月，献贼弃成都北去，行次顺庆界。大阅，尽杀川兵，不留一卒。川兵尽。

《蜀乱》

这些史料中，既有明末士人编纂的史书，又有清朝官绅撰写的史书，还有明末遗民编纂的通史，内容众口一词，全部指向张献忠杀人嗜血。

三人能成虎，而三十人、三百人、三千人众口一词，有没有虎呢，大家可以自己判断。

张献忠为什么会迅速败亡呢？也是因为杀人，这个到后面再说。

第四条龙，是条外来的龙，他是清世祖爱新觉罗·福临，也就是顺治皇帝。

1644 年的顺治皇帝还只有六岁，做主的是他的叔叔，年富力强的摄政王、和硕睿亲王多尔衮。

当时的后金已改国号为清，定族名为“满洲”。

关于满洲的由来，有这样一个传说。

在东北的白山黑水之间，有两个小小的村落。一个叫布尔胡里村，一个叫梨皮峪村。布尔胡里村，在库里山的南面，梨皮峪村在库里山的北面。两个村因互相抢掠，世代为仇。

布尔胡里村的村长叫干木儿，他有三个女儿。大女儿叫恩库伦，二女儿叫正库伦，三女儿叫佛库伦。老大已经出嫁，老二也已订婚，唯独佛库伦还没有意中人。佛库伦不仅长得俊俏，而且聪明伶俐，性情温顺，又善于骑射，所以深受父母的宠爱。梨皮峪村的村长叫猛哥，身边只有一根独苗，叫乌拉特。乌拉特年轻英俊，是一位能骑善射的猎手。

一次，乌拉特率民兵抢劫布尔胡里村新买来的马匹时，悄悄地放走了押送马匹的佛库伦，从此二人心心相印，经常偷偷地在山谷中幽会。不久，佛库伦怀孕了。大姐恩库伦、二姐正库伦发现了佛库伦的秘密，并答应替妹妹保密。

于是姐妹三人编了一个故事哄骗父亲。他们对父亲说，姐妹三人在山泉边沐浴时，碰到了三只灵鹊，口含红果放在了佛库伦的衣服上就飞走了。佛库伦在穿衣服时看到了红果就吃掉了，结果就怀孕了。父亲轻信了她们的话，认为佛库伦怀的是神种，于是倍加保护，十个月后生下一个男孩，取名叫雍顺，姓爱新觉罗，这就是满族的先人。

雍顺长到十七岁时，已成为一名英俊的青年，吟诗绘画，骑马射箭样样精通。他编了一条柳条船，告别了父老乡亲，沿河探险。也不知漂流了多久，最后在一条港湾边，他停下了船，筋疲力尽地昏迷过去。

过了不久，一位洗衣的少女发现了雍顺，把他救上了岸，后来二人结为夫妻，并定居在这里。这个地方叫三姓，村民见雍顺能文能武，就推举他为贝勒（满语，王的意思）。众人又建城叫鄂多里，从此一代一代地传下去。到了明代，在鄂多里设建州卫，封贝勒为都督。第一个都督叫孟特穆（亦称猛哥帖木儿），死后又传至福满，福满去世后传给觉昌安，觉昌安又传给了塔克世，塔克世又传给了清代开国皇帝努尔哈赤。1616年，努尔哈赤建立后金，年号天命。1627年，皇太极继位建都于沈阳，1636年改国号为“大清”。

这就是满族起源在史书上所记述的故事：“布库里雍顺，母曰佛库伦，相传感朱果孕……”（《清史稿·太祖本纪》）

感朱果怀孕的故事，当然只是个传说。实际上，女真是个古老的民族，可追溯到三千多年前的肃慎。到了明朝永乐初年，女真的祖先孟特穆猛哥帖木儿，率族人归附，朱棣设置建州卫和建州左卫作为安置。

建州女真的祖先猛哥帖木儿死后，建州左卫由他的弟弟凡察掌管。猛哥帖木儿有个儿子叫董山。董山又称充善、童仓。董山有三个儿子：妥罗、妥义谟、锡宝齐篇古。

努尔哈赤的父亲是塔克世，塔克世的父亲是觉昌安，觉昌安的父亲是福满，福满的父亲是锡宝齐篇古，所以董山是努尔哈赤的五世祖。

正统五年（1440年），建州左卫的凡察、董山为了躲避野人女真，率部族迁移到了建州卫首领李满住这边，一同居住在苏克苏浒河流域。

凡察是董山的叔叔，猛哥帖木儿死后，两人一直争夺建州左卫的首领之位。为了安抚他们，明朝又设立了建州右卫，由董山统领，两人同为都督同知。从此建州女真分为建州卫、建州左卫、建州右卫三个部分，这就是“建州三卫”的由来。

但是，辽东苦寒，无所产出，三卫民众生活困顿，即使开设了互市，还是穷得不像样。咋办呢？只有去抢了。去哪儿抢呢？北面有死敌野人女真，比建州更穷；西面是比女真更狠的蒙古，比建州更能打；那就只有南面的大明了，既富又比蒙古好抢，就像几百年后努尔哈赤所做的那样。

建州女真纠合其他部族，先后杀掠明朝边民数万，抢夺的财物不计其数。

不过，他们遇到了成化皇帝朱见深这个铁杆的鹰派。他先后两次派出大军扫荡女真，下诏“捣其巢穴，绝其种类”。

明朝成化年间的女真和万历晚期的女真不在一个档次，彼时明朝内部也没有遍地的烽火，女真被打得几乎灭族，首领李满住（后来建州女真改称“满洲”，就是从他的名字而来，即“李满住的建州女真部”之意）和他的儿子被朝鲜军队斩杀。董山被明军抓获，在押送途中因试图逃脱被杀。

明宪宗朱见深虽然有口吃的毛病，却是个坚决的主战派，讷于言而敏于行，这就是著名的“成化犁庭”。

经过这次犁庭扫穴的进剿，建州女真安分了一百多年，直到努尔哈赤崛起后，才逐渐成为明朝的心腹大患。

从努尔哈赤到皇太极，从后金到大清，女真一次次击败明军，并且收服了蒙古和朝鲜，成为明朝最大的边患。

1644年，清军入关，李自成弃守北京。

同年十月，六岁的顺治皇帝在北京登基，这已经是他第二次登基。顺治这个年号也有讲究，意思是“治国顺利，实现华夏统一”。

他第一次登基是在年初，在沈阳由多尔衮扶立继位。但入了关，一切变得不同，关外的登基继位无法服众。

没办法，为了名正言顺，顺治皇帝只好再辛苦一下。

第五条龙，是福王朱由崧，也就是南明弘光帝。

朱由崧是万历皇帝的孙子，明熹宗朱由校、明思宗朱由检的堂兄弟。在朱由检自缢，三位皇子遇难后，他继位可以说是名正言顺。

偏偏就在名分上出现了最大问题。

朱由崧算得上是苦大仇深。

他的老子福王朱常洵，是明神宗万历皇帝朱翊钧的第三子；朱常洵的母亲就是著名的郑贵妃，万历皇帝最宠爱的妃子。由于实在是太喜欢郑贵妃了，万历皇帝想要违反祖制，立郑贵妃所生的朱常洵为太子，但遭到大臣的集体抵制。

这就是著名的“争国本”事件。

“争国本”争了长达十五年之久，最终在压力下，万历皇帝也不得不服软，立皇长子朱常洛为太子。他又封朱常洵为福王，于万历四十一年（1613 年）就藩洛阳。

在洛阳的朱常洵过了二十七年花天酒地的生活。1640 年，李自成攻陷洛阳，朱常洵被杀，时年五十五岁。

民间有福禄宴的传说。据说李自成把三百斤的福王同几头鹿一起煮了一锅“福禄汤”，与手下置酒享用。

传说只是传说，民间的段子而已，史书上无此记载。

朱常洵的长子朱由崧，在城破之时很幸运地没有被杀，缒城逃脱，最后逃到怀庆避难。

叔叔死了，朱由检很伤心，在得知堂弟逃了出来后，在崇祯十六年（1643 年）五月让他袭封福王。

此后，李自成一路杀来，朱由崧一路逃难，从怀庆逃到卫辉，从卫辉逃到淮安，连住处都没有了，还跟其他两个避难的藩王一起在湖里的船上躲了十几天才上岸。

1644 年三月十九日，李自成攻陷北京，崇祯皇帝自缢，是为“甲申之变”。三月二十九日，消息传至淮安。四月，崇祯皇帝自缢的消息传至南京。是时，北京沦陷后，南京以及南方各省仍在明朝的控制之下。南京诸臣皆认为国不可一日无君，必须议立新帝。但对大宝谁属，则有一番论战。

具体过程，以后再说。总之，对朱由崧来说，好日子来了。四月二十六日，凤阳总督马士英与江北四镇黄得功、高杰、刘良佐、刘泽清等人前往淮安迎接朱由崧。四月二十七日甲申，南京礼部率百司迎福王于仪真。

四月三十日，南京百官请朱由崧监国。

五月十五日壬寅，朱由崧即皇帝位于武英殿，以次年为弘光元年（1645年）。其国号依旧为“大明”，史称“南明”。

弘光这个年号，相当的高大上，同东汉光武帝刘秀的年号“建武”有的一拼。弘是广大、扩大的意思，光指的是光复。意思很明显，本朝就是要扩大统治、光复大明。

理想很丰满，现实却不是能用骨感可以形容的了……

弘光政权，是南明各政权里最“丧”的一个。

1644年，这五位皇帝在中原大地争相逐鹿，你方唱罢我登场，上演了一出出大戏。最后的南明，马上要登台了，你准备好了吗？

大明救星吴三桂

朱由检怎么说也当了十七年皇帝，如果真的一点手段都没有是个废物，十七个月也当不了。

他之所以坚持不南迁，在某种程度上也有自己的应急预案，那就是北方的兵力。

所谓的北方兵力，并不是只有一个吴三桂。一个总兵并不保险，他发出的勤王诏书里，诏令的是天下之兵，无论远近。当然具体到古代的交通条件，北方的兵力看上去更靠谱一点儿，因为离得近嘛。

所谓的北方兵力，主要有以下几位：山东总兵刘泽清、蓟镇西协总兵唐通、宁远总兵吴三桂、山西总兵刘良佐。

他们手中的兵力，少则万人，多则数万人，而且距离京师都不算太远，算起来完全能在李自成到达北京前赶到。

结果只来了唐通一个。

吴三桂倒是没说不来，但始终在路上，至于什么时候能到，谁也不知道。

其余几个总兵，要么说骑马受伤了，要么说路被占了过不来，要么不说来，也不说不来……

崇祯皇帝显然高估了自己的控制力，他的失望可想而知。

被寄予厚望的唐通，受到崇祯皇帝的高规格待遇。没办法，现在只有他了，他不高谁高呢，崇祯皇帝命唐通领兵出守居庸关。

这个唐通也是一员宿将，他的特点是很少打胜仗。

唐通先后跟随陈奇瑜剿张献忠，跟随洪承畴参加松锦会战，是八路总兵之一。到了崇祯十六年（1643年），跟他资格相近的总兵们死的死，降的降，能力平平的唐通已经俨然成为军界大佬，手握兵权，地位举足轻重。

比起同时被征召的另外几位总兵，唐通是最积极的一个。此时他奉命驻守的居庸关是北京的屏障。收到勤王诏书后，唐通二话不说带着手下人马就赶往北京，并且及时赶到。

这时候的唐通，既没有投降的理由，也没有投降的动机。如果他早就下定决心投降，就不必屁颠屁颠地跑到北京，在居庸关就可以投降了，所以可以断定他赶到北京确实是想要勤王。

在北京城下，唐通打算依托城池防守，打一场防御战，就像二百多年前于谦所做的那样。

唐通这支兵要是能用好，或许还能够将李自成抵挡在北京城下几天，或许还能撑到吴三桂到来。

结果崇祯皇帝给唐通派了个监军的太监，赏了他一些银子，命令他打哪儿来回哪儿去，死守居庸关。守不住的话，太监身上带有圣旨，具体什么内容不知道，反正类似尚方宝剑，随时可以砍了唐通的脑袋。

唐通被惊到了。回到居庸关的他对左右说："外有战兵，内方敢坚壁，如此朝廷军兵尽降，困守愁城徒死矣，吾非不知大明亡无日，然吾家累世将门，不敢降。"

思来想去的唐通，觉得到底还是老命重要，在李自成大军一到后，还是投降了。

这个选择从气节上来说，不一定正确；从情理上来说，不一定错误。

不要紧，唐通在以后还有不少露脸的机会，咱们以后再说他。

唐通投降了，崇祯皇帝彻底傻眼，始终在路上的吴三桂又成了唯一的盼头，大明的救星！

终于要讲到吴三桂了。

讲明末，吴三桂是不得不提的一个名字，是个绕不过的人物，他对当时的天下大势产生了很大的影响。许多人可能不知道南明，但吴三桂的名字却是如雷贯耳。

吴三桂（1612—1678年），字长伯，一字月所，明朝辽东广宁前屯卫中后所（今辽宁绥中县）人，祖籍南直隶高邮（今江苏省高邮市），锦州总兵吴襄之子，祖大寿的外甥，明末清初著名的政治、军事人物。

说起吴三桂名字的由来，还有些典故。

据说"三桂"这个名字取自吴三桂的生辰八字。他的生日是三月十一日，三月桂花已开，所以以三桂为名。

也有人说，三桂谐音"三贵"，注定他的一生中该有三次富贵，从这一点上看，倒全都应验了。

第一次富贵：老子下狱儿提拔。吴三桂升为辽东总兵官，进而受封为平西伯，成为大明朝的守边大将。第二次富贵：冲冠一怒为红颜而降清，被封为平西王。第三次富贵：起兵反清，自立为大周皇帝，成为清初三藩起事的总头领。

从边关大将到清朝藩王再到大周皇帝，吴三桂的富贵确实一次比一次来得大。

怎么评价吴三桂这个人物呢？这是个复杂的人。

作为历史人物，他不仅是个举足轻重的人，还有历史加之于他身上的使命，不管他愿不愿意。

吴三桂身材魁梧，高六尺，能征善战，曾任职锦州总兵，曾带领二十多个家丁以少胜多地打败清军救出父亲。从此吴三桂名气大震，在京城暂住，因此认识许多王公贵族，官运开始通达。

吴三桂确实是个英勇的武将。

在他十八岁时，他的父亲吴襄带领五百名士兵出锦州城巡逻，被皇太极的数万大军重重包围。祖大寿与吴三桂登上城楼观战，祖大寿以城内兵少为由不肯出兵相救。祖大寿并不是刻意不想援救，吴襄是他的妹夫，也是他多年的手下，能救必定会救，救不了是实情，冒险相救很可能是肉包子打狗——有去无回。

吴三桂不答应了。父子连心，十八岁的吴三桂仅仅率领二十多名家丁杀出城去，竟然奇迹般地将吴襄救出重围。

那一刻，他仿佛天神附体。

皇太极说："吾家若得此人，何忧天下？"

光有武力，无法成为真正的风云人物，还要有头脑、有谋略。

这些，吴三桂也不缺。

崇祯四年（1631年），吴三桂被擢升为总兵，这时他只有十九岁，前途不可限量。

史载吴三桂部"胆勇倍奋，士气益鼓"。吴三桂治军严谨，精锐骑兵一千人，分二十队，五十人一队，每队设一领骑官。吴三桂在自己的靴筒里放着这二十名领骑官姓名，一旦抽中谁，便呼叫某领骑官，该领骑官即统五十人骑队，跟随他冲锋陷阵，可谓"无往不利"，是明末最后一支有战力的铁骑部队。

这体现了吴三桂的统帅力和执行力。

松锦之战末期，明军败局已定，问题是还有多少明军能冲出包围圈。

吴三桂识破了清军兵力薄弱的地方，从大路突围而出，成为少数成功突围的明军将领。皇太极再次赞叹："吴三桂果真是汉子！得此人归降，天下唾手可得矣。"

吴三桂的问题就在于太聪明了。

太聪明的人往往考虑得太多，容易患得患失，不容易做决断，总想找到最有利的解决方案。

问题是，有时候，根本就没有一个能让各方都满意的方案。

先澄清一下，吴三桂当时并不在山海关，而是连同他的关宁军，驻守在关外的宁远。前面提到的"撤守"，就是指的撤守关外，也就是宁远。

吴三桂在 1644 年三月初六接到崇祯皇帝的勤王诏书，便从宁远开拔。他手下有四万多关宁军，保护着五十多万关外的辽民和军属。从宁远到山海关，大概有二百多里路，他们走了十天。客观来说，对于有大量难民和家属随军的军队来说，这基本上还算正常速度。

三国时期的刘备驻守新野时，曹操大军南下，刘备紧急往江陵撤军，沿途不断有难民投靠，到了当阳难民数量已经达到了十余万人。带着大量难民的刘备军行军迟缓，一天只能走十几里路，最终被曹操的军队追上并被击溃。

三月十六日，吴三桂到达山海关，安顿好难民和家属后，自己带领四万关宁铁骑向京师出发。

三月二十日，大军到达丰润，消息传来，京城陷落，崇祯皇帝自缢而亡。

这十几天里吴三桂的行动在后世引发了巨大的争议。

许多人认为，吴三桂应该快马加鞭，强行军赶往北京，如同以前袁崇焕那样，就能发挥关宁军的作用，明朝或许还能支撑下去。

这个问题要从两方面来看。

一方面，吴三桂的速度既算不上太快，也不能说故意拖延，基本是正常的行军速度。他或许有自己的考量，比如指望其他勤王军先行与李自成厮杀一番，消耗大顺军实力后自己再以逸待劳，一举出击以建不世之功业；也或许，他对明朝不再抱有幻想，拥兵自重以求最大利益。

但无论如何，吴三桂已经是除了唐通之外，最接近北京的一支兵了。至少从表面上看，他还是忠于明朝的。

另一方面，要看到当时的客观形势。

崇祯皇帝在三月初发出勤王诏书，三月二十日北京城就已经陷落，这是天下所有人都没想到的。

北京城一天就告失守，谁能料到？

要说北京城的防御，在明朝一再被考验。无他，北京接近边境，有明一朝一再受到北方游牧民族的军事威胁。从瓦剌也先到蒙古俺答汗，再到皇太极数次进关，北京面临兵临城下的次数一只手都数不过来。

对崇祯皇帝来说，八旗军几次威胁北京都是在自己在位时。北京拉响警报，他已见怪不怪，而每次都平安渡过，无疑也让他对京师的防御能力抱有一定的幻想。

不要说北京，就算小小的宁武关，也在周遇吉仅有不到一万的兵力下坚守了十余天，给大顺军造成了很大的杀伤。

回到当时，不要说崇祯皇帝，恐怕谁也不会想到，北京城会遭进攻仅一天后就告陷落，这出乎所有人的意料。

不管怎么样，对当时的吴三桂来说，这都是过去的事情了。历史在这时候，把吴三桂推到了风口浪尖。

第二章
从北京到山海关

吴三桂的转型

1644年三月十六日，吴三桂到达山海关，安顿好难民和家属，自己带领四万关宁军向京师出发。

三月二十日，大军到达丰润，消息传来，京城陷落，崇祯皇帝自缢而亡。

那么，问题来了，假如你是1644年当时的山海关守将，你会怎么选择？

大致有三个选择：

A. 投降李自成。

B. 投靠清朝。

C. 谁也不投，拼死守住山海关，为大明尽忠。

选C实际上是没有意义的，人们只会在A和B中进行选择。相比之下，选择A显然要明智得多。王朝更替，在历史上发生过无数次，反正是在汉人内部诞生一个新的王朝，对广大百姓来说，谁做皇帝都远没有自己吃饱穿暖来得重要；对利益阶层来说，在保障自己利益的前提下优先选择同族也很正常。

吴三桂并不傻，他选择了A。

回撤山海关的吴三桂接受了李自成的招降，将山海关交给了李自成派来的唐通防御，自己则率军进京拜见李自成。

四月四日，吴三桂部到达永平。据说，他在这里遇到了从京城逃出来的一个吴家仆人，给他带来了坏消息：自己家中被抄，家人都被关押。最关键的是，自己的宠妾陈圆圆被李自成的大将刘宗敏给霸占了！

吴三桂听到这个消息，怒发冲冠，咬牙切齿，厉声大喝："大丈夫不能保护一个弱女子，还有何面目活在天地之间！闯贼，我同你势不两立！"他传令三军，立即杀回山海关！

这就是著名的"冲冠一怒为红颜"。

明末大才子吴梅村据此写下广为流传的长诗《圆圆曲》：

> 鼎湖当日弃人间，破敌收京下玉关。
> 恸哭六军俱缟素，冲冠一怒为红颜。

这更是使得此事脍炙人口，几成史实。

然而很遗憾，它只是个故事。这个故事把吴三桂给英雄化了，把他描述成了女孩子心目中的英雄。

是啊，对女孩子来说，爱人为自己冲冠一怒，天下血流成河，历史为之改变，不惜承受身败名裂，万世唾骂，这样的爱人，不管别人对他评价如何，至少对自己来说，满足感是无与伦比的。为自己甘愿放弃一切，这不就是许多女子心目中理想的英雄形象吗？

吴三桂的头脑如果这么简单，他就不是吴三桂了。

这里要说一下吴三桂和关宁军的关系。关宁军事实上是一个军事集团，在明末武将军阀化的大趋势下，它实际上也军阀化了。吴三桂是它的统帅，他的行为代表的是整个集团。

许多人往往将军事集团想得过于简单，简单地认为它只是对首领一人俯首帖耳，其他人都是宠物，没有自己的思想，军阀说干什么就干什么，说咬谁就咬谁，仿佛一群机器人。

这实际上是不对的。对一个集团来说，明争暗斗每时每刻都存在。

吴三桂的舅舅祖大寿，驻守大凌河被皇太极围攻，城内弹尽粮绝，决定出降，却受到副将何可纲的反对。无奈之下，祖大寿只得先杀何可纲再出降，如果何可纲的意见代表城内的大多数人，那被杀的显然将会是祖大寿。

具体到关宁集团，在这亡国之际，采取什么样的对策必定都代表着关宁军的普遍利益。而如果所谓“冲冠一怒为红颜”这种事真的发生，仅仅为一个女人违背全军的整体利益，吴三桂的脑袋想必也很快就不在脖子上了。理由很简单，陈圆圆是你吴三桂一个人的女人，却要我们四万关宁军拿身家性命去换，不砍你的脑袋，砍谁的脑袋？

那么，到底是什么原因，让已经决定投降李自成的吴三桂突然改变了主意呢？

李自成的政策

这是源于李自成的政策，著名的“追赃助饷”。

明末财政确实存在大问题，以致很大程度上明朝是“穷”死的。

其实从理论上来说，李自成是有条件解决财政问题的。因为他所控制地区的官绅阶层大都已抛弃了明朝，转而投效大顺政权，这对于一个即将兴起的新王朝来说，简直是个天大的馅饼。为啥？因为这个阶层对财政收入至关重要。

到了1644年初，李自成大军所到之地，绝大多数官绅地主都认为明朝气数已尽，转而效忠大顺政权，把明亡顺兴看作历史上常见的改朝换代。他们为了自己的利益，纷纷依附李自成，许多地方甚至根本无须派兵，只要“传檄而定”。

在这样的心理状态下，大顺军在短短三个月内就占领了包括京师在内的整个黄河流域，到处是一派望风归附的景象。

但在这样理想的局面下，李自成的大顺政权却犯下了严重的失误。李自成许下过三年不征税的承诺，不过这么多人马，这么多家属，这么多前朝降官降将，从官员到百姓都是要吃饭的，不征税，钱从哪里来？百废待兴，一切急需重整，不征税，钱又从哪里来？

大顺的政策是“追赃助饷”。大顺政权以刘宗敏为首的官员，不分青红皂白，不加区别地把明政府的官员统统认定为赃官，简单地按职务划分助饷数额，打击面过宽，反而使自己陷入孤立。

“助饷”和“追赃”不仅暴露了大顺政权领导者对管理国家事务的茫然无知，而且以最野蛮的方式进行报复，以满足他们突然增长的贪欲。

李自成仅在一个北京城中就弄到七千万两银子，据说，“括各库银三千七百万，金若干万”。

以李自成为代表的农民军力量，之所以能如野火般蔓延，原因就在于他的口号“迎闯王，盼闯王，闯王来了不纳粮”。不纳粮，并不是说所有人都不纳粮。如果所有人都不纳粮，众多追随者哪来的吃喝，队伍如何发展壮大？纳粮的对象不是贫苦民众，而是既得利益集团，也就是贵族、官绅、地主、富商这些人。

没人会愿意把自己的大部分乃至全部财产拿出来捐献，除非刀架在脖子上，这就是“追赃助饷”。

之前，李自成是农民军，是“流寇”，无心经营自己的地盘，为了军饷，“追赃”还能理解，反正追完就走，留着也不是自己的。但他进入北京后，性质就不一样了，既有定鼎天下之志向，又怎么还能干这种一锤子买卖，要知道细水才能长流啊！

李自成在北京搞起了“追赃助饷”，结果显然是把明朝旧势力都逼到了自己的对立面。

李自成摆脱不了农民军的思维方式，用“追赃助饷”这种简单粗暴的方式来解决财政问题，相当于饮鸩止渴。

关宁军本身的许多产业和亲属都在京城，比如吴三桂全家。在无差别的“追赃助饷”政策下，既得利益显然保不住了，连集团首脑吴三桂的家都被抄，全家被关押，那下面那些大大小小军官们的利益会是怎样，可想而知。财产都没了，还要长途跋涉赶去向大顺政权投降，这样的选择，无论如何也不会让人放心。

在这种局面下，本就摇摆不定的吴三桂反悔了。

或者说，关宁集团反悔了。虽然不可能为了陈圆圆冲冠一怒，但是现实却是吴三桂的父母一家三十几口都在京师被扣为人质，这是相当狠辣的一招，切中吴三桂的要害。

年少时的吴三桂执着地带着二十几个人就冲入了千军万马，不顾一切地救出了自己的父亲，仿佛赵子龙再世，连皇太极也不禁击节叫好，这是怎样的少年英雄。

成年的吴三桂却置父亲于不顾，不只是父亲，而是将父母全家几十口人的性命置之度外，撤回了已经做出的投降大顺政权的决定。

是不是有点儿违背常理？

从伦理上来看，相当不合理。

要说吴襄和吴家几十口家眷的性命，吴三桂一点儿都不放在心上，那显然是不可能的。吴三桂虽然被定义为“汉奸”，但他也是人，不是机器。

吴三桂写家书：前日因探报刘宗敏掠去陈妾……呜呼哀哉，今生不能复见，所以起兵杀贼殆尽……为什么要这么写，恰恰重视的是吴襄和吴家人，而不是陈圆圆，吴三桂希望转移李自成的注意力，给他造成陈圆圆比吴家人重要的假象。事实上，这种举动是苍白无力的。

从情理上来看，又相当合理。

因为吴三桂是关宁集团的代言人，如果他不顾集团的利益，坚持进京投降，那么估计到不了京城就会被手下给砍了。代言人嘛，谁都能做，再选一个就行了。你吴三桂的老爹老妈全家都成了人质，我们大家伙儿可没那么多人质在京城；到了地方，就凭李自成这样的政策，我们的利益不保不说，说不定自己也得搭进去；你吴三桂就牺牲一下小我，成就我们大我，那我们还是认你这个老大的。

这种情况下，吴三桂答应也得答应，不答应也得答应，不然非但救不了全家，自己也得立马被人砍了。

当然，成年吴三桂和少年吴三桂的心理思想肯定会有所不同。少年时，了无牵挂，全凭一腔热血；成年后，尤其是手握重兵、得享富贵后，患得患失是肯定的，一己私欲肯定也会有。这些都是重要因素。

再看看三个选择：

A. 投降李自成。

B. 投靠清朝。

C. 谁也不投，拼死守住山海关，为大明尽忠。

本来选 A 的吴三桂，已经被批了一个大 ×，他还有两个选项可选。

似乎应该选 B 了。

并没有，吴三桂没有立即做出选择。

率部前往北京，却中途变卦的吴三桂，挥师杀回了山海关，从屁股后面痛打老战友唐通（唐通是松锦之战八路总兵之一）。唐通做梦也想不到，高高兴兴进京接受册封的吴三桂突然出现在背后，还捅起了刀子。猝不及防之下，带来的八千人马死的死、降的降，唐通仅以身免，逃回北京报信去了。

退守山海关的吴三桂，打起了小算盘，军队仍然拥戴他，他还有资本。

他把目光投向了关外的清朝。

关宁军虽然拥有四万多军队，但不论面对大顺军还是面对清军，都是弱小的一方，偏偏所处的位置又是如此重要，如果不能联合一方去对抗另一方，那就只能坐以待毙。大顺指望不了，那就只有清朝了。

回到山海关的吴三桂给吴襄写了封著名的信，把他的父亲大骂了一顿，内容是这样的：

不肖男三桂泣血百拜，上父亲大人膝下：

儿以父荫，熟闻义训。得待罪戎行，日夜励志，冀得一当以酬圣眷。属边警方急，宁远巨镇为国门户，沦陷几尽，儿方力图恢复。以为李贼猖獗，不久便当扑灭。恐往复道路，两失事机，故暂羁时日。不意我国无人，望风而靡。

吾父督理御营，势非小弱，巍巍百雉，何致一二日内便已失坠？使儿卷甲赴关，事已后期，可悲可恨！

侧闻圣主晏驾，臣民戮辱，不胜眦裂！犹忆吾父素负忠义，大势已去，犹当奋椎一击，誓不俱生。不则刎颈阙下，身殉国难，使儿素缟号恸，仗甲复仇；不济则以死继之，岂非忠孝媲美乎！何乃隐忍偷生，甘心非义？既无孝宽御寇之才，复愧平原骂贼之勇；夫元直荏苒，为母罪人；王陵、赵苞二公，并著英烈。我父嗜宿将，矫矫王臣，反愧巾帼女子。父既不能为忠臣，儿亦安能为孝子乎？

儿与父诀，请自今日。

父不早图，贼虽置父鼎俎之旁以诱三桂不顾也。

男三桂再百拜。

这封信，内容是假，情感也是假。

吴三桂说自己“侧闻圣主晏驾，臣民戮辱，不胜眦裂”，不说十分假，也有七八分假。

吴三桂说“父既不能为忠臣，儿亦安能为孝子乎？儿与父诀，请自今日”，更是假得离谱。

父子至亲之情，岂是一封书信所能割裂的。说到底，这是写给李自成看的：我吴三桂跟父亲恩断义绝了，从此不管做出什么事来，都跟我父亲没关系，你难为他也是没有用的。

苦心不言自明，不起半点作用。

写完信，吴三桂下令，全军缟素，为崇祯皇帝披麻戴孝，竖起一面大旗，上绣“讨贼复仇”四个黑色大字。吴总兵登台演讲，发誓：誓为先帝报仇，恢复大明江山！

这时候，北京的李自成正志得意满。

1644年正月初三从西安誓师出征，至三月十九日，李自成已经率军由德胜门进入北京。

短短三个半月，大顺军摧枯拉朽。

崇祯皇帝自缢了，文武百官不会跟着他殉国，这并不只是得民心失民心的问题，而是时势之下大多数人都会做出的选择，历史上哪朝哪代都是一样的。

京城里除了二十多位殉节的官员，其余的人都等着在新的王朝混口饭吃。

新朝将立，收编一大批前朝官员，这太正常了。这样既能收服人心，又能让人才为己所用。李自成总需要有人替他治理即将成立的新王朝吧？谁能比我们这些旧体制内人员更熟悉王朝的运转呢，不用我们用谁？

午门前每天都挤满了大明旧臣们，等待召见或录用，据说多的时候达三千多人。

三月二十三日，众人终于等来了李自成登上皇极殿，选拔人才。

前内阁首辅魏藻德仗着资历，请求试用。

李自成瞅瞅他："你身为内阁首辅，深受崇祯皇帝厚恩，为何不为他尽忠？"

魏藻德的回答没脸没皮："愿意为新朝服务，不敢轻易去死。"（方求效用，哪敢死？）

李自成懒得再跟他扯皮，让丞相牛金星落实，选出九十六人送到吏政府（相当于吏部）听候任命。

没被选上的人，来都来了，也别回去了，由大顺士兵押送到权将军刘宗敏处严加看管。

为什么？因为"追赃助饷"要开始了。

"追赃助饷"

1644年三月二十五日，权将军刘宗敏开始办公，给这些前朝旧臣按照官职定好"助饷"的数目，通知家人送钱领人。

价格都是透明的。

内阁大学士白银十万两，尚书、各部堂官白银七万两，科道、员外郎白银五万两，翰林一万到三万两，其余小官几千两不等。皇亲国戚、王公贵族则没有定数，追赃务尽。

明码标价，童叟无欺。

拿不出来怎么办？

这对刘宗敏来说根本不是问题。

好办，太好办了！这帮人是不见棺材不掉泪，用刑，上夹棍，上烙铁，什么好用用什么。

前首辅陈演，一看这架势，立马献出白银四万两，黄金三千两，珍珠三斗。

崇祯皇帝的老丈人周奎，先献出十万两白银，刘宗敏嫌太少，于是烙铁伺候。周奎像支牙膏，用一次刑挤出一点儿，最后一共上缴白银六十万两，外加其他黄金、珠宝无数。

而在之前崇祯皇帝像叫花子般请求大臣们助饷的时候，经过多次催促，周奎才很不情愿地捐出五千两银子。

刘宗敏又看见缩在后面的魏藻德，大声斥骂他身为首辅，败坏国家。

光骂哪能解气，刘宗敏亲自动手上夹棍，只一夹，状元首辅魏藻德就献出白银两万两。

两万两的价码对内阁首辅显然说服力不够，于是刘宗敏下令继续用刑。酷刑持续了五天五夜，魏藻德最后头脑迸裂而死，临死前大呼：之前没有为主尽忠报效，有今日，悔之晚矣！

晚了，魏藻德一死，刘宗敏立即将他的儿子也一并处死。

交出钱财也不过就是多活几天，周奎不久就愤恨而亡。

前朝旧臣太多，刘宗敏一个人实在忙不过来，李自成只得给手下各位大将都分配了“指标”。不光旧臣，北京城内的官绅地主、大户人家，都在“助饷”行列，李自成甚至专门成立了一个负责追饷的部门：比饷镇抚司。

在大规模的“追赃助饷”行动下，北京城内出现了一个奇怪的现象：街上再也没人穿得光鲜亮丽，二手的破衣烂衫竟成了抢手货，大家争相比惨，唯恐别人比自己穷。

随着行动的扩大化，大顺军的军纪也变得不再严明。大顺军冒着杀头送命的危险，终于打进了花花绿绿的北京城，加上起义军大部分是农民、流民，哪里见过天子脚下的花花世界？从李自成到手下战将，莫不抢占被看中的名门大宅，夜夜笙歌，压根就没空约束手下的士兵。

失去纪律的军队，破坏力是无与伦比的，历史一次次证明了这一点。

如果要形容这时候北京城内的明朝旧臣、地主富商，只能用生不如死、失望透顶来形容。

原本的望风归降，是认为大明气数已尽，无力回天，大顺顺应天命，改朝换代近在眼前，新王朝即将诞生。所以从高官到将领，为了争取在新主人面前有个良好的第一印象，争先恐后地集体投降。

谁知只对了一半。

新王朝确实即将诞生，却与他们无关。

相反地，在李自成的政策打击下，降官们家破人亡、人财两空成为普遍现象，连无官在身的富户们也同样如此。

这是一种“仇富”心理，只要你有钱，就是“原罪”。

仇富心理，是对财富非正常看待的行为，是因“不患贫而患不均”的“仗义”之心所致。

简单来说，就是“我穷我有理，你富你不仁”。不分青红皂白，不管对方的财富到底是贪腐而来还是正当所得，统统一棍子打死。“追赃助饷”就是基于这种“仇富”心理而来。

明朝旧臣和富人们无不叫苦不迭。早知道这样，还投降个什么劲儿呢？大顺比大明差远了，和土匪有什么区别？

说到这里，有必要澄清一下。对李自成来说，“追赃助饷”并不是个一无可取的办法，正相反，它一度非常有效。道理很简单，如果“追赃”政策那么烂，李自成早就分分钟被崇祯皇帝给灭了。但是，“追赃”能不能发挥用处，关键要看时间段。

李自成还在流动作战时，“追赃”无疑是有用的，它打击了既得利益阶层，换来的是广大贫苦人民的支持，同时又补充了自己，显然一举多得。

李自成如今建政了，进了北京了，还这么做也不是不可以。

进北京了，大家都要吃饭，不“追赃”，饷从哪里来？在没能稳定局势，恢复生产之前，“追赃”几乎不可避免。

关键是大顺军不懂得收敛，用力过猛。

像这样不分青红皂白，全体官绅地主都是被“追赃”的对象，并且还下死手，官绅阶层不反对你，反对谁？

这也就是政治能力的高下之别。

大顺军内也不是没有清楚形势的人，如开国大军师宋献策、制将军李岩就是其中的代表。

李岩在西安时就提出：大兵到处，秋毫无犯，在任好官，仍然留任，贪官污吏，立即斩首，一应钱粮，比原额只征一半。

但李自成不听。

到了北京，李岩又提出：对百官应区别对待，贪污腐败者严刑拷打，没收家产；抗命不降者追赃以后，仍然治罪；对清官则免除刑罚，保全自尊，让他们主动捐献。各营兵马，退居城外，毋混民居。

李岩的建议，句句都是金玉良言。李自成说了句“知道了”，然后就没有然后了。

劝说李自成无效，军师宋献策就拉上牛金星、宋企郊等几个重臣直接找到刘宗敏。

“现在士兵们到处奸淫掳掠，军纪荡然无存，民心已开始变了。”他们试图劝说刘宗敏。

刘宗敏回答：“只要不发生兵变，民变算什么，能掀起多大的风浪？几十万军队家属，不抢夺，不追赃，每天的供养哪里来？”

似乎也挺有道理，宋献策等人竟无言以对。

血腥之夜

李自成现在有天大的事要办，其他什么事都不放在心上。

他要登基称帝。

从崇祯二年（1629 年）开始造反，要死要活干到崇祯十七年（1644 年），十五年的时间已经过去了。

今年，李自成三十八岁，还年轻，比明太祖朱元璋称帝的时候还小两岁，还有大把的好时光。

他不知道的是，自己只剩下了一年的寿命。

奋斗了这么久，终于登上人生巅峰，自己也该享受享受了。

还有比当皇帝更成功的享受吗？

按照惯例，要当皇帝是不能自己提出来的，而必须由手下提出，响应者必须如云，本人则必须明确、坚决、毫不退让地拒绝，表示自己何德何能，万万不敢逾越，等等。

文武大臣们必须寻死觅活，反复劝进，一次不行两次，两次不行三次，哪怕全部被撸官，被打屁股，也要将劝进活动坚持到底，不答应就如同死了爹妈，直到李自成妥协。

为何手下人这么着急呢？这当然与他们的利益息息相关。

李自成登基称帝，跟他打拼的兄弟们就是开国功臣，身份、地位自然水涨船高，也能在史上留名；如果李自成迟迟不登基，他们的身份就还是和“流贼”无异，都到了这份儿上，谁不想要个名分呢？

反复劝进下，不答应也不行了。

四月初九，李自成终于同意称帝。

登基时间表安排如下：

四月十二日，百官在午门前训练大典礼仪；

四月十三日，百官在天佑殿彩排；

四月十五日，颁布登基诏书；

四月十六日，视察国子监，祭奠孔子；

四月十七日，举行登基大典，正式登基。

时间安排得很紧凑，看得出，大顺朝效率还是很高的。

吴三桂比李自成的效率更高。

四月初九，登基时间表刚排好，四月初十，吴三桂的讨贼檄文就已传遍京城，无人不知。

李自成暴跳如雷，这不是故意找碴儿吗？好好的登基给搅黄了，必须先消灭吴三桂！

李自成决定亲征。

大顺政权此时号称拥兵百万，战将千员，吴三桂不过区区四万多人，有必要亲征吗？

没办法，不亲征不行。

百万大军，当然是吹的，但几十万大军总还是有的。实际上，李自成自己恐怕也不清楚自己到底有多少军队，因为随着他一路进军，部队像滚雪球一般越滚越大，不断有新招募的士兵和明朝的降兵降将加入。问题是，这些新员工的忠诚度和战斗力都相当堪忧，在之后这点也不断地被证实。

李自成手下最出名的将领号称“五营二十二将”，基本都是他的陕西嫡系。

“五营”，是指中营、左营、右营、前营、后营，可以认为是大顺军的五大野战军，当仁不让的主力。

人数最多、战斗力最强的是中营，由头号勇将，权将军刘宗敏统领，副将是制将军李岩。中营还有六虎将：果毅将军谷英、任继荣、吴汝义，威武将军李双喜、辛思宗、李友。

其他四营，分别由制将军袁宗第、制将军李过、制将军刘芳亮、制将军刘希尧统领，并每营配备虎将数员。

“二十二将”中，还包括权将军田见秀和高一功，他们担任李自成的亲卫队长，率领的是李自成的精锐卫队。

虽然有这么多大将，但这时候，随着大军的一路推进，这些人大部分已被分派到各地留守。因为占地实在太快太大，光靠明朝降将留守实在无法使人放心。实际上，人手已经短缺到连明朝降将都被派去镇守重镇了，比如前面派出去的唐通、驻守太原的降将陈永福、领兵入川的马科。现在北京能拿得出手的，只有刘宗敏、李过、李岩、谷英等寥寥数人。

而对手吴三桂对李自成来说则是个陌生的敌人。

吴三桂年少成名，但十几年下来，两人竟没有交过手。对于这个敌人，李自成早就听过他的大名，也知道辽东军是大明精锐，不可轻视。

亲征吧，亲征最保险，拔下这最后一颗钉子，大顺就可以高枕无忧了。

亲征的李自成有多少兵力呢？这有多种说法，有说五六万人，有说十万人，有说二十万人。

李自成的兵力，其实很容易就可以推算出来。

他从西安出征时，号称大军五十万，其中战兵不过二十多万，其余都是家属、裹挟的流民和辅助的民夫。进军途中，遭受了一部分损失，攻占的重要城镇需要留兵力驻守，在他到达北京后，大约还有十万出头的兵力。占领北京后，李自成又派出部分人马占据北京周边和接收山东地区，还派给唐通八千人接收山海关，反而被吴三桂吞并，这时候京城内的兵力已不足十万人。

轮到李自成做选择了，是以静制动，还是立即出兵征讨。

其实两个办法都不错。以静制动，观察吴三桂军的下一步动向，争取政治解决，同时可以调集兵力；主动出击，李自成在京师的兵力虽不算太多，但也能压制吴三桂，有把握取胜。

李自成觉得，吴三桂不除，自己这皇帝位子坐得也不安心，他决定先拍死吴三桂这只苍蝇，然后再回京登基。

李自成留下一万多老弱残兵由李岩和牛金星留守北京，定于四月十三日亲征吴三桂。他能带出的兵力，大致在八万到九万人。从人数上看，兵力要多出关宁军一倍，再加上是亲征，击败吴三桂还是有把握的。

出征的日子定了。但在出征前，李自成还有件事必须要做。

为了防备京城空虚，后院起火，大顺军必须杀掉一大批明朝的高官贵戚，现在民心已然不稳，留着这些有号召力的人，实在让人放心不下。

出征前夜，即四月十二日晚上，李自成下达了残酷的命令。

大学士陈演、定国公徐允贞（徐达的十世孙）、博平侯郭明振（明光宗朱常洛岳父之兄）、新建伯王光通（王阳明之后）等六十余人被押到西华门外斩首。

六部高官申济芳（万历朝首辅申时行之孙）、李逢甲、彭琯等五十几人全都被绞死。

其余明朝官员，被集中到刘宗敏处，按照花名册，叫到一个拉出去砍掉一个，一直杀到二更才停刀。

这些高官，许多都世受皇恩，一心以为投靠新朝可以继续加官晋爵，却被这样不光彩的屠杀结束了生命，早知如此，何必当初呢？

在四月十二日晚上这个血腥之夜，大明在哀号，这些高官大臣犹如待宰的猪狗，崇祯皇帝的遗诏（群臣皆可杀），李自成替他变成了现实。比起正统年间的土木堡之变，这场屠杀还要来得更加有过之而无不及。

李自成出发了，带着他的精兵强将，踌躇满志地亲征，大顺只剩下最后一个强硬的对手。

慢着！就算残明、张献忠都不在李自成的眼里，可是清军呢？清朝可是踩着大明站起来的，几十年内，于野战中，明军甚至无法击败清军，只能据城固守。李自成是不是太过激动，把步骑皆精的清军给忘了？

他没忘，可是他也没想起来。

这里要说下李自成的军力部署。他在招降了辽东和山海关的明军后，似乎认为问题已经得到了彻底解决，完全无视清军的存在，只派唐通率领原部八千人接收山海关，而没有派出大顺军嫡系将领和部队接管防务。这是他的第一步错棋。

随后，李自成召吴三桂率部一起进京，而不是单独召吴三桂，这是第二步错棋。如果吴三桂只身前来，手上无兵，未必敢轻易反悔，身边也不会有关宁集团影响他的决策。就算吴三桂反悔，再返回山海关，唐通和大顺嫡系也能想办法将其控制。

李自成召吴三桂和部队一起前往北京，目的可能是想让吴三桂率部南下另有他用。之前明朝的投降总兵马科，他就是这么使用的，命马科率原部人马远征四川。

从这两步棋可以看出，李自成事实上对清朝毫无防备之心。在他看来，明清之间的战争是前朝的事，与自己无关，大顺军也从来没有和清军发生过冲突，彼此井水不犯河水，他根本没有料到清廷会因明朝覆亡而起瓜分天下之心。

李自成的安排充分说明他对清军即将参加逐鹿中原的严峻形势毫无认识。即使吴三桂不叛变，仅凭唐通的八千兵马也绝对抵挡不住清军的进犯。李自成进京后，如果对吴三桂安抚得当，并立即派遣大顺军高级将领率主力协同吴军镇守山海关一带，那么吴三桂叛变的可能性就会很小，北京的局势也将趋于稳定。

缺少眼光的李自成，一而再再而三地走错了棋子。

犯错者必将受到惩罚。

代价最昂贵的忽悠

四月十三日清晨，李自成大军开拔。

按照正常的行军速度，北京到山海关之间的距离，最多行军五天就能到达，但休养了一个多月的大顺军却花了八天时间。不要小看这多出来的三天，它对随后的形势发展至关重要。

为什么这么慢？因为把问题看得简单的李自成又一次被忽悠了。他们在三河县（今三河市）遇到了吴三桂派来的使者。

使者的人选很有讲究，并不是吴三桂手下的军人，而是六名当地的乡绅（《临榆县志》记载，所派之人为高选、李友松、谭邃寰、刘克望四生员，刘台山、黄镇庵二乡耆）。六位乡绅，文质彬彬、谈吐不俗。他们带来口信，说吴三桂是一时糊涂，被怒火冲昏了头脑，犯下了大错，冷静下来经过慎重思考后，还是决定投降大顺。但大错已铸成，手下有人恐怕不被大顺朝原谅，思想上还没有完全达成统一，需要进行说服教育工作，所以恳请李自成大军缓行，给吴三桂几天时间来说服手下，以免产生不必要的麻烦。

这个理由于情于理，似乎都说得通。本来李自成军中，就带着吴家家人和崇祯皇帝的三位皇子，目的就是希望能利用人情对吴三桂进行最后的劝说，现在这个消息正合李自成的胃口。于是，他下令大军缓行。

论计谋，李自成实在不是吴三桂的对手，他被忽悠得一愣一愣的，没起丝毫怀疑，还派出降官赶去山海关谈判。

就这样，五天的路程变成了八天。四月二十日，大顺军终于到达了山海关以西，这时李自成才发现又被骗了。吴三桂确实准备好了欢迎仪式，却不是降书、顺表，而是雪亮的刀枪。

除了武力解决，没有其他方法了。

在山海关西面的卫星城西罗城外有一条小河，因为水流清澈，可以清晰地看到水底的卵石，所以得名“石河”。

石河附近非常荒凉，连树木都没有几棵。对作战双方来说，这里都是很适宜的战场。

吴三桂已将大部分关宁军部署在石河东岸，正对着李自成前进的方向，占据了战略要地，扼守着要道。

李自成针锋相对，把主力放在石河西岸，另外派遣部分军队包抄至关内外，进攻山海关的东罗城、西罗城、北翼城。拿下这几个卫星城，山海关主城就孤掌难鸣，被攻破就只是时间问题。关宁军也无路可退，只能被全歼或投降。

山海关号称天下第一雄关，吴三桂为何要出城野战，而不是据城固守呢？因为山海关的防御，主要假想敌都来自东面，所以山海关的东门防御最强，城墙高达十五米，厚度达到七米，完全称得上铜墙铁壁。从努尔哈赤到多尔衮，任凭清军野战再强，面对雄关也只能望关兴叹，上天无门。

不过相对的是，山海关并没有将西面来的军队纳入防御对象，所以大顺军方向的防御相当薄弱，几近于无。李自成就是从山海关侧背方向杀到，在此情况下，还不如出城野战，发挥关宁军骑兵的强项。

不管历史对吴三桂的评价如何，但有一点可以肯定，他绝对是人精中的人精，如此才会在明末清初如此混乱的天下大势中分得一杯羹，将自身的利益最大化。如果再联系到之后的“三藩之乱”，若他得以成功，历史不知又将如何书写。

如此精明的吴三桂，在即将开战前，必定要将双方的实力比对一遍又一遍。推演无数次下来，他发现，以自己手下这点儿兵力，要对抗亲征的李自成，把握实在不大。

自取灭亡的事儿，吴三桂是不会做的，横思竖想之下，他写了一封信。

信的内容是这样的：

三桂受国厚恩，悯斯民之罹难，拒守边门，欲兴师问罪，以慰人心。奈京东地小，兵力未集，特泣血求助。

…………

夫除暴剪恶，大顺也；拯危扶颠，大义也；出民水火，大仁也；兴灭继绝，大名也；取威定霸，大功也。况“流贼”所聚金帛、子女，不可胜数；义兵一至，皆为王有，此又大利也。

王以盖世英雄，值此摧枯拉朽之会，诚难再得之时也。乞念亡国孤臣忠义之言，速选精兵，直入中协、西协；三桂自率所部，合兵以抵都门，灭“流寇”于宫廷，示大义于中国。则我朝之报北朝者，岂惟财帛，将裂地以酬，不敢食言。

这封信的收信人，是清朝摄政王多尔衮。

有人认为，这是一封请降信。从这封信开始，意味着吴三桂投降了清朝。

也有人认为，这只是一封求援信。吴三桂是以明朝孤臣的身份，恳请清朝出兵，帮他报仇，光复大明。

笔者的观点是，这就是一封请降信。

理由有二：

一、在信中，吴三桂向多尔衮许诺，事成之后，“将裂地以酬，不敢食言”。吴三桂只是一个区区伯爵、总兵，根本不具备这样的权力来许下这样的承诺。如果消灭了“流寇”，他将如何自圆其说？崇祯皇帝可是在李自成兵临城下之时宁可自缢，都果断拒绝了李自成裂土封王以求和的提议。

二、当时明朝事实上处于无政府状态。请“北兵”入援如此重大的事件，同样不是吴三桂能自作主张，随意做主的。

精明如吴三桂，必定在信中的措辞上斟酌再三。以明朝孤臣自称，正是他为了避免落人口实，为自己投靠清朝蒙上一层遮羞布而已。

对面的多尔衮同样是人精，他一眼就看穿了吴三桂欲拒还休的小伎俩，于是直截了当地回信：

> 伯虽向守辽东，与我为敌，今亦勿因前故尚复怀疑……今伯若率众来归，必封以故土，晋为藩王，一则国仇得报，一则身家可保，世世子孙长享富贵，如山河之永也。

收起你的鬼把戏，啥也别说了，老老实实地来归顺，封你个藩王当当，比你的平西伯实惠多了，还能在名义上帮你报国仇，帮你保护身家子孙。

此时的清军在哪儿呢？

多尔衮的算盘

先问个问题，忽略内部的原因，明朝在外部亡于谁手？

表面上看是李自成，其实还得加上关外的皇太极。

皇太极很聪明，他从外部不断砍伐明朝这棵大树，李自成在内部翻江倒海，终于把明朝给“玩”死了。

明末崇祯年间，从1629年起，皇太极率领八旗军绕过宁锦防线，取道内蒙古，从长城龙井关、大安口和洪山口三处入关，拉开了后金（清）翻越长城进关的帷幕。

对明朝来说，重兵都布置在山海关和宁锦防线，而对皇太极这样的军事行动缺乏预料，毫无防备之下，自然无法迅速做出反应。虽然明朝立即调兵勤王，但也无法在野战中将八旗军击溃。

这次远征在明朝腹地持续了两个多月，明军勇将赵率教、满桂阵亡，袁崇焕被下狱，后金掠取大量资源，斩获颇丰。

此后，皇太极似乎尝到了甜头，在1634年（天聪八年，崇祯七年）、1636年（崇德元年，崇祯九年）、1638年（崇德三年，崇祯十一年）、1642年（崇德七年，崇祯十五年），又亲自率军或派兵四次从长城入关，基本上两三年就得来一趟，并且从来不空着手回去。

看上去皇太极干这事是上了瘾，乐此不疲。不过细细研究这几次的进军目的不难发现，皇太极的战略并非如此简单，每次出兵背后都隐藏着深意。

第一次入关五年后，皇太极在天聪八年（1634年）再次亲自率兵进关。这时的皇太极已非五年前刚继位的皇太极，政治上他已经摆平了想要跟他掰手腕的阿敏和莽古尔泰两大贝勒，剩下的代善只能俯首帖耳。“四大贝勒”执政已成历史，皇太极开始大权独揽。

除了政治，皇太极在军事上也获得很大胜利。

天聪五年（1631年），皇太极终于啃下了大凌河这块硬骨头，逼降祖大寿，并击溃了前来增援的监军道张春率领的四万多人，关外明军精锐损失惨重。

对蒙古方面，皇太极更是取得了决定性胜利。1632年，皇太极远征察哈尔部后，林丹汗亡命青海，部众大半溃散，自己更是在两年后病死。从此，察哈尔部再也无法对后金构成威胁。

皇太极的这次远征有两个目的，除了与上次相同的目标——劫掠外，还在于沿途收纳林丹汗的残余部众。

战争的结果同样大获全胜。明军不敢主动出击，只能坐视后金军往来穿梭。皇太极的战略目标完全达成，既收获了战利品，又壮大了自己的力量，还给了明朝以打击。

1636 年的第三次入关则与朝鲜有关。皇太极正准备亲征朝鲜，为了防止明朝乘虚发兵，有必要对明朝进行一番打击，以进行震慑并炫耀兵威。他派武英郡王阿济格领兵进关。阿济格很好地完成了使命，在京师周围不断劫掠，消耗明军实力，一个月内克十二城，胜五十六阵，杀得明军胆寒后，才携带大批物资从容撤退。

几个月后，皇太极亲征朝鲜，两个月就征服朝鲜并班师。朝鲜原本指望明军救援，然而明军还没缓过劲儿来，哪还有力量来帮忙。

第四次入关发生在崇德三年（1638 年），这次皇太极虽然没有亲征，却提兵压到宁锦一线，目的是配合入关主帅多尔衮，让明朝不敢调关外兵回防。

这次入关，明朝损失更加巨大。密云总督吴阿衡战死，督师卢象升殉国，济南仅一天就被攻破，德王朱由枢等众多宗室被擒，清军连胜五十七阵，掠获人畜财物不计其数。

崇祯皇帝震怒，事后清算时一次性处死了几十位官员。更为重要的影响在西北。孙传庭和洪承畴联手，本来已打得李自成几乎全军覆没，李自成只剩十八骑逃入商洛山中。由于清军入关，京师吃紧，崇祯皇帝急调洪、孙二人回京帮助防御，这给了李自成喘息的机会，埋下他东山再起的隐患。

第五次入关也是皇太极时期的最后一次。崇德七年（1642 年），刚刚在松锦之战取胜的皇太极丝毫不给明朝喘息的机会，派阿巴泰领军由界岭口和黄崖口入关。

这是五次入关中时间最长的一次，长达八个月。清军甚至在中间还从容地休整了一个月，如入无人之境，就像在自己家中一样。

五次入关，皇太极皆有自己的战略思想。

努尔哈赤统一女真后以“七大恨”伐明，虽然屡次取胜，占据了不少城池，得到了不少人口，但他也清楚，这时候的大明仍是个庞然大物。明朝可以承受很多次失败，但以后金的体量，只要大败一场，之前所有的努力就可能化为泡影，这种失败他承受不起。

但梦想总是要有的，万一哪天真的实现了呢？

天命七年（1622 年），努尔哈赤很豪横地说：“我金汗身行正道，上天眷爱，况南京、北京、汴京本非一人所居之地，乃女真、汉人轮流居住之地。”

梦想归梦想，从实力上说，努尔哈赤时代想入关伐明还只能存在于想象中，并没有具体的战略。

皇太极继位后，开始也是延续努尔哈赤的思想。尤其在宁锦之战失败后，他一度与袁崇焕接触议和，崇祯皇帝也派出使者与皇太极议和，并取得一定的进展。

这个阶段，皇太极对取代明朝并没有把握。议和接触也可以看作拖延时间的虚与委蛇之举，他的夙愿还是取代明朝，也就是“皇上志在中原”。

怎么取代呢？宁锦尚且攻不下，别说后面的山海关了。在五次入关中，皇太极发展出了自己的战略——“砍而不伐”。

五次入关最重要的是第一次，也就是 1629 年的“己巳之役”。这是皇太极一次冒险的尝试。背景是他继位未久且刚在宁锦防线折戟，内有“四大贝勒”共同执政，对他的质疑之声不少。

这次冒险相当成功，收获也特别大。

战利品只是表面的收获，在政治上，皇太极更是获益良多。

对内，他通过“己巳之役”的胜利立威，处置了阿敏和莽古尔泰，压制了代善，三大贝勒失去了话语权，皇太极从此逐渐大权独揽。

对外，作战的顺利让他意识到相比于强攻难啃的宁锦防线，绕道攻明是个性价比更高的选择。八旗军强于野战而不善攻城，关内大片土地正好让他们驰骋。

到第二次入关前，皇太极攻克大凌河、驱逐林丹汗，收纳蒙古部众，他已有了更多的想法，“但观我情形，无大无小皆志在取明”。此时，他攻明的战略思想成型了。

此时后金虽然取得了突破，但想一口吃掉明朝还是力有不逮。此外，朝鲜尚未臣服，漠南蒙古也还有额哲率领的一些残余势力。

所以，皇太极坚持自己的战略，一次次绕道入关打击明朝，却不是志在攻城略地，而是以歼灭明朝军队的有生力量和破坏明朝的经济为主。

松锦之战获胜后，乐坏了清朝诸将，大家欢欣鼓舞，纷纷请命直捣北京。而皇太极的头脑还是很清醒，他对诸将吐露了自己的战略规划：

> 取燕京如伐大树，须先从两旁斫削，则大树自扑……今明国精兵已尽，我兵四围纵略，彼国势日衰，我兵力日强，从此燕京可得矣。

明朝就是棵大树，难以直接伐倒，要从四面一斧一斧地砍下去，总有一天砍到位了，这棵大树自己就倒了。

这也就是皇太极“砍而不伐”的战略。

为什么“砍而不伐”，因为明朝国势还在，“虽兵马委挫，城池屡失，而国势屹然未倾”，如果要强伐，清朝还没有必胜的把握，不如等它自己扑倒。

在皇太极初次进关时，他曾试探性地占领过迁安、滦州、永平、遵化四城，调阿敏前去防守。结果大军开拔后，很快就被明军收复。这让他意识到，如果强行攻城略地，后金还无法在关内立足，是徒然消耗自身的实力。

于是，此后数次入关，皇太极不再强求军队攻克城池，而是四处转进，并不计较一城一地的得失，即使攻下城池也很快放弃，从不留兵驻守。

看看皇太极时期这五次进关，总的战略都是相同的，就是不断地拿斧子砍明朝这棵大树，并且一次比一次砍得深。而具体到每一次，则又包含着不同的短期目的，如第一次的立威，第二次的收纳蒙古部众，第三次的出兵朝鲜前震慑明军，第四次的歼灭及牵制和第五次松锦之战后的乘虚而入。

在这样一次比一次重的打击下，明军的有生力量被大量消耗，经济基础被严重破坏。这又给了农民军以机会，他们趁机积蓄力量，最终完成对北京的致命一击。清朝则乐得坐山观虎斗，从不曾直接进攻山海关防线，只是一斧又一斧地砍向明朝的四围，这棵大树逐渐摇摇欲坠了。

虽然明朝最后亡于李自成，但如果没有皇太极五次入关，对明朝造成极大的破坏，又牵制大量明军，李自成连能否东山再起都还是个未知数。

果然，皇太极驾崩仅一年，明朝这棵大树终于倒下了。称帝的李自成在执政方面又有很大的短板，无法得到士绅阶层的支持，在与皇太极的继承者多尔衮较量中明显处于劣势。多种因素共同作用下，推倒明朝的大顺朝反而倒得更快，即使没有吴三桂献关，李自成也难以与多尔衮争锋。

皇太极虽然没能活到清军进入北京，但清朝能取天下，很大程度上来自他的战略打下的基础。

“砍而不伐”，皇太极就这样把明朝给折腾死了。

皇太极死后，爱新觉罗·福临登上皇位，但实际的掌权者是多尔衮。他不用创新，只需要沿着皇太极的道路走下去就可以了。

而且，多尔衮可不会这么老实，料事如神地等着“带路党”吴三桂主动找上门来，他比吴三桂更加心急火燎。

早在李自成占领陕西后，多尔衮就写信给李自成，表示愿意同李自成一起进军，共取中原。不过，当信送到时，李自成已出征北京。虽然留守的大顺军榆林守将王良智向李自成作了报告，但没有任何史料记载他有过任何反应。

虽然在李自成那里吃了瘪，但一点也不妨碍多尔衮欢乐的心情。因为在内部，范文程、洪承畴等汉臣早已为他分析清了形势：“窃惟成大业以垂休万世者此时，失机会而贻悔将来者亦此时。”“盖以为明劲敌者我国也，抑则‘流寇’也。正如秦失其鹿，楚、汉逐之。虽与明争天下，实与‘流寇’角也。”

不过，多尔衮也有失算，他没料到大明会垮得如此之快，还没等他准备完毕，北京已被攻克，崇祯皇帝已经归天了。

这块热豆腐，哪怕烫嘴也要吃下去。

多尔衮立即全族动员，动员到什么程度：男丁七十岁以下，十岁以上，无不从军。成败在此一举。

四月初九，多尔衮统率绝大部分八旗军、三分之二蒙古兵和全部汉军，鸣炮出兵。

这么彻底的动员，兵力必定很庞大。

的确不少，总数有……七八万……

确实不少了。当时的清军全部兵力在十万左右，由摄政郑亲王济尔哈朗率领满、蒙八旗军队约三分之一留守在盛京沈阳一带，剩下三分之二的兵力全被多尔衮带出来了，这几乎是清军的全部家当。

打哪儿走呢，沿着皇太极留下的道路前进。

清军从蓟州、密云方向扒长城入关，这是从皇太极时期就干惯的事儿，虽然辛苦，但是比起把命送在山海关下还是值得的。

走到半道上，遇到了吴三桂派来的使者，带来了前面的那封书信。

四月二十日，清军以一天二百里的速度前进。这个速度已经不是急行军，而是强行军了，在古时没有机动运输的条件下，堪称恐怖。

没办法，去晚了，山海关就没了。

前面说到，四月二十日，大顺军也到达了山海关，但因为吴三桂的忽悠，晚到了三天。

这是至关重要的三天。如果早到三天，等清军到达时，大顺军应该早就击败吴三桂，接手关防，多尔衮只能像皇太极一样入关无门。

入关无门，清军只能重新翻长城，补给线会变得无比漫长。大顺军只要切断清军的补给线，关内的清军就会变成一支孤军。甚至大顺军可以挥军直捣清朝的老巢沈阳，那里只有一万多老弱残军防守，不难攻克。

不管怎么做，多尔衮都会进退失据。但是，大顺军的机会已经失去了，这可能是史上代价最高的一次忽悠。

强行军的清军，当晚就到达了山海关外。

山海关之战

四月二十一日上午八点，山海关战役开始。这时李自成并不知道清军已经抵达战场，于是尽遣主力，企图一举歼灭关宁军。两军激战一昼夜，战至二十二日上午。关宁军毕竟人少，已经不支，再打下去，必将全军覆没。

这时候的多尔衮在养精蓄锐、隔岸观火，他必须确认吴三桂的请降是否出于本心，还是联合李自成一起来坑他的。经过一天一夜的观战，他已经确认了吴三桂的处境。

吴三桂快撑不住了，他亲领部分兵马和当地乡绅冲出关门，冲到多尔衮营中请求清军立即出兵。多尔衮令他在关宁军手臂上都缠上一条白布，以免误杀，回关准备接应清军，然后下令清军从南水门、北水门、关中门三路进关。

那么，问题来了，大顺军与关宁军开战的时候，李自成很可能还没得到清军抵达战场的消息，到了二十二日，两军已交战了一天一夜，这时候李自成还不知道清军到了吗？

十几年的战场生涯，老兵油子李自成不可能对战场周遭形势不加注意，不然他无法活到现在。实际上，这时李自成早已得到了清军入关的消息。但箭在弦上，不得不发。而且，清军目前意图不明，虽然有很大可能成为吴三桂的援兵，但毕竟他们在屯兵观战，尚未出击。这时候，李自成既来不及调兵前来助战，也不能就此偃旗息鼓，撤兵而去，只能凭借现有兵力奋力一战。

也许是天亡李自成，清军进入阵地列队时，天上正好刮起了大风。现在北方的沙尘暴大家都清楚，刮得人睁不开眼睛。趁能见度很低的时候，清军完成了布阵。大风一止，关宁军便与清军一起发动冲锋。憋足了劲儿的八旗军在阿济格、多铎的率领下，发出哇哇怪叫，惊天动地，令人肝胆俱裂。

对面的大顺军开始并不清楚发生了什么事，眼看就要被击溃的关宁军怎么会突然像打了鸡血一样兴奋。等清军进入视线之后，他们才发现大事不妙。

对面冲锋而来的军队迥异于汉族军队，他们身材高大、面目狰狞，脑后都拖着一条金钱鼠尾辫。

大顺军终于反应过来：“啊！鞑子来了！”本来苦战一昼夜的大顺军的战斗力已下降许多，虽然全力抵抗，但还是无法对抗八旗军和关宁军。大顺军十五员大将被当场斩杀，头号勇将刘宗敏也中箭负伤，失去了战斗力。

客观地说，当时的清军战斗力正值巅峰，步骑皆精，称他们是东亚大陆上最强的军队也不为过。就算大顺军士气正旺的时候，也未必是清军的对手，何况这时候大顺军已激战一昼夜，清军休养了一昼夜，此消彼长，加上有关宁军助阵，大顺军焉能不败？

李自成本来带着崇祯皇帝的三个皇子，由宋献策和少量亲兵保护，立马在高岗之上，欣赏着自己的大顺军如何击败吴三桂。没承想，形势突然逆转，被击溃的变成了自己。

眼见败局已定，李自成忍痛传令撤兵，带着残兵败将往西退却。八旗军、关宁军一路追杀出四十里。《明史》上说：贼众大溃，自相践踏死者无算，僵尸遍野，沟水尽赤。

这就是山海关之战。

有必要澄清一下，山海关之战大顺军虽然最后溃败，但这支李自成亲统的主力，作战还是相当英勇的，并没有在清军加入战场后就立即崩溃。最直接的证据是看战果。在一片石战场上，根据清朝自己的统计，清军总共阵亡了十二员将佐，其中品级最高的是正二品的副都统萨苏喀，其他也都是正四品、从四品上下的骑都尉、云骑尉这样的军中骨干，从将佐的损失可以看出，大顺军还是与清军进行了激烈的战斗。

山海关之战，是关乎时局发展乃至民族命运的一场关键战役。

交战的大顺军、辽东集团、清朝三个利益集团，结局各不相同。李自成在此战败之后，虽然理论上还有数十万兵力，但在清军追击之下，在黄河以北已经无力再组织抵抗，只得一路西逃。大顺军战败的影响远远不止在军事上，它使得原本归降的州县纷纷复叛，大顺军也无力控制，反而又赔进去不少人马。大顺政权的倾塌，始于山海关战役。

吴三桂看上去是得利的一方，实际上他所得有限，同石敬瑭之流不可同日而语。表面上，他得到了一个平西王的封号，但他统领的关宁军在战斗中同样损失惨重，实力大减。在战役结束后，他与关宁军皆剃发结辫，仿效八旗军打扮，听从多尔衮调遣。更为悲惨的是，李自成在遭受惨重失败后恨透了吴三桂，在撤退途中就把随军的吴家三十多口全部斩杀。这就是吴三桂的代价。

最大的得利方当然是多尔衮。在战斗中，清军虽然也付出了一些代价，但与战果比起来，就微不足道了。在基本击溃大顺军京师地区主力的情况下，同时也削弱了吴三桂的兵力，胜利不可谓不辉煌。战场上的胜利只是表象，关键的意义在于，清军从此打开了入关的通道，对清朝来说，逐鹿中原，终于变得现实起来。

四月二十三日，多尔衮打扫战场完毕，给了吴三桂一万人马，以补充损失惨重的关宁军，以用于追击大顺军。当然，这里面也包含着监军的意思。

多尔衮自己统领大军随后出发，出发前，他发布军令：此次出征，除暴安民，剿灭“流贼”，安定天下，为崇祯皇帝报仇。不杀无辜，不抢财物，不烧房屋，有违反军令者，一定严惩！

这份军令饱含深意，意味着这次清军的进兵完全不同于之前以抢掠为目的，能抢就抢，抢不完就烧的破坏政策。多尔衮要一改清军野蛮的形象，为问鼎中原做好形象建设。

随着隆隆的马蹄声疾，一队队八旗军整装入关。山海关战役结束了，明末的混战却才刚刚拉开帷幕。

第三章
南京！南京！

没有皇帝的政府

花开两朵，各表一枝。

李自成、吴三桂这边在又和又打，忙得不亦乐乎。但大明这边，即便崇祯皇帝自缢了，也不代表大明马上灭亡，否则就把一个王朝的生命力看得太简单了。

明朝是个奇怪的王朝，它有两个京城，即北京和南京。

北京是明朝的政治和军事中心，南京是明朝经济和文化中心。

当然，有多个都城的不是只有明朝，唐朝也有两个，北宋有四个，辽国更是有五个之多。明朝特殊的是，虽然皇帝从来不在南京办公，更不会住到南京去，但两个首都的地位是一样的。而且，南京也有全套的政府班子，北京有的官，南京一样不缺，相当于朝廷的备份。

这时候，虽然李自成占据了陕西、山西、北直隶、山东、湖北等地，但谁要敢说明朝现在已经灭亡了，那是要挨抽的，不是一两个人，是所有人都会抽他："你不是做梦还没醒，就是穿越过来的，睁开你的眼睛看看地图。"

从地图上看，明朝名义上控制的地区比南宋还要大上很多，名义上的军队也还有很多，尤其在还有南京这样一个京城的情况下，无政府的状态绝不会持续太久。

在皇帝突然“挂”掉，北京百官大部分投降的情况下，两套班子似乎是个天才的主意。你李自成再牛，也无法同时攻克北京和南京，随你打哪里，另一边我都有全套的班子，随时可以办公，让国家机器恢复运转。

然而傻眼的是，机构、人员都齐全，就是缺少了一个皇帝……

早在北京还没有失守时，南京的官员就预料到大事不妙，并做好了迎接太子朱慈烺前来南京监国的准备。

等啊等啊，一直等到北京失守十天之后，也没等来太子，收到的最后一封诏书还是崇祯皇帝“命天下兵勤王”的勤王诏书。

一直到了四月初八，才从淮安传来确切的消息，京师失陷。

该南京的官员拿主意了。掌权的是谁呢？虽然南京六部俱全，其他官员却多是摆设，权力集中在三个人手里：南京参赞机务兵部尚书、南京守备太监和提督南京军务勋臣。

这三位大佬分别是南京兵部尚书史可法、提督南京军务勋臣忻城伯赵之龙、南京守备太监韩赞周。

其实主意很好拿，前提是有人能名正言顺地继承帝位。

这偏偏是个天大的问题。大家眼巴巴地等了半个月，连传说中太子的影子都没看见，这可如何是好？

政治正确在历史上始终是第一要务，否则，纵然强如于谦，也免不了在明英宗复辟后被杀。

大家都是官场上的老油子，对规则心知肚明。北京虽然陷落，崇祯皇帝和三位皇子还没有确切的消息，没有一个人敢妄议此事。大家所能做的，就是每天到议事堂上互相打听，枯坐终日。

四月十七日，从北京逃出来的大学士魏炤乘终于带来了确切消息，北京朝廷已被一网打尽，崇祯皇帝殉国，三位皇子都被李自成抓获，已经没有直系的帝位继承人选了。

帝位成了空缺，有人心急如焚，有人暗自欢喜，更多人则束手无策。

自古以来，一个朝代的帝位出现空缺，必然意味着朝廷内部将有一番明争暗斗。

史可法、韩赞周、赵之龙就好比三位最有权力的董事会成员。其中，尤以史可法威望最高，号召力最强。

主要人选有三个，福王朱由崧、桂王朱常瀛、潞王朱常淓。朱由崧是崇祯皇帝朱由检的亲堂兄，朱常瀛是朱由检的叔叔，朱常淓是朱由检的堂叔。无论是从藩位高低、兄终弟及的继承顺序，还是距离来看（前面提到过，朱由崧一路逃亡，此时就在淮安，朱由榔却远在广西），都应该轮到朱由崧过一把皇帝瘾，当时朝廷的有识之士也是这么认为的。

这时候，东林党又跳了出来。

这个群体确实对明末政治走向产生了很大的影响，他们出于私怨，强烈地反对朱由崧继位。

无锡的东林书院是明末东林党魁首顾宪成、高攀龙聚众讲学的地方，现在已成为全国重点文物保护单位，里面有一副顾宪成写的对联：

风声雨声读书声，声声入耳；家事国事天下事，事事关心。

这副对联，活脱脱就是东林党的写照。

与此联相对应的，还有一副万历年间的名联：

两耳不闻窗外事，一心只读圣贤书。

在当时来说，似乎后一副更有道理。既要读书，便一心读书；若要做事，便专心做事，至少不用自欺欺人。

事事都要关心的东林党，怎会不关心如此大事？

朱由崧自己也莫名其妙啊，我跟诸位大佬素不相识、无怨无仇，哪里来的私怨呢？

东林党跟朱由崧确实没有仇，跟他老子——传说被李自成烹杀的老福王朱常洵却有怨。

要说起来，这也是个凄惨的故事，得从一顶凤冠开始说起。

凤冠传奇

1957年7月，北京定陵打开了神秘的地宫大门，在后殿宝床上的梓宫旁边，出土了一顶三龙二凤凤冠。凤冠高27厘米，口径23.7厘米，重2320克。冠框用细竹丝编制，然后髹漆。冠通体嵌各色珠宝点翠如意云片。前部饰三条金龙，其下为点翠双凤，口衔珠滴。全冠共镶大小红蓝宝石100多粒，珍珠5000余粒。整个凤冠的龙、凤、云、花，形象飞舞，色泽瑰丽。

精美绝伦的凤冠被放在孝靖皇后棺椁旁的随葬品箱子里。打开孝靖皇后的棺椁，里面却无值钱的随葬品，还能看一看的，只有一把残破的银壶和一个满是缺口的银盘。

这顶凤冠和几件银器的主人，正是明神宗万历皇帝朱翊钧的皇贵妃——王恭妃，到她的孙子明熹宗朱由校登基后，被追封为孝靖皇后。

这些霄壤之别的陪葬品，背后是一个苦命女子的不幸故事。

凤冠很漂亮，孝靖皇后却很苦。她的儿子、孙子都当上了皇帝，而她的一生却是明朝皇帝生母里最凄惨的。

王氏原本只是个宫女。万历九年（1581年），明神宗朱翊钧年方十九岁，气血正盛。在一次去慈宁宫向生母李太后请安的路上，万历皇帝偶遇王宫女，一时兴起，把她给宠幸了，当时她只有十六岁。

明朝皇帝的私生活还不像后世清朝皇帝那样受到严格的限制，朱翊钧宠幸一个宫女也不是什么大不了的事儿。

可是朱翊钧宠幸了人家，却又想赖账。他没有按惯例赏赐东西，因为有赏赐就有证据，原来他嫌王宫女出身太低，配不上自己。

这就有点“渣男”的意思了。不过贵为一国之君，在后宫的一举一动都会被人记录在起居注上，赖是赖不掉的。王宫女因此怀上了龙种。虽然不敢声张，但肚子瞒不了人，她很快被李太后看破。拿来起居注一对照，朱翊钧也只好老实地承认。

十月怀胎后，王宫女产下一子，起名朱常洛。

这是朱翊钧的长子。照理说，母以子贵，王宫女怎么也会有好日子过了。

但对朱翊钧来说，这却是个烦恼，因为他的心里早就有了别人。

这个人是谁呢，就是淑嫔郑氏。

郑氏在万历十年（1582 年）二月进宫，被册封为淑嫔，万历十一年（1583 年）就晋封为德妃。

这时候，已生下皇长子的王宫女刚刚被封为恭妃，这还是万历皇帝不情不愿地封的。毕竟人家为皇家生下了儿子，总得给个名分。

到了万历十四年（1586 年），郑妃的肚子终于争气了，为朱翊钧生下一子，起名朱常洵。两个月后，德妃就晋封为皇贵妃。

郑氏进宫四年，就完成了后宫绝大多数人一辈子都难以企及的“三级跳”，成为仅位于皇后之下的皇贵妃。

这时，王恭妃还是王恭妃。

郑贵妃趁热打铁，接连又生下了皇四子朱常治、皇七女朱轩媁。可想而知，她有多受宠。

随着皇子们的年龄渐大，问题来了，皇帝该立太子了。

朱翊钧的皇长子是朱常洛，但这个儿子就跟捡来的一样，他的母亲王恭妃不受宠，朱常洛也不得父亲的欢心。

朱翊钧喜欢的是郑贵妃，爱屋及乌，郑贵妃的儿子朱常洵也很受宠爱，万历皇帝想立朱常洵为太子。

但是，大臣们不答应，他们早就看出万历皇帝的这点小心思，要求皇帝早立朱常洛为太子，以避免他做出违反祖制的事来。

众人分为两派，互相拥护自己的人选，吵得不可开交。这一吵，就吵了十五年。

这就是明朝著名的“国本之争”，中坚力量就是东林党众大臣。

朱常洛和朱常洵，就是“国本之争”的两个主角。万历二十九年

（1601年），“争国本”事件终于尘埃落定，朱常洛被立为太子，就是下一任皇帝明光宗。朱常洵同时被册封为福王，在万历四十二年（1614年）就藩河南洛阳。

朱常洵，就是朱由崧的父亲。

“争国本”事件又臭又长，皇帝和大臣们争论的重点都在立太子上。王恭妃还是那个王恭妃，还是不受待见，自从万历十年（1582年）被封为恭妃后，她的待遇就一直没提高过。外面吵得轰轰烈烈，王恭妃还是在宫内默默无闻，苦熬日子。

万历二十九年（1601年），“争国本”事件终于尘埃落定，朱常洛被立为太子。

儿子终于当上储君，王恭妃的好日子怎么看也应该到了。

然而并没有。王恭妃这时已被幽禁在景阳宫内，整整十年没有和儿子见过面。并且，她被受宠的郑贵妃视为眼中钉，待遇极差，还不如普通宫女。

直到万历三十四年（1606年），太子朱常洛已经生下长子朱由校，万历皇帝有了孙子，他终于将王恭妃晋封为皇贵妃。

名分终于有了。但王恭妃的日子也没什么改变，因为还是万历皇帝执政，他不可能否定自己，去讨好王恭妃，那样等于向大臣们再次低头；甚至他把在大臣那里受的气，也出到王恭妃头上，还是将她幽禁。

由于长期见不到儿子，王恭妃心情压抑，身体变差，五年后就生了重病。这时，她已经十几年没见到儿子了。

她病危时，万历皇帝也没去看望她，不过终于网开一面，同意太子去探望母亲。朱常洛赶到景阳宫，跪倒在母亲床前，这时王恭妃已经双目失明。

她在去世前想见儿子一面的愿望终于得以实现，与儿子抱头痛哭一场后，黯然辞世，享年不过四十六岁。她在宫中苦熬三十多年，最后以这样的方式告别人世，周围所有人莫不流泪痛哭。

《明史纪事本末·卷六十七》：三十九年九月己酉，皇贵妃王氏薨。妃虽生皇太子，失宠目眚，比疾笃，太子始知之，亟至，宫门尚闭，抉钥而入。妃手太子衣而泣曰："儿长大如此，我死何憾！"太子恸，左右皆泣，莫能仰视，须臾薨。

生前身心受到摧残，身后万历皇帝更不想为王恭妃多费心，在大臣进言后，也不过将她草草葬在十三陵内一块平冈地里，随葬品更没有什么珍宝。陪伴王恭妃入葬的多是她生前使用过的一些器物，其中就包括这把银壶。

这把银壶底部的铭文是"大明万历壬午年制"，也就是万历十年（1582年）所造。经过数十年使用，银壶已经坑坑洼洼、破破烂烂，却在她死后仍然被带入棺椁。

除此之外，她的棺椁内还有一件银盘，外层的镀金早已磨损，满是破洞和缺口，更是让人心酸。想必是她下葬时，皇帝没有任何赏赐，左右只得把她生前所用值钱一些的东西给她陪葬。

直到王恭妃的孙子朱由校登基，才将她追尊为"孝靖温懿敬让贞慈参天胤圣皇太后"，把奶奶的棺椁迁到定陵内和万历皇帝合葬，并补上了不少随葬品，里面不乏精美器物，比如这顶三龙二凤凤冠。

但这些在王恭妃生前都是无法企及的。

王恭妃还曾生下一位公主——云梦公主朱轩媁，那是在万历十二年（1584年），朱常洛刚刚两岁，郑贵妃还未独得圣宠之时，可惜公主在四岁时夭折。

作为母亲，这对王恭妃的打击可想而知。

一起在定陵出土的随葬器物箱里，还保存有三件小姑娘穿过的衣服，可见做母亲的心，永远都在孩子身上。在这个世界上，唯有儿女是父母永远割舍不下的。

这个可怜的女人是宫廷斗争的牺牲品，帝国政治的替罪羊。

对她来说，在世时唯一能给予一些安慰的，只剩对儿子的爱。然而，连这点也被残酷地剥夺了。

当年明月在《明朝那些事儿》里这样总结她：

虽然她这一生，并没有什么可供传颂的事迹，但她已然知足。

在这个世界上，所有的爱都是为了相聚，只有母爱，是为了分离。

这顶凤冠，如今就陈列在故宫珍宝馆，精美绝伦，因为它是全新的，根本就没被使用过。

马士英的选择

“争国本”事件争了十五年，把万历皇帝从青年小鲜肉争到了油腻中年大叔。东林党的精神头实在太足，朱翊钧实在是争不动了，只得服软，立皇长子朱常洛为太子，是为明光宗。帝位此后传来传去，最终传到了崇祯皇帝手里。

如今如果立朱由崧为帝，联想到当年的集体抵制，东林党在政治上免不了要失势。为自己的利益着想，他们要继续抵制，不能让好不容易争来的“国本”又回到朱常洵一支去。

当初“争国本”，东林党是据理力争，赢得光荣，不能指责他们。如今国都要没了，还争这些，有意思吗？

有意思，相当有意思。

东林党丝毫不肯让步，理由也很有意思。

一贯以保护祖制和礼制自诩的东林党，到了这时却又反了过来，变成了“立贤不立亲”，理由是潞王朱常淓比福王朱由崧要“贤”。

朱由崧哭笑不得，自己这个王爵也刚拿来没几年，大部分时间都在逃难，现在已经接近叫花子，连件像样的衣服都没有，只能窝在船上打鱼。自己从来也没怎么参与过政治，跟一个落难的叫花子说“不贤”，这不是瞎扯吗？

再看潞王朱常淓，这哥儿们是个“艺术家”，精通的是绘画、音律，跟宋徽宗一个德行，至于“贤”在哪里，实在是看不出来。

看不出来没关系，东林党说你“贤”，你就“贤”！

真是翻手为云，覆手为雨。反正就是两片嘴皮子，上下碰一碰，总之，就是不让你朱由崧当上皇帝。

当时的东林党党魁、礼部侍郎钱谦益，为此事特地两次从常熟赶到南京到处游说。他游说的人选却不是另外一个人选桂王朱由榔，而是提议迎立潞王朱常淓。

这个时候，大佬的态度很重要。大佬之所以是大佬，就是因为他们在重要事件上有一锤定音的能力。

最大的大佬史可法不是东林党人。他是东林党人的得意门生，他的老师是著名的东林党人左光斗。这一层关系，决定了他的政治倾向必将偏向东林党人。

但同时，史可法又是个正直的人。根据顺位，他认为理应迎立万历皇帝一系的子孙。

正直的准东林党人史可法，左右为难，计无所出。深思熟虑一番后，他决定找一个人商量。

于是，南明重大争议人物之一——马士英，闪亮登场。

马士英是兵部右侍郎兼右佥都御史，总督庐州、凤阳等处军事，他不是东林党人，所以史可法才会去找他商量，想在桂王和福王之中选定一人。更重要的是，马士英身为凤阳总督，江北三镇总兵高杰、黄得功、刘良佐正是直接受他节制。也就是说，他掌握着军队，这一点无比重要。

两人关起门来秘商的结果是：“以亲以贤，惟桂乃可。”这是个和稀泥的决定，既不得罪东林党，也排除了血统过远的潞王朱常淓。

自以为决定了一件大事的史可法，第二天就告知了南京的高官们，连名头都想好了，迎立桂王，潞王则仿效古制，给他个天下兵马大元帅的头衔。这个折中方案，南京的官绅们也都表示比较满意。

谁知马士英转头就把史可法给卖了。

有史料记载，马士英回到凤阳后得到情报，说朱由崧派出太监私下联系三总兵，想要获取他们的支持来争夺帝位，自己将要被架空。所以，他改变初衷，选择了朱由崧，迎立福王。

不管是真是假，在这件事上，马士英首先考虑的必然是自己的利益。

南明的祸根就此埋下了。

有必要介绍一下这几位总兵。

高杰、黄得功、刘良佐这三位总兵，连同刘泽清，被称为“江北四镇”。除他们之外，还有左良玉、何腾蛟等人，在明末大局中起着至关重要的作用。他们手下，统率着百万级别的军队，如果能抛弃成见，一致抗清，大事还有可为。

高杰，大顺军降将，有个绰号叫作“翻山鹞”。

高杰是李自成的老乡，早在崇祯二年（1629 年）就和李自成一起起事，是个老资格的“造反派”。

高杰造反资历虽老，但他必须投降明军，不投降，他的脑袋就保不住。

要问为什么，因为他跟李自成的老婆邢氏私通了。

李自成可不是善男信女，这事要是被李自成知道了……高杰与邢氏激情之余，想到这点，认识到问题的严重性。

高杰很麻利，崇祯八年（1635 年），就带着邢氏投降了明军，被分配到总兵贺人龙手下任职。从此以后，他就始终跟农民军作战，并且因功一直升任总兵。

没办法，别人都有后路，高杰没有。他不能再投降农民军，李自成恨他入骨，归附明朝是他唯一的出路。

跟随孙传庭对李自成作战失败后，高杰收拢残军，掌握了兵权。

崇祯十七年（1644 年），李自成进军山西的时候，崇祯皇帝命令高杰迅速带兵救援，但沿路城池皆已失陷。高杰保存实力，率军退回泽州。重镇太原等不到高杰的援兵，很快陷落。这时的高杰却趁乱在沿途大肆掳掠，扩充实力。

崇祯皇帝自缢后，南逃的高杰已成为实力派军阀。

刘良佐，绰号“花马刘”，早先也是一员勇将，凭借军功一步步升迁，先后击败过罗汝才、张献忠。崇祯末年，他与各路拥兵自重的总兵一样，为保存实力，避免与大顺军作战，被凤阳总督马士英邀请进入寿县驻守。此时，他的地位已经上升为重要将领。

黄得功，号称“黄闯子”。从绰号上可以看出，这是位猛人。猛到什么程度，历史上流传着一个故事。说黄得功十二岁的时候，偷偷把母亲酿的酒给喝完了。母亲责怪他，黄得功二话不说，提着把刀混入官军队伍，在战场上斩获了两颗敌人首级。首级是好东西，能够换赏钱，黄得功拿着换来的银子，回家就给了母亲。他就是这么猛。

随后，黄得功就从了军。在与农民军作战的过程中，他表现勇猛，曾经只差一步就能活捉张献忠。

崇祯九年（1636 年），黄得功升为副总兵官，分管京师的卫戍部队。

崇祯十一年（1638 年），黄得功升任总兵，加太子太师衔。崇祯皇帝将京营仅剩的精锐派给他带出去征讨农民军。

崇祯十七年（1644 年），黄得功正在永城征讨叛将刘超。等他讨平刘超，京师已经陷落，因回救不及，农民军势大，只得南撤。

黄得功不同于其他人，是四镇总兵里比较有良心的一个，他的故事，我们下面再讲。

刘泽清，山东曹县人。这个人比吴三桂还可恨。

崇祯皇帝曾下诏书命天下兵勤王，山东总兵刘泽清就是其中之一。而且，刘泽清就驻扎在山东临清，临清到北京，大概八百多里，同吴三桂驻防的宁远到北京的距离差不多。正常行军的话，七八天就能赶到。

刘泽清收到勤王诏后，竟做出了一个匪夷所思的回复，他声称自己骑马摔伤了，拒不奉诏！

前文提到过，几位总兵都接到了勤王诏书，只有唐通赴援了。如果吴三桂、刘泽清等都能赶到，几部兵马凑到一起，未必守不住北京城。

吴三桂没说不来，只是一直在路上。刘泽清则干脆就没说来，连窝都没出。

别人拥兵自重、保存实力，还要面子上装一下。刘泽清倒好，连表面功夫都不做了，就差宣布独立了。

但是，朝廷拿他没办法，因为他手上有兵！不光没办法，朝廷还得哄着他，争取他的支持，以防他造反或是投降。

明末这几个藩镇，刘泽清是最可恨的一个，他是个反复无常、没有底线的小人。他的结局大快人心。刘泽清在扬州失陷前就投降了清朝，没过几年，他又以为清朝将被推翻，在人家眼皮子底下暗自策划反清，最后被凌迟处死。

这就是明末武将军阀化的恶果。许多人认为明朝和宋朝一样，用文人主兵是战事不利的原因，实际上，正好相反。文人主兵，是时代发展的趋势，体现着文明和进步。社会发展到了现代，以文治武早已成为标配，这是文明的一种体现。

而武人主兵，如果中央政府没有足够的号召力和强有力的直属部队，掌握兵权的将领就极易成为军阀。从秦汉时期就反复出现武将拥兵自重，军阀割据问题，在唐末达到了高潮。

武人主兵，如果失去制约，会有多大的概率成为军阀呢？这个概率几乎是百分百。

拿马士英来举例。马士英是兵部右侍郎、凤阳总督，总督庐州、凤阳等处军事，是四镇总兵名义上的直属上司。如果是在以前，以文人主兵的惯例来看，假使手下其中一两位总兵不服从调遣，想要拥兵自重，那他可以征调其他总兵进兵会剿。如果四路总兵都拥兵自重，那朝廷可以征调其他地方的兵马，比如左良玉、何腾蛟、唐通、吴三桂等部来进剿。所以，武将军阀化没有现实基础。

但到了明末，由于种种原因，中央政府对地方的控制力越来越弱，武将军阀化的趋势越来越明显，朝廷也无力制约。最终，他们成了事实上的军阀。

除高杰、黄得功、刘良佐和随后加入“拥福俱乐部”的刘泽清之外，在武昌，还有个更棘手的人物——宁南伯左良玉。

这些军阀手握重兵，将在随后的局势中起到举足轻重的作用。当然，这指的是内斗方面。

史可法的悲哀

马士英与四镇总兵的勾结，意味着史可法的全面失败。马士英和“江北四镇”凭借拥立之功顺理成章地掌握了弘光朝的文事武备，原先的大佬史可法则被不断排挤，直到他的人生谢幕。

不过这时，老好人史可法还被蒙在鼓里。不光这样，史可法还给马士英写了封信，里面罗列了福王朱由崧的“七宗罪”，分别是:“贪、淫、酗酒、不孝、虐下、不读书、干预有司”，倒与天主教的“七原罪”有异曲同工之妙。根据朱由崧继位之后的表现看来，史可法未卜先知，里面的指控竟有一大半是真的。

收到这封信的马士英的心理可想而知：史可法啊史可法，正愁怎么治你，你现在竟主动送上门来，授人以柄，这下你就是只“秋后的蚂蚱，蹦跶不了几天了”。

马士英玩弄政治的手段跟史可法比，那就是一个天上，一个地下。他拿到史可法的“投名状”，当即以凤阳总督和四镇总兵的名义邀集南京群臣和另一位大佬——南京守备太监韩赞周。

马士英宣布，已与四镇总兵达成一致意见，拥立福王朱由崧。

群臣有不少是东林党人，一听这不对啊，这跟我们事先说好的不一样嘛。有人提出，史可法之前的方案是“拥桂”，大家也皆大欢喜；如今背着史可法，马士英却擅自主张、改弦更张，是何道理？

这当然早在官场老油条马士英的计算之中。他冷笑一声，拿出史可法的亲笔信给众人传阅。这封信的分量完全击垮了反对派。史可法的政治前途已经断送在这封信上。加上南明的大部分兵力集中在四镇手中，马士英既然宣布已得到四位总兵的支持，军方的力量显然已经站在他的这边，自己的意见已经无足轻重，只好违心地表示同意。

最典型的是东林党大佬钱谦益，这位被削籍的前吏部侍郎，没有在被邀请之列。于是在定议结束后，他来到户部尚书高弘图府中打探消息，得知立的是福王后，大失所望，当即就要告辞。结果高弘图一句话“天子毋容抗也”就让他转怒为喜，说：“我虽然之前被削籍了，但已经被大赦了，所以我也有资格前往接驾！”

钱谦益是东林党首领，但这时他已倒向马士英，不再与东林党政见一致，因此他已不能再算东林党。注意这点，后面还会讲到。

迎立福王，是崇祯皇帝自缢后明朝最重大的政治事件。弘光朝随后文事武备的崩坏，皆出自这里，直接延伸到随后的隆武、绍武、永历等政权，后果无可挽回。而这一切最大的责任人之一，就是史可法。

南京的最高级文官，正直的、优柔寡断的非东林党人、东林党弟子——史可法昏着迭出，证明了他的能力其实有限。他在错误的时间坐在错误的位置上作出了错误的决定，使得自己也一路走低，失去了政治生命。虽然他最后在扬州殉国，落得了个抗清英雄的好名声，但实际上扬州被屠，他也有不小的责任。

四月二十九日，福王朱由崧在史可法的陪同下，乘舟抵达南京城外燕子矶，南京官绅均往朝见。五月一日，朱由崧登岸，先拜谒孝陵，然后从朝阳门进城，驻于内守备府。

朱由崧给迎接的众大臣的第一感觉是个挺随和的人。他戴着半旧的帽子，手里摇着白纸扇，仿佛一个容易接近的邻家公子。许多人根据第一印象，觉得他似乎有明主之相。没办法，逃难逃了这么久，朱由崧已经接近丐帮了，谁又想到能一步登天。实际上，朱由崧随后会让他们大跌眼镜。

五月初三，朱由崧就任监国。为什么不直接称帝？是因为崇祯皇帝的三位皇子还生死未卜，万一有人幸存，恐怕又将发生法统之争，所以朱由崧先称监国。

就任监国的朱由崧，先是按部就班任命了内阁：原南京兵部尚书史可法为东阁大学士兼礼部尚书，入阁办事；马士英加东阁大学士、兵部尚书、右副都御史衔，仍任凤阳总督；又以原詹事府詹事姜曰广为礼部左侍郎，与原礼部尚书王铎，二人兼东阁大学士，入阁办事。

这个任命看似中规中矩，似乎没有夹带什么私货。

然而，这只是做给人看的表面文章。

拥立首功的马士英和定策无功的史可法，在朱由崧的心中怎么可能一概而论。换作任何一个人，也不可能再信任史可法。

史可法原先的威望，随着那封信的曝光，也已经跌落到谷底。甚至原先奉他为旗帜的人，都开始上疏攻击他。例如，魏国公徐弘基，甚至建言史可法“勤王无功，可杀”。

被攻击得满头是包的史可法，当然没可能安稳，他迅速地被排挤出权力中心南京。

如果史可法不受到排挤，能留任内阁，主持朝政，弘光朝的局面会不会比之后好很多呢？事实上，这也是不可能的。

因为这时，武将拥兵自重的趋势已非常明显，无人可以对其进行制约。事实上机会有一个，就是史可法在拥立中的立场和决策。如果他能果断地把握时机，不让四镇总兵有投机的机会，那么他们或许还能有所顾忌，但等到武将得到拥立之功，成为定策元勋后，就再也没有办法了。

史可法确实是忠臣，也确实是好人，可是能力确实不行。在拥立之争失败后，他自知大错已经铸成，还想以一己之力挽回。可惜，他已失去了支持，原先的最高文官这时候已是墙倒众人推。

史可法在五月初八上疏，请封四镇，并建议弘光帝以马士英出镇督师，监督节制。这是想要挽回，争取四镇的支持，同时不让马士英进入内阁，参与国事。

他的建议得到了弘光帝的批准，只是人选稍微换了一下。

五月十七日，晋封黄得功为靖南侯、高杰为兴平伯、刘泽清为东平伯、刘良佐为广昌伯；世守武昌的左良玉虽然没有参与定策，但他兵多将广，也晋封为宁南侯。

这些与史可法的建议大致相同，派重臣出镇督师的建议也得到了批准，只是人选由马士英换成了史可法。

虽然朱由崧跟明君一点边都沾不上，不过这事儿实在怪不得他，换作任何一个人，也会做出类似的任命。如果放着自己的支持者不用，偏偏要用反对派，那是随时可能会被“做”掉的。

尤其这史可法还曾经写信列出自己的七宗罪，万一哪天跟自己不对付，再把自己废了也有可能。明英宗朱祁镇在“夺门之变”复辟后，明知道于谦的正直与才干，却必须杀了他。套路都是一样的。要怪，只能怪史可法自己。

至此，史可法彻底凉凉。

总之，明末的时局需要的是一个类似于谦或者王阳明的大臣，或是朱元璋、朱棣一样的帝王，才有可能力挽狂澜。可惜史可法只是史可法；于谦、王阳明几百年也才出一个；朱元璋、朱棣，一个王朝有一两个已经不错。

五月十五日，朱由崧正式继位为皇帝，改明年为弘光元年。第二天，马士英入阁主持政务兼任兵部尚书。史可法于五月二十日渡江往淮扬。弘光朝，就在这样的局面下正式登上历史舞台。

第四章
从京师到陕西

一日皇帝

南京这边，从1644年四月十七日得到崇祯皇帝自缢的确切消息，到五月十五日朱由崧正式继位，花费了一个多月。这段时间，李自成在干什么呢？

他正在忙着“跑路”。

四月二十一日，山海关战役爆发；四月二十二日，大顺军被击败，李自成领着残兵败将夺路狂奔，只用了四天就跑回了京城。这速度，比进军的时候快了一倍。

如果进军山海关时也是这个速度，现在吴三桂应该已是刀下之鬼，多尔衮大概又要扒长城了。

李自成清楚，吴三桂和清军不会放过他，必定要痛打自己，凭借自己手下这些残兵败将和北京的一万多老弱残兵，能守住北京吗？

守城？李自成说：对不起，没兴趣！他起事十几年，几乎没有打过守城战。守城既无兴趣，又无实力，那就只能撤退了。

用撤退不太妥当，不如说“跑路”更为合适。

不过在“跑路”之前，李自成还有一件大事必须要做！

四月二十九日，李自成刚跑回北京三天就正式登基，举办开国大典。

李自成头戴平天冠，身穿赭黄袍，腰系玉带，足踏粉底金线绣龙嵌珠云头靴，正式登基成为大顺永昌皇帝。

起事十几年，李自成的终极心愿终于得以实现。可惜的是，龙椅还没坐热，他就要张罗着“跑路”了。之所以赶着登基，就是为了不留遗憾，毕竟曾经拥有嘛。在北京登基，不是谁都可以做到的，当十年皇帝也是皇帝，当一天皇帝也是皇帝，既然能当，为什么不过把瘾再跑？

登基大典结束后，李自成立即下令各部西撤，弃守北京。当然，在此之前，他早已将搜刮到的金银珠宝先行押运回西安。

但是这还不算完。“跑路”前，李自成还要干一件人神共愤的事情——火烧紫禁城。他派几千士兵运来引火物，堆满紫禁城内的各个宫殿。到了晚上十点，他一声令下，大火被引燃。伴随着大顺军的炮击，再坚固的宫殿也会倒塌，火光映红了夜空，殃及无数无辜的百姓。

偌大的北京城，最后只剩下武英殿、大明门和正阳门等寥寥几处没被烧毁。紫禁城自从修建完成以来，屡遭火灾，但都是意外失火，像这样大规模的人为纵火还是第一次，也是唯一的一次。

对紫禁城的破坏有多严重？许多史料记载：焚宫殿及九门城楼，时大内尽为贼焚，惟太庙及武英殿尚存。也有记载是，仅武英殿、建极殿、英华殿、南熏殿、四周角楼和皇极门未焚，其余建筑全部被毁。

可以说是触目惊心。

史书记载是否准确呢，大致差不多。故宫从明成祖朱棣永乐四年（1406 年）开始营建，到永乐十八年（1420 年）基本建成，其后又经过洪熙、宣德、正统等几代皇帝陆续修建，才有了明末的规模。如果损坏严重，以当时的技术水平和经济条件，修复乃至重建同样需要更长的时间。

清朝接收北京城后，对紫禁城的修建记录可以从侧面予以佐证。顺治皇帝定都北京后，历经十四年，将中路建筑基本修复。其后，从康熙二十二年（1682 年）开始重建紫禁城其余被毁部分建筑，至康熙三十四年（1694 年）基本完工。

两次加起来，前后一共修建了二十六年。

李自成就这样“跑路”了。大顺军在三月十九日耀武扬威地进入京师，四月三十日狼狈不堪地撤离京师，总共只待了四十二天。对李自成来说，还要减去东征吴三桂的十三天，所以他在北京城内仅仅待了二十八天，当了一天皇帝，就不得不狼狈西撤，从此再也没能回来。

真定之战

李自成弃守北京后，率领大顺军往西撤退，但速度实在慢得可以，那不像撤退，倒像“自驾游”。

因为他们携带了大量战利品，不只金银珠宝，还有掳来的妇女，速度实在快不了。

走了一天一夜，大顺军终于到达了涿州城下。

涿州是座小城，地处现在北京的南大门，离天安门只有五十五公里，在历史上是个出皇帝的地方，刘备、赵匡胤都是涿州人。

这时的涿州，本来应该大开城门，欢迎李自成，因为它之前早已被大顺军占领，并留下官员和少量兵丁驻守。

不过这时，欢迎李自成的却是涿州城头的弓箭、炮石。原来，李自成在山海关战败，在京师又大肆破坏的消息传来后，本就不满大顺统治的涿州城内百姓在原明朝官员冯铨的组织下，杀死大顺留守官员，举起了“讨贼复明”的大旗。

李自成大怒，小小涿州城竟敢阻挡大军，立即亲自督军攻城。之前望风归降的小小涿州城，如今仿佛成了座坚城，强攻了半天，竟然纹丝不动，大顺军反而伤亡惨重。

东征以来打惯了顺风局的大顺军，在山海关失败后，如今竟连个小小的涿州城都无法攻克。更要命的是，背后的吴三桂和八旗军已经追近。

无奈之下，李自成只得放弃涿州，绕过城池，继续撤退。涿州凭借自己的坚韧，把握了命运，否则一旦被攻克，大顺军恼怒之下，恐怕难逃屠城之祸。

五月初八，大顺军撤到了庆都，人困马乏，再也跑不动了。清军却还在后面紧追不舍。这也怪不得吴三桂，他全家都被李自成砍了，换谁都会铁了心要报仇。

眼看实在无法甩掉追兵，那就只有打一仗了，打退了吴三桂，才能舒舒服服地继续“自驾游”。

李自成留下蕲侯谷英、大将左光先率领两万精兵，排开阵势，准备阻击清军。而他自己，则继续“跑路”。

被留下的士兵只恨被选中，哪里还有心思打仗。关宁军的马蹄声刚刚传来，就不断有人逃跑。谷英只得亲自督阵，连斩了几名逃兵才稳住阵脚。但打阻击的大顺军人数既少，又无斗志，一瞬间，大顺军就被清军层层包围。

战斗结果是：左光先身受重伤撤出战场，谷英阵亡，大顺军近半被杀，近半投降，吴三桂一直追杀到定州才停下脚步。因为定州同涿州一样，斩杀了大顺委任的官员，大开城门迎接吴三桂入城。

这场战役被称为庆都大捷。

休整一天后，吴三桂继续追击。以骑兵为主的清军在五月十日就在真定追上了以车马为主的大顺军。

谷英阵亡，阻击部队全军覆没。李自成毛了，这吴三桂实在欺人太甚，必须停下来好好打一仗不可，不然看他这架势，不把自己赶到陕西老家是不算完。

李自成亲自督率大军，在真定摆开战场，想要一举击败吴三桂，摆脱清军的追击，报山海关的一箭之仇。

真定之战，由此爆发。

真定与北京、保定合称“北方三雄镇”，据说三国时期名将赵云就出生在这里。二百四十多年前“靖难之役”时，朱棣的北军和耿炳文率领的南军曾经在这里大战，守强攻弱的耿炳文在城外遭遇大败，却仍然能据城固守，拒朱棣于城下，最终迫使北军撤围而走。李自成选择这里作为战场，大概也是希望效仿耿炳文，一旦战败，还能退入城中自保。

大顺军这边是皇帝亲征，疲惫的将士也知道处境之艰难，不击退吴三桂，就无法平安西撤，也都打起了十二分的精神。

吴三桂这边挟连胜之威，铁骑之利，又有多尔衮新拨的八旗军助战，士气正盛。

可惜，经历数次失败后，大顺军已不是进军北京时的大顺军了，低落的士气会从主帅影响到每一位将士，进而降低部队的战斗力。

两军从清晨一直杀到下午，大顺军终于不支败退。不支的原因，有记载说是刮起了怪风，风力之大，将大顺军军旗都吹倒。这怪风不往吴三桂那儿吹，老是跟李自成作对，或许是天要亡大顺了。

在沙尘暴正面袭击下，大顺军乱作一团，再也无法坚持，李自成也中箭受伤，连守城也变得不可能。身边众将拼死保护着李自成，杀出重围，带领残兵败将，就此退入山西，北直隶从此不再归属于大顺。

盘点一下李自成的巅峰轨迹。他在（1644 年）二月初二在西安誓师进军北京；三月十九日进入北京，达到人生巅峰；四月十二日出征山海关；四月二十二日战败；四月二十六日逃回北京；四月二十九日登基；四月三十日撤离北京；五月初八大顺军在庆都惨败；五月初十又遭遇真定之败，退入山西。在三个多月内，李自成画出了一条高高的抛物线，将自己抛到了顶点，然后又暴跌谷底。这一条轨迹，是大多数农民起义发展的规律，基本源于农民本身的时代和阶级局限性。

清军这时候也到了强弩之末，从山海关一路打到真定，中间未曾得到休息，终于在大顺军果毅将军、巫山伯马士耀坚守的固关前停下了脚步。固关是明朝京西“四大名关”之一，与居庸关、紫荆关、倒马关并称，号称“雄关天险”，久战之下的清军已无力一口气再攻克固关。

于是获得真定大捷的清军，在李自成退入山西后，终于停止了追击。据说陈圆圆在真定也被救回，重新回到了吴三桂身边。清军带着丰厚的战利品，回到了北京。

这时的北京，已是另一番气象。因为早在五月初二，多尔衮就率领着清军，由朝阳门进入了北京。当时的北京百官和百姓，或许不会想到，北京将就此成为另一个王朝的开始。

精明的多尔衮

进入北京之初的多尔衮，老实得像个刚进城的农民。

事实上，大致也差不多，关外毕竟苦寒，而明朝经营了两百七十多年的北京城，又岂是刚刚迁都十几年的清朝盛京可比的。

还好有范文程、洪承畴等汉官。这些汉官，对北京城可熟悉得很。不得不说，文人可以误国，也可以兴国，就看怎么用。

同一批文人，在李自成手里，是“追赃助饷”的重点打击对象，官当得越大，要拿的钱越多，拿完钱还是一刀砍了，这是一批死得毫无尊严的鼠辈。

到了多尔衮手里，这批文人却奇迹般地改头换面，成了堪用之才，为清朝的统一事业发光发热，添砖加瓦。

冯铨被委任为内院大学士；陈名夏恢复原职，旋擢吏部左侍郎兼翰林、侍读学士；周伯达任甘肃巡抚；刘达任巡按河南直指使；陈之龙任凤阳巡抚；黄尔性被英亲王阿济格委任为陕西巡抚；富平县举人赵兆麟也由阿济格委任为郧阳抚院。

多尔衮还命降清的汉族官员荐举人才，形成门生旧友相率入朝的局面，简直就是“求贤若渴、状若明君”。

李自成同他相比，实在不可同日而语。

同样一群人，一会儿铁骨铮铮，以清流自诩；一会儿没脸没皮，伏地跪舔；一会儿又俨然治世能臣，学以致用。

同样一群人，在短短时间内，为何能发挥完全不同的作用？

其实很好对比，是制度，也就是用人之道。

崇祯皇帝其实不缺人，问题是他不会用人。崇祯一朝十七年，走马灯一样用了十八位内阁首辅，在大明朝排名第一。这么多人，就没有一个堪用之才吗？显然不可能，不然崇祯皇帝当初又为何要任命他们。皇帝本人的能力，决定了王朝的上限。优柔寡断、刚愎自用又死要面子的崇祯皇帝，没有用人的本事，自己也成了陪葬品。

投降大顺朝的官员们，面临另一个极端，根本没有任何发挥才能的机会，纵然跪舔新主，也无法求得一条生路。李自成根本就没打算用他们。在李自成的眼里，他们只是一堆堆黄金和珠宝，失去钱财的文官比狗还不如。

多尔衮进京后，迅速扭转了这种局面。清朝的制度给了明朝降官们表现的机会，满汉的差异又决定了他们终究只是外人，不可能真正当家做主。打个比方，这些降臣永远是这个“家族企业”中的外姓员工，真正的实权必须留给家族内部的人。你要想接班或是另起炉灶，那是门儿都没有；你如果有意见，我立马就可以开除你，甚至是砍了你的脑袋。

这种情况下，原明朝官员能做的就只有兢兢业业，闷声发大财而已。

虽然在当时来说，清军入主是异族入侵，但在用人的手段上，他们却比崇祯皇帝和李自成不知高明了多少。

善于学习的人，总不会吃亏。

多尔衮对前朝官员的任用，煞费苦心、效果显著，极其出彩，这是清朝能迅速稳定局势的关键。官员代表的是缙绅阶层的利益，对任何一个王朝来说，这都是举足轻重的力量。多尔衮的煞费苦心，带来的是显著的效果，可以说是一招定乾坤。

再说说投降的官员。许多人以为，清军进入北京后，前明官员，先是降顺，继而降清，这并不完全是事实。虽说李自成进入北京之后，殉国的官员人数确实不多，但清军入关之初，并没有那么大的威信与号召力，明朝的官员也普遍对清朝统治者没有多大的好感。

这也很容易理解，毕竟在当时来说清军是异族，与大明打了几十年架，形势未明之前，脸皮再厚，也要掂量一下自己的脑袋。所以，在清军进入北京前后，都有一大批汉族官绅不愿出仕清朝，而是纷纷南下。

根据前东林党魁周廷儒的门生杨士聪记载，跟他一同南下的，就有不下百人。另外，又有许多人坐船出海，绕路南下，在海中遭遇风暴，光沉没的船只就有七十多艘。

刑科给事中沈惟炳的记载也类似，说：“而京官南去不返，似怀避地之心；高人决志林藏，似多避世之举。”

南下，不外乎两个选择：避世，或出仕。向谁出仕呢，当然是尚存的南京弘光朝廷。

在南京，福王朱由崧五月初三就任监国，五月十五日继位称帝，时间刚好接上多尔衮入京。

于是，一大帮子崇祯朝的官员走路、坐车、乘船，纷纷赶往南京，希望在新成立的朝廷之下得到任用，心向故国，可以理解。

弘光政权的态度让人不解，凡是南附的官员，先要进行审查；凡是投降过李自成的，都是“逆贼”，皆以“从逆”的罪名追究罪责，大兴“顺案”。

还有比这更作死的吗？李自成进京四十几天，京城百官不“从逆”的，或是殉国了，或是被杀了，或是躲起来了，南下的还能有几个，来这么一出，还不如直接贴张“大字报”：南下者皆可杀。

于是，刚到南京的、没到南京的官员集体掉头，又返回了北京，因为北京方面传来了消息，大清和硕睿亲王多尔衮对汉人官员一团和气、满面春风，只要愿意归附，待遇大大的好，比前朝只高不低。追赃？不存在的，那是李自成干的勾当；我大清朝兴兵，就是为了替崇祯皇帝报仇，剿灭那些“流贼”的，你们快快回来，大家都有官当！

为了取得汉族官绅地主的支持，多尔衮打出了为崇祯皇帝“复仇讨贼”的旗号，与吴三桂如出一辙。进京后的第三天，他又下令：“官民人等为崇祯帝服丧三日，以展舆情。著礼部、太常寺备帝礼具葬。”

这招又为他拉拢了民心。

鉴于明朝后期党争激烈，在京的明朝官员绝大多数又投降过大顺政权，多尔衮不失时机地广为招徕，入京之初就“大张榜示，与诸朝绅荡涤前秽”“令在京内阁、六部、都察院等衙门官员，俱以原官同满官一体办事”。

不久，多尔衮又进一步明确宣布：“凡文武官员军民人等，不论原属流贼，或为‘流贼’逼勒投降者，若能归服我朝，仍准录用。”这就是说，不管是东林—复社党人还是魏忠贤阉党，是明朝官员还是大顺政权官员，只要归附清朝就官复原职，甚至加官晋爵。

人心，就这样被多尔衮争取过去了，或者说，就这样被弘光朝廷推走了。

多尔衮占领北京初期采取的措施，在相当大的程度上改变了汉族居民对皇太极时期清军数次深入内地屠杀掳掠的残暴形象。特别是对汉族文武官绅招徕有方，不仅使清朝迅速地在京师以及附近地区站稳了脚跟，也为此后统一全国奠定了基础。

招揽明朝官员对清朝来说，不光是收买人心的举措，还有实实在在的作用，就是帮助清朝恢复国家机器的运转。

在李自成进京时，明朝官员纷纷求着录用，是因为他们认为李自成本是“流寇”，熟悉的是打仗，而治理国家这种大事还要依靠他们这帮有经验的人。

这话其实有道理。只知道打仗的李自成毫无治国经验，他的手下也都是戎马一生的武夫，就算有牛金星、宋献策、李岩等少数读书人，也根本无从谈起治理国家。问题是李自成根本不想治理国家。在他看来，治理国家就是自己换个皇帝的身份，其他的换个名分，还按以前那一套玩！

这样做的结果，就是把自己玩死了。

相比而言，清朝当时虽是异族，但更懂得国情，于是招揽明朝官员，帮助他们将国家机器迅速运转起来。

运转起来的清朝，现在要考虑下一步了。

多尔衮的手段

清军进入北京之初，迁都北京并未被提上议事日程。虽然多尔衮坚持认为“京师乃天下之根本”，但以英郡王阿济格为代表的不少清军将领都表示反对。阿济格认为，汉人跟满人是不会一条心的，应该放手劫掠，让将士任取妇女、财富，如同皇太极时代数次入关一样，让大家满载而归。

这是相当一部分满族将领的心声，毕竟在关外生活了几百年，民族隔阂和生活习惯的差异是客观存在的。

多尔衮的战略眼光无疑高出阿济格许多，他力排众议，坚持迁都北京，并且抬出了皇太极生前说过的“若得北京，立即迁都”，终于使得阿济格等一众将领无法再提出异议。

多尔衮派人前往盛京，迎接六岁的小皇帝福临等皇族宗室，当然，也包括顺治皇帝的母亲，孝庄皇太后博尔济吉特·布木布泰。

同时，吴三桂和清军联手追击、扫荡大顺军。在大顺政权退出的北方各地，如北直隶、山东等四十三个州县，纷纷复叛。

此时的李自成马不停蹄继续西撤，一直撤到了二月初誓师出兵的地方——西安。

大顺军主力的撤离，使得山西地区出现了真空，仅凭李自成留在山西的部分兵力，且又分散在各地，缺乏统一调度。山西的明朝降将得到北直隶、山东光复的消息，也坐不住了。

1644 年五月初十，降顺的明朝大同总兵姜瓖发动叛乱，杀死留守的大顺制将军张天琳和中军张黑脸，也扯起了“复明”的大旗，控制了山西北部。

前文说过，四月初，明朝南京政府已经得到北方的确切情报，五月初八，朱由崧就任监国；五月十五日，正式继位称帝。但南京弘光朝廷，对中原腹地的这些变故一概无视，既没有派出官员进行接收，也没有派军队开入，如同山海关之战一样，最大的得利方又是清朝。

清朝的反应相当迅速，姜瓖拿下大同之后不到一个月，多尔衮的令旨就到了。处于大顺和清朝包夹地带的姜瓖，虽然打着“复明”的旗号，却得不到明朝政府的响应。不管是从个人利益还是从天下大势考虑，他都必须选择归附一方以求自保。姜瓖的情势同山海关的吴三桂差不多，他的选择也同吴三桂一样，归顺了清朝，改用顺治年号。清军就这样兵不血刃地拿下重镇大同。

同样的情况也发生在老熟人唐通的身上。唐通在山海关被吴三桂赶跑以后，狼狈逃回北京，随即奉命为大顺镇守军事要地德州、偏关地区和陕西府谷县、葭州一带。眼见姜瓖起事，唐通镇守的地区变成了战争前沿地带，他干脆一不做二不休，也举兵反叛。

唐通没有姜瓖顺利，李自成留下了勇将亳侯李过镇守陕北。两军激战了半个月之久，李过部损失严重，山西北部和陕西部分州县落入唐通之手。不过，唐通只是个中介，地盘只是在他那里转了转手。他虽然以“复明”名义起兵，打着崇祯旗号，但在清朝派人来招降后却迅速表示归附，被清廷封官晋爵，原本是定西伯的唐通被加封为定西侯，爵位升了一级，清朝就这样轻松地接收了山西大部分地区。

相比而言，另一员降将陈永福却硬气许多。陈永福原来镇守开封，在开封保卫战中曾射瞎李自成一眼。李自成随后招降陈永福，并与他折箭为誓，发誓不再追究。陈永福于是降顺，被提拔为制将军，封爵文水伯。李自成撤退时，将防守重镇太原府的任务交给了陈永福。

感激于李自成的信任，陈永福在太原坚壁清野，做好了坚守的准备。劝降失败后，清军派来老将叶臣领兵进攻太原。

叶臣，姓完颜，镶红旗都统，跟随努尔哈赤作战，是皇太极继位时期“十六臣”之一，随后又名列“议政八臣”之一。

陈永福善守，与叶臣相持了二十多天，没有给清军可乘之机。最后，叶臣调来了撒手锏——红衣大炮，这种炮原先是明军克清军的利器，对准了太原的城墙，太原终于陷落，陈永福奋力突围后不知所终。至此，山西全境全部归清。

数月之间，清军仅以微小的代价就占领了大半个中原，连他们自己也没有想到会这么顺利。下一步怎么走，却成了问题。

“联虏平寇”

到了 1644 年十月，清军已经占据了河北、山西、山东大部和河南东部，整个中原几乎被收入囊中。几个月的时间，清朝的目标已经一再被拔高，从是否要入关，到是否要迁都北京，再到是否划江而治，现在已经到了是否要一统天下的高度。

不是清军太厉害，实在是其他几个政权太不禁打。

大顺皇帝李自成，山海关战败后就被清军一路撵兔子一样撵回了陕西。南京的弘光朝廷，则在这段时间里根本没有任何军事行动，众多失地纷纷“反顺复明”，却得不到它的响应和支持，最终全部倒向了清朝。

这几个月，弘光朝廷和大臣们又在干吗？

他们正在确定基本国策，当前最主要的是确定对大顺和大清两个政权的态度，才能采取接下来的行动。

如果忽略西南的张献忠，当时天下大势就如同三国时期。从地盘和人口上来看，最大最多的是明朝南京弘光朝廷；李自成已显颓势；清军的意图，现在还说不准。

对弘光政权来说，最希望见到的当然是大顺和大清打得不可开交，两败俱伤，自己则养精蓄锐，然后名正言顺地收复北方。

这样的春秋大梦，在李自成的迅速溃败下被一巴掌抽醒。这群“流寇”，跟先帝崇祯互掐时那么厉害，怎么在这伙辫子兵手底下三个回合都走不满？看来清军确实厉害！有必要重新审视他们的实力！

在对于大顺政权和大清政权的态度上，弘光朝的大佬们难得地迅速达成一致：

李自成是死敌，逼死了崇祯皇帝，毁了大明的基业，是无法妥协的敌人。

清军是吴三桂借来为大明报仇的，从他们进入北京的政策来看，对明朝充满了同情，实在是不可多得的帮手！

于是，众大佬一致主张“联虏平寇”。

基于这个政策，弘光朝廷将吴三桂视为功臣，加封他为“蓟国公”，随后派出使团前往北京，与清朝谈判。

谈什么呢？谈给清朝的好处。清朝当然不可能真的出钱出兵为明朝复仇，出兵是要回报的，这个浅显的道理，大家都懂。于是，根据众大佬的意见，大致有三个方案。

一是割让山海关外的关外之地给清朝，每年再给若干“岁币”。

二是以黄河为界，南北分治。

三是以淮河为界，分境而治。

这是效仿北宋、南宋时期的做法，割地赔款，以求息事宁人。

当时情况下，“联虏平寇”这个方案作为选择之一，也不能说完全不对。

弘光朝的众大佬，毕竟也算当时的精英，他们实际上就代表着当时社会的普遍见解。

在当时，从情感上来说，明朝剩余的力量从上到下很难选择与李自成和解。李自成同明朝作战十几年，杀死无数官军，逼死崇祯皇帝，杀掉的明朝宗室数以千计；弘光朝从皇帝到各级官员，恐怕多少都有几个知交故旧，乃至家人亲属，丧命于大顺军之手，他们如何能在情感上接受宽恕。

由于信息的不对称，清朝的态度还不完全明朗。从得到的信息看，清军似乎同以前一样，入关只是为了捞取好处，看不出逐鹿中原的意图。在这样的背景设定下，“联虏平寇”被认为是个可以操作的方案。

只是，问题在于，弘光朝廷缺少两手准备，也就是备选方案。

如果清军果真没有占据中原的企图，那么南京弘光朝廷完全可以在派出使团赴北京谈判的同时，派兵接收那些“反顺复明”的州县，那是名正言顺。

如果清军有觊觎中原之心，那就更需要立即接收“反顺”的地区，以免他们势单力孤地被剿灭或是被拉拢。

由于“联虏平寇”方案的确定，又没有做两手准备，导致李自成西撤后黄河流域出现的真空，弘光朝廷不敢出兵收复。

为什么不敢出兵？因为他们恐怕一出兵扩张，就失去了和谈的诚意，万一惹怒了清军，反而变成了引火烧身。

当然，还有一个原因，就是调不动各路总兵。大家都以保存实力为重，兵马被调走，实力就会被削弱，还拿什么跟其他总兵抗衡。

不过，弘光朝廷也有自己的京营，直属的数万兵力。哪怕征调京营士兵出征，即使兵力不多，影响也是巨大的。

遗憾的是，弘光朝廷一个兵也没有派。机会，就这样被错过了！

使团于1644年六月二十日从南京出发，走了两个半月，九月初五到达山东济宁，十月十二日才到达北京。

这速度，无敌了。为什么这么慢？据说是因为沿途太乱，盗贼和“流寇”太多。

这三个多月，清朝已经顺利地接收了中原，顺治皇帝也已经在北京重新登基。谈判的基础已不复存在。

终于到达北京的南明使团，根本没受到使节的对待，清朝的内院学士刚林收下了带来的贡品，宣读了弘光朝廷的三宗罪名：不救援先帝、擅立皇帝、各镇拥兵虐民。刚林表示：清军不日将高举义旗，兴兵南下，为崇祯皇帝和大明的列祖列宗讨伐不忠不孝之臣！

谈判宣告完全破裂。事实上，根本就不存在谈判，只是清朝单方面对南明使团的训斥。

这并没有完，使团还被羁押在北京，使臣左懋第最后不屈被杀。

除了以上原因，弘光朝廷不愿出兵的重要原因还有一个：没钱！

打仗是最烧钱的事儿。

弘光朝廷控制着南方，富庶的江南向来是明朝重要的税源地。

现在明朝的地盘少了一半，而且是相对贫穷需要南方输血的北方，那么弘光朝廷的财政状况是不是该比崇祯朝理想许多呢？

很遗憾的是，弘光朝比崇祯朝还穷。

穷有两个原因。

一是军费。

最花钱的是军费。虽然暂时没有打仗，但这时“四镇总兵”报上来的兵员已经达到了二十多万，再加上武昌左良玉、弘光朝自己的京营和其他一些小镇的兵力，朱由崧纸面上的兵力已经达到了七八十万之众。当然，这里面有多少吃空饷的名额，就说不准了。

就算明知人数不靠谱，弘光朝廷也得咬着牙给钱。天下还在大乱，战争早晚要发生，还要仰仗各位总兵出力，那是谁也得罪不起的。

作为督师，史可法明知军饷过巨的危害，却无力制止。相反，他甚至多次给朝廷上疏，带头帮着四镇总兵要钱。史可法不是想自己贪污，只是他没有强硬的手腕来扭转局面，为了安抚众人，只得姑息迁就。

四镇总兵又不知好歹，拿钱的时候相当积极，干活儿的时候既不出工也不出力。他们在史可法的纵容下纸醉金迷、挥霍无度。有这样的军队，再多的钱也会被烧光。

弘光朝廷每年的收入在六百万两白银上下，相比崇祯朝，如果精打细算，完全是够用的。

二是弘光帝和官员们自己的消费。

朱由崧此前一直忙着逃难，到现在还是个单身汉，好不容易坐上皇帝宝座，还不得补偿一下自己，于是大婚立即被提上议事日程。

这种活儿太监最拿手，具体执行者是南京司礼监秉笔太监韩赞周。

对皇上的婚事，韩赞周很上心。他搞起了选秀，在南京、苏州、杭州等地遍搜秀女，凡是有女子的人家，都用黄纸贴上，抓起就走，“街坊缄口，不敢一诘”。内官田成等人伺机巧取豪夺，搞得人心惶惶，怨声载道。

朱由崧又大修宫殿，饮酒看戏，赏赐手下，如果穿越回当时的南京，几乎以为来到的是隋炀帝杨广荒淫的时期。

正如时人张岱所说，朱由崧是汉献帝、蜀后主、隋炀帝“灵魂附体”的“极品”（自古之国之君，无过吾弘光者，汉献之孱弱，刘禅之痴呆，杨广之荒淫，合并而成一人）。

各位大臣争来争去，争出来的皇帝竟然是这样一位集众多“优秀品质”于一身的货色。

除了皇帝，官员们一点也不落后。除了史可法、陈子龙这样少数的官员以清廉自持外，绝大部分官员也是贪污腐化，大发国难财。

在这种情况下，靠税赋维持朝廷的日常开支都很成问题，更别说花钱打仗了。

工部、户部在1644年十一月提供的数据显示，弘光朝廷的赤字已达二百二十五万两，户部库存现银只剩余一千两！

怀庆之战

南明弘光朝廷坐拥江南富庶之地，却由于军阀的拥兵自重和朝廷的荒淫无度，竟连开支都成了问题，更别说出钱打仗，由此错过了趁中原众多州县“反顺复明”、收复中原的机会。

可能有人奇怪，南明没钱，清朝就有钱一直打仗吗？别说，清朝还真有钱。定议迁都北京后，多尔衮就下令将关外的历年所积累的钱粮源源不断地运往北京。经过皇太极这么多年努力的“打劫”活动，存货还真不少，光运到北京的粮食就有百余万石，还向“好邻居”朝鲜借粮数万石，基本解决了经费问题。清朝还对京城吃不上饭的特困家庭进行补助，以进一步收买人心。

这一切带来的是良性循环：老百姓有饭吃了，有力气干活儿了；前明官员有工作了，能领上工资了；地主、商人也有劳力和市场了，经济重新开始流通了。那么，税就好征了，有了税收，仗也就好打了。

这一切举措，清朝由北京向北直隶、山东、山西、河南等各地推行。

1644年九月十九日，六岁的小皇帝福临在路上颠簸了一个月，终于抵达了北京。十月初一，顺治皇帝再次举行登基大典，宣告定都北京。清朝加封多尔衮为皇叔父摄政王、济尔哈朗为信义辅政叔王，晋升阿济格为和硕英亲王、多铎为和硕德豫亲王。

明朝的降将吴三桂、孔有德、耿仲明、尚可喜四人也都封王，这是清朝仅有的四位汉王。

热闹归热闹，大喜过后，仍须努力。

多尔衮制订了一个宏大的计划。

当时天下大势，李自成虽然缩回了山西，但还拥兵数十万；南京的弘光朝廷，虽然没能在李自成的溃退中捞到一点好处，但瘦死的骆驼比马大，他们控制的地盘和人口都是最多的，而且是富得流油的江南地区，比贫瘠的北方不知富裕多少，早引得大清贵族口水直流。

陕西也要拿，江南更想要，先要哪个呢？

多尔衮大手一挥：我一起要！

十月十九日，多尔衮以皇帝的名义任命英亲王阿济格为“靖北大将军”，统领吴三桂、尚可喜率兵西征，进攻陕北，直取西安。吴三桂不是老惦记着李自成吗，就让你当先锋！

同时，多尔衮任命豫亲王多铎为“定国大将军”，率领孔有德、耿仲明率兵南下，目标是南京的弘光政权。

在多尔衮眼里，只会打败仗的大顺军和不敢打仗的南明军，哪里是战无不胜的八旗铁军的对手，不出三月，最多半年，全国将尽归大清。

多尔衮的轻敌很快就会得到教训。

李自成真㞞了吗？

他一生戎马，纵横天下，既有过被打到只剩十八骑仓皇逃窜的低谷，也有过登基称帝的荣耀巅峰。李自成的功过暂且不论，在军事上，他确实是同时期的佼佼者，否则，没办法熬到现在。

可是碰到了这群凶神恶煞的八旗军，同自己以往的对手都不一样，不光凶猛，还有火器助阵，甚至比明军的火器更加厉害，自己的兄弟一个个倒在强弓劲弩和火枪火炮之下。面对清军一败再败的李自成，需要重新制定战略。

如今已经退到了陕西，自己的起家之地，眼看已退无可退，必须反击，将自己失去的一切夺回来。

1644 年十月十二日，从山海关到真定，在和清军战斗中数次被击败的李自成大顺军，在河南怀庆地区发动了一波反击。

这次战役，大顺军集结的是山西垣曲和河南兰阳的两万多马步军。

大顺军在十月十二日发起作战，连续攻克济源、孟县。清朝的怀庆总兵金玉和领兵出战，在柏香镇与大顺军打了一仗。结果是金玉和与副将常鼎、参将陈国才阵亡，清军几乎全军覆没。

金玉和是清军的梅勒额真，署怀庆总兵，是正二品的高级武官，清军的副将和参将也都是从二品与正三品的高级军官。这样的伤亡，在清军入关以后从未遭遇。

获胜后，大顺军乘势进军，围攻怀庆府府治所在地沁阳。清朝卫辉总兵祖可法率军固守，同时向北京的多尔衮发出紧急求援。多尔衮立即调集南下的多铎军掉头救援怀庆，击退大顺军，随后继续西进，直逼陕西门户潼关。

怀庆战役规模并不大，却影响了当时天下的走势，也可以从中看出大顺、大清、南明弘光三方之间的策略差距。

怀庆战役在大顺军与清军的战争中是个难得的胜仗，但它却并没有给大顺军带来积极的影响。

本来，北京的多尔衮已经下令阿济格和多铎带兵出征，一路从陕北进攻西安；一路从北直隶南下，进攻南京。也就是说，清朝这时已分兵两路，同时进军，想要一口气吃掉大顺和弘光两个政权，这个胃口着实有点儿大。

但是，金玉和阵亡的消息传到京师，极大地震动了清廷。多尔衮马上调整部署，下令南下的多铎勒兵西进，救援怀庆，然后直接进攻潼关，在东面和北面同时夹击大顺军。

从怀庆战役的结果来看，大顺军虽然打了个胜仗，却相当于把清军的两个拳头都引到了自己身上。这可谓是战术上的胜利，战略上的失败。

在多铎引兵西进之后，南明的弘光朝廷也出现了机会：多铎带走了原本南下的兵马，淮河防线只剩下肃亲王豪格率领的少量清军，兵力极其空虚。而这时候，弘光朝廷的重要军事力量“江北四镇”拥有数十万兵力，如果能趁这时候发动北伐，清军将很难抵挡。

也有观点认为，这时候弘光朝廷的主要敌人是逼死崇祯皇帝的李自成，不会轻易地跟清军撕破脸。假使这种观点成立，南明军也有选择，他们可以调集兵力从湖广西进，与清军一起夹击陕西。这样大顺军将更加难以应付，南明军至少可以获得更广大的地盘。

甚至，哪怕不需要发动攻势，弘光朝廷只要能稳固湖广的防守，就可以切断李自成东撤的道路。那么，李自成在弃守西安后，将只能向西北或西南撤退，而这两条路，对大顺军来说几乎都是绝路。

如此一来，会导致一系列“蝴蝶效应”，天下大势又将发生变化，并且很可能对弘光朝有利。

可以看到，怀庆战役虽然只是一个点，却令随后的局势发展为之改变，至少改变了三个面的动向。

在怀庆战役上，反映出的正是大顺、大清、南明弘光朝当时三个政权的策略差距。

大顺军来自农民，虽然李自成已在北京登基称帝，但只是在称呼上换了个名字。在本质上，大顺政权还没有脱离农民军的局限性。它既没有明确的施政纲领，也没有明确的军事战略，反映到军事行动上，就是比较随意，有机会就打，没有机会就退，谈不上整体战略，还是没有脱离“流寇”的本质。

所以，面对局势的变化，大顺军的反应是迟钝的、盲目的。从拿下北京后，李自成的反应就一向如此。

在京师施行“追赃助饷”，逼反已经答应投降的吴三桂；没能敏锐察觉关外清军的威胁，加速行军抵达山海关，给了清军救援吴三桂的时间，失去了把清军挡在关外的机会；随后在清军的追击下，主力一口气撤回陕西，主动放弃了北直隶到山西的大片土地，相当于拱手送给了清军。

简言之，大顺军就是“乱打”。

那么大明的延续，南明的弘光朝廷呢？

它的策略是“不打”。

怀庆之战发生后，多尔衮把已领兵出征南京的多铎调回救援怀庆，弘光朝廷一时之间竟没有了任何军事压力。

但是，全盘继承大明的弘光朝廷，也继承了明朝末期的所有缺点，体制僵化，制度腐败。朝堂上，众文官内斗不止；地方上，众军阀争权夺利。而且，它还有自身的问题，皇帝无能——弘光帝朱由崧是公认的昏君，被民间称为“蛤蟆天子”。

这样的政权暮气沉沉，各级官员满脑子都是自己的利益，能够守住半壁江山就是最大的愿望，以致对局势的剧变恍若不见，置身事外，毫无反应。

不光是怀庆之战，从李自成从北京撤退开始，弘光朝廷已经错过了一个接一个的机会，怀庆之战不过是其中更好的一个而已。

从军事上看，南明弘光朝廷其实还远不及大顺朝。李自成虽然与清军屡战屡败，却坚持屡败屡战，给清军造成了不少杀伤。大顺军从来没有因为对手太强而放弃抵抗，也很少出现降兵降将。

相比之下，弘光朝廷可就差远了。从它建立到灭亡，除了自己人打自己人外，基本没有对大顺和大清采取过任何有效的军事行动。不论有没有机会，面对哪个对手，它都是坚决“不打”。

那么清朝呢，从策略角度来看，清朝以十几万人入关，最终能统一天下，则是赢在了灵活应变上。

清军入关，本来就是一次临时的决策调整。接到吴三桂的使者求援后，多尔衮立即决断，八旗军一天一夜强行军二百里，终于在关宁军被大顺军击溃前赶到了战场，并快速投入战斗，击败李自成。如果不是及时调整战略，等到山海关被大顺军攻占，清军再想入关就难上加难。

入关后，清朝也未尝没有错误决策，比如著名的剃发令。其实，在进入北京之后不久，多尔衮就颁布过剃发令，下令官员、百姓按照满族传统，剃发易服。

但是此令一出，即遭到民众的强烈反对。当时清军入关不久，还没站稳脚跟，多尔衮意识到如果强制推行，很可能引起强烈的反抗，闹不好清军就会被赶回关外。

于是，多尔衮及时纠正错误，发布谕令：自兹以后，天下臣民照旧束发，悉从其便。他取消了自己颁布的剃发令。

从怀庆战役来看，清朝也是如此。

顺利赶跑大顺军后，多尔衮又有了些轻飘飘，认为大顺和弘光都不堪一击，只要大清军到，自然统统顺利拿下，从而忽略了对手潜在的实力。

等到金玉和阵亡，多尔衮才猛醒，意识到大顺军原来并不是那么好对付。于是，他又及时调整，调回多铎，和阿济格一起从两个方向夹击李自成，从而搞得大顺军顾此失彼，达到了战略上的成功。

如果多尔衮不作出调整，还是仅仅派阿济格从陕北进攻，李自成调集大顺所有兵力，阿济格恐怕就要吃亏。假使陕北这一路清军失败，大顺军就可能乘胜重新席卷山西，进攻北直隶，再次威胁北京。

到时候，清朝再想补救，可就没这么容易了。

从清朝最高决策层的反应上，可以看出它的高明之处。

相比大顺和弘光，至少在当时，清朝表现得更像一个蓬勃兴起的新王朝。它具有非常有针对性的政治军事纲领，能根据局势变化灵活地调整自己的策略，能够有针对性地用人，灵活地运用各种手段加强统治。

这些，无论是大顺，还是弘光，都做不到。

所以，怀庆之战正是一个缩影，强弱分明地体现了三个政权之间的差异。

1644 年，天下大势的变化才开始。谁能在瞬息万变的局势中及时作出正确的决断，直接影响着政权的走势。从结果来看，清朝在不断调整策略，从政治到军事策略的调整，都能根据局势作出正确的应对；大顺朝是基本没有策略，走到哪儿算哪儿；南明弘光朝则是抱着“联虏平寇”的策略一成不变，僵化固执，丝毫不顾时局的变化，连连错失机会。

显然，清朝的策略最为成功，大顺朝和南明弘光朝跟它不是一个量级的对手。如果目光再放远一点，不光是怀庆之战，在之后收取福建、攻占广东等诸多事件中，清朝的战略和反应速度都要高出对手一个等级，这是它最后能一统天下的基础。

从李自成东征到怀庆之战前后的天下时局，在一座城的几个月里可以看得更加明显。

1644年，济宁。

济宁城位于南北交通要道，又是漕运重镇，决定了它是多方势力反复争夺的要地。

从年初得到李自成北伐的消息开始，济宁城里就出现了骚动。

骚动的人群分为两派。

一派主张据城固守，一派主张开门迎降。

主张固守的，是城内的士绅阶层；主张迎降的，是城里的官吏和百姓。这正代表着两个利益集团。

对百姓来说，李自成一直以来的形象是个“革命者”。

民间有句口号，“杀牛羊，备酒浆，开了城门迎闯王，闯王来了不纳粮”。明末的底层百姓，自己尚且吃不饱饭，哪来的牛羊酒肉迎闯王呢？那当然是牵来的士绅的牛羊，搬来的士绅的酒肉。对于李自成的到来，穷苦百姓当然是举手欢迎的。

对官吏来说，李自成的形象是个新王朝的建立者。

这时明朝的形象在北方已经差不多垮掉，南京局势不明，民心向“顺”，眼看大顺朝就要取代大明朝。明朝的饭，他们多半吃不上了，于是和北京的许多官员一样，想要迎接大顺军到来，给新朝一个好印象，以谋求一官半职。

对士绅来说，李自成是个破坏者。

除了宗室和不肯投降的官员，士绅经常成为大顺军的打击对象，因为他们富有，能够提供所需的军饷钱粮。在大顺政权的统治下，士绅利益必然受到损失。

这时候，官员的意见很重要，当时济宁城里的最高官员是工部侍郎黄希宪。

黄希宪既不打算抵抗，也不打算投降，他在得到李自成攻陷北京的消息后，很快就抛下了济宁，南逃南京。

黄希宪一跑，城里的最高官员就成了署道佥事王世英，而后者主张迎降。

如此一来，归顺大顺朝再无异议，城里的士绅纵然不情愿，在官员和百姓层面都已达成一致的情况下，无力反抗，只能隐忍求全。

于是，王世英“乘总河南奔，大张伪示，劝民从贼，及贼至，以城降”。

1644 年四月二十五日，大顺朝派来接收济宁城的大将郭升带着其他官员抵达。官绅、百姓开门迎降，济宁城被大顺政权接收。

在这一时期，投降大顺可以说是大势所趋。南都南京这时一片混乱，各方势力还在为拥立哪个藩王而明争暗斗，根本无暇顾及北方地区。

大顺军接管山东，几乎用不上军队，只需要传檄而定即可，山东西南部的济宁就是如此。

“追赃助饷”的政策也推行到了济宁。

原来打算投效大顺、继续官场生涯的官员们发现，自己非但不被任用，还和士绅一起，被列入了“追赃”的范围。

例如，原知州朱光被严刑拷打，勒令拿出钱财，最后朱光和弟弟、侄儿一起自尽身亡。

《流寇志》载：“收朱知州酷刑拷讯，同弟侄皆自尽。”

通过这种方式，大顺官员在济宁收大小文武官僚、乡绅、举监生员、富民，勒赔银四十八万两。

除了贫民，几乎都在打击范围内。

这还只是第一波，还有随后而来的第二波、第三波。

城内的官绅扛不住了。恰巧，四月二十二日，李自成在山海关被关宁军和清军击败，四月二十六日逃回北京，四天后就撤离北京。清军尾随追击。五月初十，大顺军在真定再次被清军击败，随后退入山西。

与此同时，济宁城内的官绅再次达成了一致：“反顺归明。”

他们以周边的乡兵为主力，在五月十一日发动了暴动。当晚，济宁城就宣告脱离大顺统治，大顺官员张问行、傅龙等被杀。官绅选出原来的明朝官员潘士良、李允和、杨朴等担任领导，城头又插上了大明的旗帜。

济宁城在名义上重新归附了明朝。实际上，南明弘光朝廷并没有在这里进行过实际统治。

在南京，终于选出了福王朱由崧继任帝位。五月初三，朱由崧出任监国；五月十五日，正式继位为帝，是为弘光帝。

朱由崧出任监国，实际上就已经是皇帝。几乎与此同时，随着大顺军的溃败，山东、北直隶等地到处打出“反顺复明”的旗帜。

这时，对南京弘光朝廷来说，是最好的收复失地的机会。如同大顺军一样，他们只需派出官员接收，就能实现有效统治。

从1644年五月十一日起，虽然济宁城名义上归属明朝，但是弘光朝廷并没有什么动作，实际上这是济宁一个“自治”的阶段。

没有明确的归属，城里的士绅和乡兵逐渐出现了矛盾。在乱世里，谁有兵谁就有话语权。这一时期，济宁城的话语权逐渐从官绅转移到乡兵首领李允和、米继宗等人身上。

“时济城无官，乡兵练长为政，不容一人南下。”

济宁不是孤例，它代表的是大顺军退入山西后，从北直隶到山东附近州县的情况。济宁以外，山东其他地方的情况都类似，基本都发生了“反顺起义”，打着明朝的旗号在自治。

退入山西的大顺军这时以自保为主，没有兵力来收复这些地区。竞争对手只剩下了两个——弘光朝廷和清朝。

弘光朝廷毫无反应，与之相比，清朝行动可谓迅速。

北京城内的多尔衮等清朝权贵迅速意识到了山东的重要性，决定利用出现的权力真空进行接管。

七月初五，清朝派出王鳌永、方大猷率领官员南下接管山东。

“王鳌永总督山东、河南，以方大猷为监军，署巡抚事。”

清朝接管山东，并没有遭遇强烈抵抗，这和之后江南传檄而定差不多。山东这时候实际上是个“三不管”地带，没有政权真正在统治。大顺朝不得民心，大家本来想归明，可是南京的弘光朝廷却对自己不理不睬。大家摸不着头脑，这时清朝伸来了橄榄枝。

山东各地差不多，许多地方接受了清朝的招抚。济宁的情况却还有一些不同，根据《爝火录》记载：“大清侍郎王鳌永招抚山东，青州、东昌、临清、兖州皆降，惟济宁不下。”

王鳌永的第一次招抚没有成功。这时候，济宁还没有决定到底归属何方，他们还想向明朝努力靠一下。

在离济宁不远的东昌，同样爆发了推翻大顺官员的暴动。有所区别的是，暴动成功后，领导者张凤翔并没有留在东昌。他带着其他一些原明官员南下投靠了弘光朝廷。

张凤翔等人经过东昌时，济宁的乡兵首领李允和等出城十里热烈迎接，目的是得到他们的支持。

但是，张凤翔等人其实和济宁城里的官员一样，他们并不是来接收济宁的，身上也没有印信之类的证明文件，更没有意愿留在济宁与清朝对抗。

“（七月二十日）张凤翔至济，允和等迎接十里，求札行，亦无印札付也。”

这时，实际控制济宁的乡兵头目们对明朝再也没了盼头。

两天后，方大猷抵达济宁，士绅和乡兵代表们在城外款待。济宁随后被清朝接收。

可以看到，大顺军败退后，民心又开始倒向明朝。入关伊始，各地对清朝并不认同，北京虽然丢失，但南京还拥有广大的地盘和兵力，看上去实力仍然强大。李自成已经被赶走，清朝的体量仍无法跟南明相比，没人会想到它最后能一统天下。

《甲申核真略》里说：“设南都有千人之旅，渡河先至，呼吸可通，山东岂遂归清耶？”

真是一语道破。

说回怀庆之战，金玉和阵亡消息传来，震动了多尔衮，这是清军入关以来阵亡的最高级将领。

之前在山海关之战中，大顺军击毙过清军好几位正四品、正五品、正六品的佐领、骁骑校、护军校，但在战场上一次性正面击毙正二品副都统、从二品的副将、正三品的参将这样的高级武官还是第一次，这也是清军入关以来没受到过的重大损失。

对大顺军始终心怀轻慢之心的多尔衮有点蒙，一个多月前被降将吴三桂追着屁股撵，跑得比兔子还快，一个月之间就从北京灰溜溜地跑回了陕西的李自成，怎么变得这么能打了？

这是李自成的特点，无论被打败多少次，只要给他机会，他还能从头再来。

大敌在前，之前的二路出兵、一统天下的计划就将成为泡影。大惊失色之下，多尔衮只得下令多铎暂停对南京的军事行动，从南面回师救援怀庆，同已经在向陕北进军的阿济格军南北同时夹击大顺军。

攻击怀庆府的大顺军人数既不多，也没想到清军会回撤得如此迅速。打探到多铎回军的消息，大顺军放弃占领区，立即撤退，因为此刻，身后的军事重镇——潼关已经无兵可守。

多铎的目标，正是潼关。

潼关之战

潼关对于大顺军的重要性不言而喻。位于秦、晋、豫三省要冲的潼关是西进关中的必经之地，历来为兵家必争。潼关如果要丢了，那就跟明朝丢了山海关的意义差不多。

潼关必须要守，问题是，怎么能保潼关万无一失。

潼关守将是大顺巫山伯马世耀，这时候，他手下的兵力满打满算不超过一万人。

陕西是李自成的家乡，是赖以起家的地方。潼关这样的重镇，怎么会只留这么点兵力防守呢，这牵涉到了李自成的战略。

清朝英亲王阿济格率领的北路军，从内蒙古直扑陕北重镇榆林和延安，目标是从陕北进入陕西。这一路兵马早在怀庆战役之前，意图就相当明显，引起了李自成的注意。于是，他亲自率领主力二十万大军北上迎战阿济格。而当时，潼关并没有面临军事威胁，留下万把人马驻守已经足矣。

但是，怀庆战役却彻底改变了清军的动向。清朝原来伸出去两只拳头，一只打李自成，一只打弘光，现在改变了方向，全部向大顺军伸了过来。

既然这样，为何还要向怀庆府派兵，主动吸引清军的注意力呢？有说法是当地守将擅作主张，有说法是一部分流动的大顺军顺手干的。不管哪种说法是真，不管是不是李自成亲自制定的战略，总之，现在大顺军成功吸引了多尔衮的注意。

站在李自成的角度来看，在当时三方势力角逐之下，自己是最容易挨打的那个。无论在清朝还是南明眼里，自己都是最“欠揍”的。在这种局面下，明智的选择应当是趁多铎一路的清军跟南明交上火之后，自己再向河南出兵，包抄多尔衮的后路，只要出兵时机晚上十天半个月，就足以让清军进退失据，焦头烂额。

可惜，李自成没有利用好多尔衮这个千载难逢的失误。所以，现在焦头烂额的变成了李自成。

救延安还是救潼关？两相权衡之下，李自成还是觉得潼关比较重要，于是改变行军路线，增援潼关。

1644 年十二月二十八日，李自成亲率增援部队到达潼关。

清军早就到了。十二月二十二日，多铎的南路军就已推进到了距离潼关只有二十里的地方。

然后，一连六天，一仗也没打，清军连大营都没出。

这是整的哪一出呢，不应该是趁潼关城内援兵未到，立即攻城吗？

多铎在等一样利器，有了它，无论多坚固的城池都会被轻易攻克。这样东西，是当时世界顶尖的战略武器——红衣大炮。

红衣大炮本来不叫红衣大炮，叫“红夷大炮”，并且它本不是清军的武器，而是明军的尖端武器。

红衣大炮怎么到了清军手里，这里面还有一段故事。

天启六年（1626年）的宁远之战，城头怒吼的西洋火炮发出天崩地裂的声响，努尔哈赤不会想到，明军还有这样威力强大的火器。冷兵器与热兵器的碰撞，结果无须怀疑。八旗军甲胄再厚，巴牙喇（八旗军中的精锐）再勇悍十倍，终究是肉体凡胎，他们被轰得外焦里嫩，三天围攻，未能撼动孤城宁远。努尔哈赤的军事生涯，头一回遭遇重大挫折。

这是西洋火炮初次在大战中一展身手。

不久后，天启七年（1627年）的宁锦之战，西洋大炮再次大显神威，帮助明军挫败了刚刚继任大汗、急欲立威的皇太极。

对这种进口杀器，明军称呼为“红夷大炮”，因为它虽然是从澳门的葡萄牙人手中购入，但却是荷兰人制造的。“红夷”正是当时明朝对荷兰人的称呼，所以相当贴切。

严格来说，“红夷大炮”应该是专指“红夷”——荷兰人铸造的铁炮；“澳夷”——葡萄牙人铸造的被称为西洋炮。不过，此后葡萄牙人对明朝进行技术援助后，明朝有了仿制能力，把这些火炮统称为“红夷大炮”。

“红夷大炮”的由来，离不开一个人——徐光启。

在中学历史课本里，徐光启也有被提及，不过提到的只是他在天文和数学方面的成就。其实在军事上，徐光启也有很大的成就，最重要的就是，他主持了对西洋火炮的引进。

“红夷大炮”的建议引进，是从萨尔浒之战后开始的。

徐光启是个军迷，尤其对火炮情有独钟。在冷热兵器混用，冷兵器为主的明末，火炮的重要性被严重低估。而在欧洲，自从英国最早生产出铸铁炮以来，荷兰、瑞典、葡萄牙等国家先后也制造出了铸铁炮。

到了明朝万历晚期，铸铁炮成了欧洲海军的制式大炮。在海军强国的主力舰上，经常会配备一百门以上这样的火炮。火炮已经成为欧洲战争中的核心武器。

英国伊丽莎白一世时期（1558—1603年），英国就把火炮按用途分为16种，其中最大型的火炮口径为6.5英寸，炮弹重达32磅（29斤），有效射程 3.66 里，最大射程 12.8 里。至于用于岸防的要塞炮，则威力更加惊人，发射的炮弹重达 70—100 磅。

明军同时期最大的大将军炮，也就相当于英军的轻型火炮。

明朝的火炮技术在洪武年间并不落后于西方，不过长久以来朝廷对火炮技术的改革相当有限。虽然也有从葡萄牙传入的佛郎机炮，其最大的型号装药也只有一斤，铅子最重也只有一斤，射程只有百丈左右。根据佛郎机炮仿制的“无敌大将军炮”则是一种散弹炮，至于“迅雷炮”“虎蹲炮”等，则都是轻型火炮。

这些火炮在抗倭援朝战争里，于野战中用来打打日军还够用，面对坚固的城墙则力不能及，要搬到城头作为城防炮就更是勉为其难。

万历年间，萨尔浒之战失败后，辽东经略熊廷弼曾自行制造了不少大型火器，京师也招募工匠仿制了“吕宋大铜炮”二十八门，其中七门被送到辽阳加强城防。

但在天启元年（1621 年）三月的辽沈之战中，明军自造火器包括“吕宋大铜炮”的表现十分差劲，屡屡发生炸膛、过热无法发射等窘况，以致无法抵挡后金军。

“吕宋大铜炮”是明朝官员自己招募工匠根据西洋炮仿制的，也就是“山寨版”。“山寨版”的不可靠，让徐光启意识到仅靠自己仿造，技术不知要等到猴年马月才能过关，后金军的威胁却迫在眉睫，只有通过购买进口大炮应急，同时招募外国技术人员指导，才可以循序渐进，既能应对当下的威胁，又可以发展自己的技术。

于是，徐光启、李之藻等人上疏：“西洋大铳可以制奴，乞招香山澳夷，以资战守。”

得到同意后，明朝即派人到葡萄牙占领的澳门购买大炮。天启元年（1621 年）五月和十二月，第一批四门大炮分两次运到北京。天启三年（1623 年）四月，明朝又购买了英国东印度公司沉船上的二十六门舰炮，同时进京的还有葡萄牙的二十四名技师，以教授明军大炮的运用和技术研发。

天启六年（1626 年）正月，宁远之战爆发，被运送到宁远城头的“红夷大炮”发挥了巨大作用，立下汗马功劳。

根据记载，当时宁远城头共有十一门“红夷大炮”，轮流发射，势不可当，“每炮所中，糜烂可数里。”

《明史》记载：“城内架西洋大炮十一门，从城上击，周而不停。”

《明熹宗实录》记载：“（宁远）炮过处，打死北骑无算。”

要说明的是，“红夷大炮”其实是个统称，并不是只有一种型号，千斤以上的称为西洋一号炮，千斤以下的称为西洋二号炮，还有五百斤的中炮，三百二十斤的小炮等型号。根据参数的不同，它们各自的威力也不尽相同。

尝到甜头后，明朝又在天启七年（1627 年）九月购买红夷大炮两门和若干铁铳等火器。崇祯皇帝登基后，又购买火炮十门，还从澳门招募了二十名教官。

这批大炮和教官于崇祯二年（1629 年）正月从澳门出发，先到广州与地方官接洽，然后走水路北上，到了南京却因故被耽误了三个多月。

崇祯二年（1629 年）十月，炮队到达山东济宁，却传来后金军突入长城的消息。炮队昼夜兼程，于十二月初到达涿州后，又得到消息，良乡已被后金军攻破。炮队恐怕再往前进，没有可以据守的城池，于是在涿州布置了八门大炮据守。

皇太极却没有往涿州来，他的目标还是北京。

此时明朝面临正统年间土木堡惨败后，瓦剌兵临城下时一样的选择，是靠留在北京的五门西洋大炮凭城据守，还是在城下列营出战。

最后，崇祯皇帝选择了让袁崇焕等在城外出战。后金军屡攻无功，最后退走。京师之围解除后，崇祯三年（1630 年）正月初三，这批长途跋涉的大炮在路上走了近十五个月，终于抵达北京，被崇祯皇帝赐号为“神威大将军”。

北京解围，徐光启再次陈奏西洋大炮的重要性：

“臣窃见东事以来，可以克敌制胜者，独有神威大炮一器而已，一见

于宁远之歼夷，再见于京都之固守，三见于涿州之阻截。”（徐光启：《西洋神器既见其益宜尽其用疏》）

不久，崇祯皇帝下旨，将葡萄牙教官留京任用，“精选将士习西洋点放法”。

到崇祯三年（1630 年）五六月间，第一批训练的一百名明军炮手已经完成，教官开始分批训练炮手，每批一百人。同年九月，徐光启和葡萄牙教官督造出了小炮，呈送崇祯皇帝，并得到赏赐“以示优异”。

此后，“红夷大炮”又在战场建功。

崇祯三年（1630 年）五月，明军在河北发动反击，进攻被后金占据的滦州。徐光启的弟子——登莱巡抚孙元化把手上的“红夷大炮”炮队配属给参将黄龙，由千总吴进胜管理。

在恢复滦州的战役中，明军以“红夷大炮”为攻城武器，轰开城墙，击毁城楼。守城的固山额真纳穆泰等无法抵挡，连夜放弃滦州逃跑，途中又遭明军截杀，损失惨重。关内的后金军不敢再待，逃回沈阳，永平、滦州、迁安、遵化四城都被恢复，明军大获全胜。

获胜后，孙元化在奏疏中说道：“攻滦首功为黄龙营，龙营得力在西洋炮。”

崇祯四年（1631 年）六月，皮岛海战爆发，双方激战十余天。明军在东江总兵黄龙和副总兵张焘指挥下，用战船上的大炮猛烈轰击后金沿海防线，结果是后金军战败，“畏缩奔于八十里之外，不敢复近海岸”。

葡萄牙教官率领的炮队在六月十七日驾船以西洋大炮对抗后金军，赞画副总兵张焘奏称：“（炮队）计用神器十九次，约打死贼六七百官兵。”

韩云《守圉全书》：“公沙（葡萄牙教官）等在京者，后为登抚调用，麻线馆之捷，击死奴酋七百余人。”

同时期的后金军，已经从数次失败中见识到了“红夷大炮”的威力。在数次战役中，后金也通过缴获、拾获等各种渠道，得到了一些或好或坏的“红夷大炮”。

从天聪五年（1631 年）起，皇太极就下令归降的汉人佟养性按照缴获和拾获的“红夷大炮”开始仿造。但由于技术匮乏，后金勉强仿造出来的大炮数量和质量都不过关，还在苦苦寻求解决之道。

转折发生在崇祯四年（1631 年）九月的“吴桥兵变”。

孔有德等率领的叛军于崇祯五年（1632 年）正月攻占登州，八月败于祖大弼的辽军。崇祯六年（1633 年）四月，孔有德、耿仲明等驾着百余艘船只，一万二千多名士兵和家属，无数火器、弹药等从鸭绿江口镇江堡登陆投降后金。最关键的是，他们的船上还有数门“红夷大炮”。

《孔有德致书皇太极乞降手本》记载：“本帅现有甲兵数万，轻舟百馀，大炮、火器俱全。有此武器，更与明汗同心协力，水陆并进，势如破竹，天下又谁敢与汗为敌乎？”

皇太极听说孔有德来降，亲自到郊外十里迎接，并给他以女真最隆重的“抱见礼”的待遇，可见他对这支降军的重视。

十七世纪，关外之地，物产丰富，铁矿、煤炭、木材，一样不缺，缺的就是人才。

有了孔有德、耿仲明带来的“红夷大炮”和技术工匠，佟养性的工作突飞猛进。后金的重炮营得以快速发展，并且在工艺上加以改进，超过了明军的造炮水准，很快就跨入了世界先进行列。不久，后金设立了专门的炮兵部队“乌真超哈”，佟养性担任“乌真超哈”固山额真，也就是汉军都统。

徐光启费尽心力引进的西洋大炮技术，就这样被后金不费吹灰之力所得。崇祯十六年（1643 年），锦州、盛京已经成为清军的火炮生产基地，驻扎在锦州的清军已经拥有大炮百门。由于“红夷大炮”中的“夷”字犯了清朝的忌讳，遂被改称为“红衣大炮”。

有人可能要问，既然这么强，直接拉出几百门大炮，轰平山海关，清军入关不是易如反掌？

这涉及两方面的问题。

一方面，清军有大炮，明军也有大炮，两者性能相近，但一个是架设在城头，另一个是架设在城墙下，从射程上说，城头的大炮显然更容易击中地势低处的大炮，攻城方的炮兵容易被摧毁，也不易瞄准高处的城防炮。

另一方面，当时的大炮耐久度很差，也就是说，不禁用。如果一门大炮长时间连续发射，很容易不堪重负而报废，甚至有发生炸膛的危险。这一点，直到清朝中期都没有得到改善。大炮作为重型武器，从制造到运输，再到操作，成本很高，清军在随后的战争中还要倚仗这些大炮，以他们那时的国力，还无力承担大批量火炮报废的成本。

潼关城的大顺军并没有红衣大炮。

大顺军是一支农民武装，被官军称为“流寇”。

这个称呼很形象，大顺军的作战特点就是流动作战。

既然是流动作战，那就必须尽可能地轻装行军。大炮这种笨重的武器，即便让农民军缴获，也不会带着上路。

李自成的战略眼光局限了火器在大顺军的推广使用，因此大顺军既缺少热兵器，也缺少技术人员。

作战十几年，李自成虽然也拥有一些火炮，但只是诸如虎蹲炮等便于携带的火炮，同清军的红衣大炮相比，无论是射程还是杀伤力，都不可同日而语。至于自己造炮，那就更是痴人说梦了，不要说大炮，就连大顺军使用的火枪也都是从明军手中缴获。并且，由于技术兵种的缺乏，大顺军也缺乏成编制的火器兵种，对火器的使用还远远不如明军。

所以，红衣大炮在大顺军面前是一种恐怖的战略武器，攻城野战，无往不利。之前坚守太原的陈永福，可以凭借坚城固守二十多天，但清军的红衣大炮一到，立即败下阵来，就是前车之鉴。

如今，潼关比太原城防更加坚固，清军如果直接攻城，就算能拿下潼关，也必将死伤惨重。所以，多铎要等，等红衣大炮运到前线。

任你李自成派来多少援兵，在大炮面前一样化为齑粉。

1644 年十二月二十九日，潼关之战正式打响。

首先发动攻击的是大顺军。李自成率领大军驰援后，潼关城内的大顺军兵力已经充足，李自成觉得有把握把清军消灭在潼关城下。

大将刘宗敏带领两万精锐骑兵出战，直冲清军大营。

由于大炮还未运到，清军坚守不出。多铎镇定自若，指挥弓箭手、火枪兵等兵种在远距离就给予打击。刘宗敏带兵冲锋三次，都被打退。

制将军刘芳亮随后出战，结果如出一辙，就是无法冲破八旗军的强弓劲弩。

李自成急了眼，主动出击是希望能尽快击败多铎，从而将兵力得以调到陕北，抵挡阿济格的北路军，如今自己反而损失惨重，如果不能在潼关击退清军，两条战线都要溃败。

在这个时候，大顺军其实还有机会，机会在哪儿呢？就是立即集结主力，趁清军的大炮还没运到，出城同清军决战，力争在大炮运到前线之前就将多铎击溃。这样，大炮就失去了意义。如果多铎这一路清军失利，李自成的压力立即缓解一半，回头再集中兵力对付陕北的阿济格，胜算就大了许多。到时顾此失彼的，将变成多尔衮。如果弘光朝廷能在这个时候再出兵北伐，画面简直不要太美。

李自成确实打算出城决战，可是，他又足足休整了四天。直到正月初三，他才亲自精选五万精兵，出城同多铎决战。

看到对面的黄龙旗，多铎明白，李自成亲自出马了，大顺皇帝的分量还是有点重，再不出阵，恐怕无法坚守下去。多铎披挂上马，指挥手下镶黄、正蓝、正白三旗的兵力全军出击，同大顺军正面对阵。

这是场势均力敌的战斗，也是当时中原大地上两支最强的军队之间的对决，对于双方都意义重大。

在山海关，李自成的失败是由于吴三桂和清军的联手攻击；那么现在，没有吴三桂，大顺军与清军单挑，能否获胜呢？

最后的结果证明了，即使没有红衣大炮助阵，清军的战斗力还是要高出大顺军许多。

激战半天，大顺军终于不支撤退，回到关内。清军也损失不小，仅高级将佐，就有骑都尉昂锦、三等轻车都尉许友信、云骑尉辉山等当场阵亡。

其后两天，大顺军改变战略，发动夜袭，但都被熟读《三国演义》的多铎击退。

李自成或许是猜到清军坚守不战的原因，如果他明白红衣大炮运到后，等待着他的命运将是什么，哪怕损失再大，他也会倾尽全力出城死战，拼死也要将多铎击溃。

之前四天，加上之后两天的六天时间，大顺军没有再发动大规模攻击。或许是意识到野战难以击败清军，于是大顺军选择凭借城池坚守。

正月初九，红衣大炮运到。

接下来的战斗，几乎没了悬念。孔有德、耿仲明亲自统率“乌真超哈”，大炮依次排开点火，在隆隆炮声面前，潼关坚固的城墙岌岌可危。

李自成这才反应过来，他连续命令刘宗敏、马士耀等分别率领骑兵，从不同方向出城，企图包抄清军炮兵阵地。这早在多铎的预料之中，刚出城的大顺军就被大炮送上了半空。

炮火之后，城头的大顺军死伤惨重，但他们战斗意志同样坚决，用落后的火铳、弓箭抵抗攻城的清军，仍然坚守了两天。

到了正月十一日，陕北传来坏消息，另一路清军，即阿济格率领的北路军已经攻破延安，正在朝西安进军，兵力达到了八万多人。

西安和潼关哪个重要？这笔账李自成还是会算的。大顺军将士的大部分家眷都在西安，那里还有他们这么多年抢来的无数金银财宝，无论是在政治和经济上，还是从军事上来说，西安如果丢失，自己在潼关的坚守就失去了意义，将被两路清军包了饺子。

在这样的局面下，放弃潼关的决定很容易作出。当夜，李自成就率领主力撤离潼关，回防西安，潼关只象征性地留下了马士耀和几千兵力坚守。

李自成的主力尚且难以守住潼关，何况这点人马。正月十二日，马士耀就投降了清军，潼关宣告陷落。

需要说明的是，巫山伯马士耀并不是真降而是诈降，这招农民军玩得很溜。马士耀的打算是自己当内应，联系到李自成，再里应外合大破清军。可惜马士耀派出的信使被清军拦截，全盘计划暴露。多铎不动声色地摆下一出鸿门宴，马士耀和手下八千多将士一起被杀。

盘点一下潼关战役，李自成率主力救援潼关应该说是正确的选择，但在战术上，他犯了致命的错误。

最重要的是，李自成没有准确判断出多铎的意图。

清军早在十二月二十二日就已抵达潼关，比李自成还早了六天，却直到正月初九才发动进攻，中间整整间隔了十八天。这其中的原因，不知道李自成是没想明白，还是选择性地忽略了大炮的作用，没有抓住他到潼关之后十二天的机会。这十二天里，大顺军真正的大规模进攻只有正月初三李自成亲自率领的那一次。出师不利后，大顺军立即选择龟缩城内，不再出战，白白失去了宝贵的战机。

潼关战役，是清朝灭亡大顺朝的关键一战。此战失利，在于李自成错过了最后一次重振军威的机会。如果说山海关之战后，李自成主力尚存，而潼关之战后，大顺军已被两路清军压缩到了陕西有限的空间内，地盘、人心、战力等都向清朝大幅倾斜。很快，李自成连自己的老家陕西也无法保全，将重新成为“流寇”。

第五章
朱由崧的历史机遇

曾经有一个机会

大顺军与两路清军在陕西鏖战，对于南京的弘光朝廷来说，这段时间是有史以来最好的机遇。

之前李自成向西撤出的地盘，弘光朝廷没有去接收，那是因为情况不明，清朝的态度难以判断，这多少也算说得过去。

随后弘光朝廷的使团到达北京，清朝给出的答复已经再明确不过：清军不日将高举义旗，兴兵南下，为崇祯皇帝和大明的列祖列宗讨伐不忠不孝之臣！

还有比这更明确的态度吗？

多尔衮可不是吓唬人，随后他派出的多铎军一路南下，目标正是南京。

但是，在河南怀庆府被大顺军围攻后，多铎的南路军不得不改变战略，掉头救援，同阿济格的北路军南北夹击李自成。这两路军队带出的几乎是清军的全部家当。清军在整个中原地区，只剩下肃亲王豪格手下不多的兵马。

这时候的兵力分布是，大顺军在陕西和陕北分别抵抗清军的两路大军，两个政权的主要兵力都被牵制在陕西战场。这是事关两个政权命运的大战，谁也无暇分心。

弘光朝廷坐拥数十万兵力，如果此时能够出兵北伐，收复中原不说轻而易举，也是大有可为；如果顺利，甚至可以直接威胁北京。而此时的多尔衮，将会顾此失彼，如果抽调兵力抵挡南明军，那么在潼关乃至延安战场，将很可能被李自成击败；如若大顺再乘势进军，那么中原乃至北直隶，将不归自己所有。

还可能带来严重的连锁反应：原本降清的众多明朝降将，很可能再次“反水”，倒向南明。联想到他们之前之后的所作所为，这种可能性大大存在，后院一旦失火，入关的梦想就得玩儿完。

这个机会，南京有很多人都看到了。山东总督王永吉、江西总督袁继咸等高级官员纷纷上疏请战，抓住这次千载难逢的机会，出兵北伐，收复中原。

面对迫切的请战呼声，弘光朝廷的大佬选择了无视！

理由有二：

一、如今清军与大顺军互相厮杀，正是我们所喜闻乐见的，让他们好好地打，打到两败俱伤，对我们好处最大。我们就做个安安静静的“吃瓜群众”，等他们打上几个月，两者非死即残，我们再出兵，不是轻轻松松，手到擒来。

二、如今出兵，难保不再把清军吸引过来，这样相当于帮了李自成的忙；就算清军不来，我们顺利地拿下中原，也是给李自成帮了忙，缓解了他的压力，无论什么结果，客观上都是帮助李自成。这种帮助“反贼”的事，不能做！

于是乎，你们该干吗干吗去，等着坐享其成就好！

其实，虽然没有出兵北伐，但这段时间，南明弘光朝廷还是搞出了一些事情的。

什么事情呢？都是些幺蛾子！

众所周知，明末有所谓“三大案”，分别是“梃击案”“红丸案”“移宫案”。这三大案，从万历直到天启年间，有数十年，里面种种是非，莫衷一是，到现在也没有清楚的答案。

同前任皇帝们相比，弘光朝廷在“制造”大案的努力上要强过十倍。

短短一年不到，弘光朝就出了南明版“三大案”！

所谓“三大案”，分别是“大悲案”“太子案”“童妃案”。

简单说一说。

其实，这三起所谓的“三大案”，案情大致一致，分别是一个和尚冒充宗室齐王，一个少年冒充崇祯皇帝的太子，一个女子冒充弘光皇帝的原配，看上去似乎很简单。

但牵涉到皇室，就很不简单了。

冒充朝廷官员，就已是死罪；冒充皇家成员，更是大逆不道，凌迟也不为过。

这几个人的脑筋并没有问题，而且都受过教育，不是容易被人哄骗的“土包子”。那么问题来了，他们怎么会吃了熊心豹子胆，敢做如此大逆不道之事？

幕后必定有人主使！

谁是主使呢？经过审讯、用刑，几个人倒也招供了。根据供词，主使分别是钱谦益、申绍芳、高梦箕的仆人穆虎。

当然，这只是表面的供词，如果这么简单，也就不会被称为“三大案”了。

那背后真正的主使者到底是谁呢？

有人说是东林党人，为什么？因为三个案子，如果有一件得以成功，背后的最大得益者都是东林党。

东林党在拥立中失败，成为马士英的垫脚石。甚至曾经的东林党魁钱谦益，这个见风使舵的墙头草，如今已经与马士英同穿一条裤子，成为弘光朝的礼部尚书，他是东林党的叛徒。这口气无论如何是咽不下的，可是朝中已无人，如何翻身呢？策划几个大案，将马士英甚至朱由崧拉下马来，似乎可行！

与东林党有宿怨的马士英死党、兵部尚书阮大铖在暗中调查，竟然罗列出了一张包括“十八罗汉”“五十三参”“七十二菩萨”的庞大名单，要求朱由崧惩治。这份名单包括了朝中绝大多数东林党人，或是他们政治上的同情者。如果真这么搞，恐怕又是一场大清洗，政府主要官员都要一扫而空。

朱由崧和马士英也有点慌，即使真是东林党捣鬼，牵连如此之广，对自己也没有什么好处。于是他们决定，大事化小、小事化了，只是象征性地处置了几个官员，便就此收手。

南明“三大案”，就是一场政治投机的把戏，闹腾得虽大，最后却如泥牛入海，水花都没有翻起几片。但朝廷从上到下，却被这些扯淡的事情牵扯了不少精力。大敌当前，还忙着内斗，这个弘光朝廷，可如何是好。

弘光北伐

在南京弘光朝廷众官员忙着“三大案”的同时，由于不在旋涡中心，有一个人的头脑还算清醒一些。

他就是被排挤出南京，出镇扬州，总督四镇的史可法。

史可法决定趁清军两路出兵会剿李自成的时机，出兵北伐！

时间上也把握得正好。十二月，他下令手下四镇总兵之一的高杰出兵北进，此时正是多铎掉头救援怀庆府之后。

高杰是“江北四镇”中实力比较强的一镇，当时能调动的兵力有五六万人。

壮哉，史督师！

别忙，细细一看，北伐是北伐，可是对象有问题。这次北伐似是而非，再仔细一看，完全驴唇不对马嘴！

高杰出动时，以史可法的名义给留守在黄河的清朝肃亲王豪格写了封信，内容是这样的：“欲会师剿闯，始终成贵国恤邻之名。”

闹了半天，原来是这么回事！

史督师满脑子想的还是怎么先把李自成灭了，好给先帝报仇；对于磨刀霍霍的清朝，却甘当猪羊，宁愿出兵同清军联合会剿李自成，也不愿趁中原空虚，出兵收复！这样的方案正符合朝廷“联虏平寇”的基本国策，难怪能得到批准！

这个“脑回路”堪称清奇，看来读书读得太多也不是好事。

史可法这种态度，即使手中兵力有限，豪格还是非常鄙夷，他回信给高杰:“果能弃暗投明，择主而事，决意躬来，过河面会，将军功名不在寻常中矣。”

这是根本没把史可法这个督师放在眼里，直接对高杰赤裸裸地拉拢。

高杰没有得到正面回复，他也不便表态，于是只能率军北上，沿着黄河布置防御，而不敢和清军发生正面冲突。

高杰自己则驻扎在河南归德，调兵遣将，布置军事。

当时高杰手下有个睢州总兵叫许定国。高杰在归德下令许定国来开军事会议，许定国却坚决不肯来。

许定国是个老鸟，更不是什么好鸟，他暗地里同清军勾结，高杰已有耳闻。如果趁高杰出兵之机，他在背后捅刀子，那可吃不消。高杰决定，必须先解决许定国这摊子事。

他决定亲提大军前往睢州，找许定国说清楚，兵临城下之时，不怕许定国出什么幺蛾子。

这一去，导致了弘光朝一件大事的发生，比“三大案”的影响还要巨大得多。

睢州之变

睢州总兵许定国，其实是死过一次的人。李自成在崇祯十五年（1642年）围攻开封时，他担任山西总兵，驻扎在沁水，朝廷下令让他率部救援。接到命令后，许定国麾下的部队竟然在一夜之间全部溃散，救援开封成了泡影。这种莫名其妙的事情，惹得崇祯皇帝大怒，下令将他逮捕并判处死刑。

谁知还未等到行刑之日，却又将他特赦，许定国由此得以刀下逃生，随后又被任命为援剿河南总兵官。此后，他同明末诸多总兵一样，在李自成进军北京的道路上保存实力，左右观望。崇祯皇帝自缢后，他退到河南睢州，在弘光朝成为“江北四镇”高杰名义上的部下。

许定国与高杰的不和，有两种说法。

其一，是说许定国一直看原本是“流贼”的高杰不顺眼，认为自己比高杰“根正苗红”，早就跟随兵部尚书袁可立作战，劳苦功高。自己年龄既大，资历又高，如今却要屈居于高杰手下，一口气顺不过来，所以屡次上疏诋毁高杰。高杰自然不可能无动于衷，常对旁人说：“老子见老匹夫，必手刃之。”

其二，是说高杰早年为“流寇”时，曾经率领手下屠了一个小村庄，其中有一户人家，正是许定国家人，只剩下个许定国。当“流寇”时杀的人太多，高杰哪里记得这个小村庄。其后他又投降明朝，成了明将，与许定国同朝效力。许定国却不可能忘记此事，所以处心积虑地想要报仇。

以上说法，不论真假，有一件事却是千真万确，明朝老将许定国此时已经秘密降清。

早在高杰提兵北上之前，许定国就已经同河对面的豪格秘密勾结，谈好了投降事宜。为表诚意，他甚至把两个儿子送到清军营里作为人质，可见投降之坚决。

一则本来许定国就与高杰不和，二则许定国投降在先，做贼心虚。这种情况下，他肯去归德同高杰会面，才是见鬼。

高杰这个人则比较复杂。

高杰虽然被称为“小白脸”，却颇具勇力，史书中记载他随身携带一根铁棍，重达二十斤。二十斤已经接近实战武器的极限重量，由此可知高杰颇为勇猛。

最早，他是老资格的“闯军”，跟随李自成多年，却因为勾搭上了李自成的老婆邢氏而双双投明，成为明将，专门与农民军作战。

李自成向北京进军前，打败了孙传庭。当时高杰是孙传庭手下的总兵，失败后收拢残军向南撤退，一路上军纪败坏，甚至冒充“闯军”大肆抢掠。

到了弘光朝，他同黄得功、刘良佐、刘泽清一起因为拥立之功成为“江北四镇”之一，被封为兴平伯，是其中颇具实力的一镇。

高杰脾气暴躁，桀骜不驯，曾经当面顶撞督师史可法，让他下不来台。为了不致翻脸，史可法只得左哄右骗，力保相安无事。

虽然对史可法偶有顶撞，但在大事上，高杰也就是抱怨几句，最多摔烂点家什出出气，并没有发展到抗旨不遵的情形。这一点，他比其他两镇——刘泽清、刘良佐要好不少。

这次，接到命令，移兵布防黄河，高杰也比较卖力，日夜忙个不停。当然，他个人能从中得到利益，这也是毫无疑问的，比如，借机吞并睢州总兵许定国的地盘和兵力。

许定国投清的事儿，做得并不隐秘，甚至传到了高杰耳中。为了防止许定国率部投清，高杰提兵进抵睢州，屯兵城外，试图以武力迫使许定国就范。

到这一步，高杰走得都算正确。可是下一步，他也不知哪根筋搭错了，竟然同意进城赴宴。

高杰是怎么考虑的，后人已无从知晓。手下许多人劝他不要进城，已暗中投清的许定国摆下的宴能有什么好宴，实在存疑。高杰如此轻率就答应赴宴，如果许定国设有伏兵，就算他是刘邦再世，恐怕也无法生还。作为一军主帅竟如此轻率，只能说他有勇无谋。

可是高杰不听众人劝阻，或许是自认为大军压境，许定国不敢整什么幺蛾子。于是，带着他的二十斤铁棍和三百名亲兵雄赳赳地进入了睢州城。

宴席上倒是平安无事，问题出在宴席结束之后。此时高杰众人已喝得酩酊大醉。半夜，伏兵四起，高杰连同亲兵大部分被杀，只有少数几人逃出城去。第二天，城外高杰部众立即发兵攻城，睢州被攻破，军民大半被屠。许定国却先走一步，率部过河投降了豪格，实现了他的既定计划。

“睢州之变”给弘光朝廷带来了毁灭性的打击。当时有心抗清的实力军阀高杰被杀带来连锁反应，他的遗产——兵马和地盘无人可以继承，却又被其他总兵垂涎，比如黄得功等。史可法出兵讨贼乃至沿黄河抵御清军的计划宣告全盘泡汤。听到高杰遇害的消息后，史可法顿足长叹：“中原事不可为矣，国事尽被许贼所坏。”

这桩军事上的变故的影响远远大于朝堂上的党争，是影响弘光朝成败最重要的一件大变。

在如何处理善后事宜上，史可法也做得相当蹩脚。变故发生后，他明白事态严重，于是亲自前往高杰部下大营善后。他的方案是将高杰的儿子立为兴平伯世子，高杰的外甥李本深为提督，亲信胡茂祯为中军，李成栋为徐州总兵。

这个方案看上去很妥当，问题是人选才能不够，连高杰的夫人邢氏也知道儿子还小，没有威信，将士压根就不理会他。邢氏提出，让儿子拜史可法为义父，这本是个极好的办法，史可法可以名正言顺地施加自己的影响。可是被偏执的史可法无情拒绝，理由不方便同邢氏讲。不过大家都知道，是因为高杰的“流贼”出身，史可法怕玷污了自己的身份。到这节骨眼上，还在意这些，史可法的顽固、不通变化可见一斑。

另外，从军事上来说，前线的统兵主帅被杀，部下实力未受损失却群龙无首，这时候督师史可法如果能坐镇徐州前线，亲自调度高杰手下各路总兵，无疑是最稳妥的做法。但是，史可法却在草草安排后，随即就离开徐州，跑到了宿迁，表现得失魂落魄。

史督师的幕僚中并不是没有有识之士，著名文士阎尔梅就一再劝他，应趁清军兵力单薄，渡河恢复山东，史督师不听；又劝，那么西征光复河南也可以，难度要小一些，史督师还是不听；再劝，那你就留在徐州以观望黄河以北局势，再作下一步行动，史督师又不肯听。在他的心中，退守扬州才是上上之策。

由史可法亲自任命的这几个高杰部下的将领，无人统一调度，在随后多铎率军南下时未加抵抗，清一色降清，顺走的是高杰手下原本的兵力。其中李成栋更是赫赫有名，成为清军的常胜先锋，各政权的梦魇。这在一定程度上，也是拜史可法所赐。

弘光朝廷第一次，也是仅有的一次北伐，还没开始就这样胎死腹中。“睢州之变”拉开的是弘光朝覆亡的序幕。

良玉是如何蜕变成顽石的

“睢州之变”，总兵许定国袭杀高杰，造成的后果是弘光朝仅有的一次北伐还未开始就胎死腹中。这一切都被远在武昌的另一个人看在眼里，他是超出“江北四镇”之外的实力派——太子太傅、宁南侯左良玉。

之前一直没怎么提到左良玉，似乎他比较安分守己。

恰恰相反，左良玉是弘光朝最不老实的军阀。

左良玉的一生，就是由一个明朝猛将如何蜕变成军阀的一生。

刚出道的左良玉，“根正苗红”，作战勇猛，先后跟随袁崇焕、曹文诏、尤世威等名将对后金作战，立功无数。

这一时期的左良玉，人如其名，恰似一块良玉，是初露头角的军中新秀，前途不可限量。

崇祯五年（1632 年），左良玉被调到河南、山西一带同农民军作战。从崇祯五年到崇祯七年（1634 年），他同各路农民军交战数十次，胜多负少，因功升任总兵。

当时流传的一句歌谣说：“军中有一曹，‘流贼’闻之心胆凉。次左良玉、汤九州；若京营兵，贼甚轻之。”这一时期的左良玉是朝廷的猛将，农民军的噩梦，被称为“左疯子”。

崇祯八年（1635 年）到崇祯十年（1637 年），左良玉继续进剿农民军。这一时期，几个能征惯战的勇将，如曹文诏、邓玘、祖宽、汤九州等都已在长期作战中身亡，左良玉凭借资历和军功已成为名将。

这一时期的左良玉逐渐从将成长为帅，在朝廷兵力捉襟见肘的情况下，成为被倚重的对象。但同时，他已经开始出现一些抗命不尊、拥兵自重的苗头。

崇祯十一年（1638 年）到十六年（1643 年），拥有兵力和地盘的左良玉开始表现出两面性。

左良玉对农民军作战有个特点，对张献忠几乎必胜，对李自成几乎必败。

一方面，他继续同农民军作战，杀得张献忠只恨少生两条腿逃跑。张献忠本人几乎被左良玉阵斩，眼看实在摆脱不了左良玉的追杀，不得已只好假投降。

另一方面，他以河南为基地，自恃劳苦功高，又有兵力，逐渐开始不听调遣，拥兵自重。朝廷派出熊文灿、杨嗣昌等督师，都无法调动左良玉，只能听凭他按自己的意愿行事。得不到统一调度的军事行动遭遇失败后，张献忠复起。左良玉也被李自成击败后，退到襄阳，随后又进守武昌，自此基本按兵不动，观望自保。

这一时期的左良玉已逐渐军阀化，名义上还是明朝的人，打的也是农民军，但在哪儿打，怎么打，完全看他个人的心情。如果说之前他确实是块良玉，那么现在已蜕变成了一块顽石。

到了崇祯皇帝自缢，南京立弘光帝之后，左大爷可就更不得劲了。

为啥，因为他离南京太远，没来得及参与拥立。

眼看着原本只是小字辈，兵力、地盘都不及自己的高杰、黄得功、刘良佐，只是关门开了几个会，就凭空得到拥立大功，并因此平步青云，实力大大得以扩充，他们凭什么？这么好的事也不拉我一起，眼里还有我这个实力派老前辈吗？

这些被他归罪到弘光朝一号文官马士英的头上。好你个马士英，老子要资历有资历，要实力有实力，你假装没看见，去拉拢些虾兵蟹将做文章，把我一脚踢开，以后有你好看！

左良玉很不爽，于是各种“作”。朝廷发来的诏书，他可以不让使臣读；读了，他也不听；听了，他也没回应，还动不动痛斥马士英。光骂还不够，他声称要到南京去杀了马士英，以振朝纲。

马士英很无奈，拥立朱由崧本不是自己的方案，那是四总兵与朱由崧勾结的自作主张。但人家有军队在手，腰杆子就是硬，自己如果不加入，被排挤出京的恐怕就不只是史可法，还要加上我马士英了。可是这层话，如何能说给左良玉听，好在他远在武昌，暂时也不可能真的动到自己，只能慢慢地再来安抚。

朝廷对他也没有办法，宁南侯兵多将广，实力雄厚，崇祯皇帝都命令不动他，南京这个小朝廷更加无计可施。相反，不能把他逼急了，左良玉此时的兵力比“江北四镇”加起来的总和还多，号称拥兵八十万，对外更是声称百万。这个数字虽然有水分，但他确实坐镇武昌，扼守长江上游，抵挡着大顺军和清军的威胁，万一他撂挑子，那南京的屏障就要丢失。所以，弘光朝对他无可奈何，只能一味姑息迁就。

弘光帝登基以来，左良玉的不爽由来已久，不久之后发生的一件事则让他做出了匪夷所思的行动。

李自成南撤

话说李自成放弃潼关，撤退到西安后，由于局势的发展，阿济格和多铎两路清军分别攻入陕北和陕西，目标是在西安顺利会师。

李自成亲率大军，在潼关尚且没能击退多铎，如今两路清军齐头并进，又有红衣大炮助阵，大顺军上下对守住西安实在半点信心都没有。回到西安，他们并不是打算坚守，而是为了打包，拾掇拾掇进一步撤退。

撤到哪儿去呢？偌大天下，自己曾占据半幅，如今却连赖以起家的陕西都待不下去了，近似穷途末路。李自成在地图上划拉来划拉去，总算找到还有一块大顺朝的地盘——果毅将军白旺所驻守的湖北襄阳、承天、荆州、德安四府之地。

于是，李自成带着大顺朝的中央机关和随军家属，由军队护送，浩浩荡荡地由商洛往湖北撤退。这是一支庞大的队伍，总兵力超过了二十万。

大顺朝的兵力还不止这些。在陕北，李自成的侄子——制将军李过，和妻弟——威武将军高一功，依然在率部抵抗。得到李自成放弃西安的消息，他们也开始了转移。不过，由于清军阻隔，与李自成部会合已经不可能，只得继续西行，同时在路上收集溃散的部队和沿线的守军，也得到了数万兵马。这一路，是大顺的西路军。

根据李自成的动向，远在北京的多尔衮迅速调整清军战略。

表现出色的多铎率领孔有德、耿仲明等重新捡起原来的计划，恢复向南京进军，目的是消灭南明弘光朝廷。

多铎精神头很足，由于行动迅速，战事得力，他得到老大多尔衮的通报嘉奖。接到命令，他立即收拾行装开拔，带着手下离开西安，出潼关，走归德，嗷嗷叫着就向弘光朝廷的京城——南京扑过去。

表现略逊色的阿济格，则接到了追击李自成的任务。因为这位老兄之前进攻陕北时先去蒙古“旅游”了一趟，问蒙古兄弟要了些羊马，耽误了进军时间，这次多尔衮严词命令他不得怠慢，务必按期剿灭。

阿济格这路清军急于挽回形象，追击相当卖力，成果也相当显著，用阿济格报给多尔衮的话来说，是“八战皆捷，重创贼兵”。

实际情况应该大致差不离，这从大顺军的损失上可以得到证明。在南撤的行军中，除了将士的损失，文官之中，大顺朝的天佑殿大学士牛金星带着儿子——大顺的襄阳知府牛佺投降了清军。其余几个重要文官如宋企郊、巩育等也脚底抹油，溜得不知去向，就此抛弃了李自成。只有宋献策还忠心耿耿地跟随在李自成身边。

李自成亲自率领的东路军在付出惨重损失后，于 1645 年三月下旬抵达湖北，来到了自己仅剩的地盘内。

镇守湖北的是小将白旺，见到白旺，李自成的眼泪都快出来了。

一年前，自己率领大军从襄阳出发向西安进军，留下了白旺率领七万精兵镇守襄阳，为的是牵制武昌的左良玉所部明军，防止他们北上救援。白旺年纪不大，任务完成得却很出色，几次击退了左良玉的进攻，守住了湖北。

可是反观自己，出发前兵精粮足，众望所归，一路推进，直取北京；可不到一年，就民心尽失，损兵折将，连大本营西安都丢了，成了一支哀军。两相对比，李自成不禁悲从中来。

不过悲归悲，悲痛过后，看着白旺部下的大顺军衣甲鲜明，士气旺盛，李自成眼珠一转，又有了新的打算。

左良玉东下

李自成看白旺手下的七万多湖北大顺军是一支精兵，又有了主意。清军实在太凶悍，打不过，但打明朝的那帮窝囊废，李自成觉得还是绰绰有余。清军迟早是要南下进攻南京的，有了白旺这支兵力，他想要抢在清军之前攻占南京，席卷江南。江南这么富庶，拿下江南，比拿下北方实惠得多；从对手上看，明军也比清军好打许多。

从表面上看，这个方案切实可行；从战略上看，再一次暴露了李自成的短视。

襄阳四府，白旺已在此经营了一年多，如今形势比较稳定，是大顺朝最后一块可靠的根据地。如果要打南京，势必带出湖北的大顺军主力，兵力被严重削弱的襄阳地区，无论是面对清军还是明军的进攻，都将捉襟见肘，难以支撑。没有兵力的依托，像之前山东、山西、河南那样的到处反叛，也不是没有可能。

况且，如今清军阿济格部始终在后面紧追，万一进军江南战事不利，后方襄阳再被阿济格夺取，大顺军就欲哭无泪、进退失据，很可能被明军与清军联合绞杀。

宋献策、白旺等都对这个计划明确表示反对。

他们认为，如今固守襄阳，先击退阿济格才是正确的方案。击退了阿济格，则无论向南还是向北发展都成为可能。有清军在后方虎视眈眈，却主动放弃经营稳固的襄阳，实在是不智之举。

李自成使出了一票否决权，大手一摆，我是皇帝听我的！

弘光元年（1645年）四月中旬，李自成率领自己手下及补充的白旺部共二十万人，浩浩荡荡出师湖北，目标直指南京。

欲取南京，必先下武昌。武昌正是南明宁南侯左良玉的驻地，莫非李自成认为自己是左良玉命中的克星，丝毫不把这位手下败将的几十万大军放在眼里？

其实，李自成现在很感谢左良玉，恨不得请他吃饭，把酒言欢。

因为，早在李自成还没到达武昌时，武昌就成了一座空城，不光是没兵，连居民都没剩下多少。他的老对手左良玉这时已经打着“清君侧”的旗号倾巢而出，顺江东下，去南京找马士英的麻烦了。临行前，他下令把武昌百姓屠戮一空。

李自成东征引发的后果是左良玉东下，左良玉东下又会触发什么后果呢？

这两个冤家对头所做的事情却一样的可笑。李自成抛下经营较为扎实的襄阳地区东征，等于是请阿济格入主湖北；左良玉更谦虚，李自成一动，他也立马挪窝，向李自成招手：来来来，老李，你一路辛苦了，先来武昌歇歇脚。他自己则倾巢出动，目标是南京。

左良玉放弃武昌，有两个原因。

一是军事上。

左良玉可以打得张献忠认㞞投降，却对李自成屡战屡败，几无胜绩，被揍出阴影。有时候，世界上确实有相生相克的两种人，所以有“克星”这一说。比如战国时期的孙膑可以说是庞涓的克星；李自成可以说是崇祯皇帝的克星，怎么打都打不死；再比如左良玉与李自成。

李自成东征，必定会与左良玉交战，况且大顺军东征的兵力不少，达到了二十万，左良玉实在没有战而胜之的把握。就算运气爆棚，这次能战胜李自成，自己的实力也会因此受损。在如今的时局下，手里有兵才是王道。自己坐拥几十万大军，朝廷尚且对自己不咋地，如果没有了兵力，还不落得个被吞并的下场。再退一步考虑，就算自己击败大顺军，接下来还要面对阿济格清军的威胁，自己早年在辽东与后金交战无数，了解这群八旗军的凶悍，拿自己损兵折将的部下，如何能抵挡如狼似虎的八旗军。无论同李自成交战后果如何，算来算去，都是个亏本生意。

二是政治上。

此时南京正因为“太子案”“童妃案”等闹得满城风雨，掌权的马士英、阮大铖等人引起了众官员的强烈不满。自己早就看不惯马士英，不止一次放言要去南京砍了他的脑袋。如今，这正好是个绝佳的借口，以“清君侧”为名出兵，一则可以避战大顺军，二则可以捞取政治上的好处。至于武昌，放弃固然有点可惜，但武昌与南京比，显然后者更有吸引力。大丈夫做事，要懂得取舍，加上部下、幕僚等都建议左良玉出兵，事情就更加好办。

左良玉的部下为了师出有名，甚至还煞费苦心地炮制出了一个“太子密谕”，声称是奉先帝太子密谕前往南京救护。先帝太子，也就是崇祯皇帝的太子朱慈烺。南京的“太子”，早已由见过朱慈烺的大臣辨认过，确认是假，真正的朱慈烺早就遇害。北京被攻破之时，与南京的联系早就被切断，不知朱慈烺是如何灵魂附体，告诉左良玉一年多后南京发生的事情。

宁南侯左良玉大军，浩浩荡荡顺江东下，四月初一，到达九江。出了湖南，就不是左良玉统辖的范围，现在驻节在这里的是江西总督袁继咸。

如果有个明末忠臣榜，袁继咸绝对排名三甲。

袁继咸，天启五年（1625 年）进士，通晓军事，仕途初期一直在大明教育界任职，官声甚佳。他最出名的一件事，是在崇祯七年（1634 年），被诬告贪污受贿。崇祯皇帝将袁继咸下狱，结果引发山西百余名生员随他入京为其鸣冤，这还只是小意思，整个大明官场上下竟达千余人联名为他申冤，轰动一时。

民意如此，崇祯皇帝经过严查，最终将袁继咸官复原职，诬告他的巡按御史张孙振则被贬官戍边。

崇祯十年（1637 年），袁继咸由文转武，逐渐接触军事，抵御“流寇”，立功甚多，崇祯十五年（1642 年）出任兵部右侍郎兼右佥都御史，驻节九江。

李自成在朱仙镇大败左良玉后，左良玉撤到武昌。由于武昌的藩王楚王朱华奎没有供给他兵员粮饷，左良玉就自己动手抢，抢完后为了保存实力，退到九江。武昌遂被张献忠攻克，楚王也被沉江。

袁继咸当时刚上任，他在芜湖与左良玉会面，使出激将法，晓之以理，终于感动了左良玉。后者发兵击败立足未稳的张献忠，收复武昌，从此左良玉军就驻扎在那里。

袁继咸是明末少数始终能看清形势的人。弘光帝登基之后，想要加封拥立有功的四镇总兵和其他武将。袁继咸上疏谏言，不该加封拥立之臣，这样会使得跋扈的风气盛行。朱由崧表面上赞成，转过身去就置若罔闻。

弘光帝酗酒好色，醉生梦死，几乎不理国事。袁继咸又上疏劝告朱由崧应以国事为重，效仿周宣王，勤于政务。这样的建议，当然又被丢到了废纸篓子里。

在清军与大顺军在陕西激战时，袁继咸又上疏请求朝廷出兵北伐，收复中原。这点在前文也有提及，得到的回应是为了“联虏平寇”的基本国策，朝廷不能出兵。

假如袁继咸能成为马士英、史可法这样弘光朝的重臣，他或许能像于谦那样力挽狂澜，也未可知，至少弘光朝不会崩得如此之快。不过，他直言进谏的性格使得他名望虽高，却注定无法真正受到重用。

当然对于袁继咸，大多数人还是买账的，其中就包括左良玉，他们始终保持着良好的私人关系。

这次左良玉兵发南京，也没忘记袁继咸。袁继咸声望很高，如果能得到他的支持，左军出征则更加名正言顺。于是，他兵至九江时，写信给袁继咸，信中说希望能和他握手告别，去为皇太子效死。袁继咸在之前本来已经率领自己的部将李世元等前去支援袁州，以封锁大顺军可能进入江西的通道，在半路上听说左良玉反叛，犹如一道晴天霹雳。

袁继咸再也顾不上袁州，急忙回到九江，试图说服左良玉息兵。他明白，高杰已死，左良玉再叛，从江西到湖北再也无人可以作为屏障，无论是大顺军还是清军，长驱东下都将易如反掌，南京危在旦夕。

两人终于在左良玉的船上碰了头。一见面，左良玉就神秘兮兮地从袖子里拿出一张纸，说是先帝太子密谕，让他率军前往南京救护。袁继咸本就是个直性子，直接提出质疑：南京的“太子”显然是假，就算真假未定，这份密谕又是何人传到左良玉处；就算密谕是真，如今大顺军与清军都对南京虎视眈眈，如此轻率地全军南撤，到底意欲何为。

“太子密谕”本来就是个拙劣的借口，哪里经得起推敲，一连几个问题，问得左良玉好不尴尬。

袁继咸甚至向诸将下拜，说：“先帝之旧德不可忘，今上之新恩不可负。”无奈左良玉早就与身边的武将结盟立誓，无论如何也不会被袁继咸说服。左良玉见无法胁迫袁继咸，只得向他改口说：“我此去必定不会攻打南京，只是在城外驻军，听候圣旨而已。”这当然是托词。到时候大军压境，箭在弦上，不得不发，别说攻城，就是诸将来一出龙袍加身，就算左良玉以死拒绝，他的儿子左梦庚也会乐得接受。

袁继咸虽然不肯与左良玉同流合污，左良玉却也不难为他，只得送他回城。

左良玉此行，虽然没得到袁继咸的支持，却成功拉拢了江西的武将郝效忠、张世勋等人。众人决定冒险跟他赌一把，加入了左军。

袁继咸回城召集部将，想要据守九江，不让左军入城作乱。可是城中的郝效忠、张世勋已经做了内应，将左军放入，在城里杀人抢劫。

到这时候，袁继咸已心力交瘁，只想一死以明心志，却被部下劝住。听说袁继咸要自尽，左良玉也慌了手脚，派他的死党——湖广巡按黄澍来制止。黄澍来到袁继咸官署哭拜说：“宁南并无二心。先生如果以死刺激他生出野心来，那么大事就不是算完了吗？”

袁继咸既然死不成，决定再尽一次努力，又出城劝阻左良玉。左良玉在出兵之时就已得了重病，到了晚上，入城的左军和城中依附左良玉的士兵在九江城放起火来。船上的左良玉看到大火冲天，明白自己答应袁继咸爱护百姓的承诺已经无法兑现，大哭着说道：“我对不起临侯呢！”——临侯是袁继咸的别号——吐出几升血，当晚不久就身亡。

明末最大的军阀，就这样尴尬地突然死了。如何评价左良玉呢？上文已经说过，左良玉从起初的良玉已经蜕变成了一块顽石，成了一个典型的军阀。军阀能干的事，他都干了，抗旨不遵、拥兵自重、纵兵扰民、出师兵谏，这些都不是好事。

不过有一点也应看到，自始至终，左良玉都没有投降过农民军或清军；他的一生，都在与后金和农民军作战；直到去世，他也没有攻打过自己人。

左良玉放弃武昌，出兵东下，当然是为了保存实力。不管是他对袁继咸号称的不会攻打南京是否为真，在事实上，他没有与明军兵戎相见。火烧九江城也不是他的本意，但在复杂的局势下，以病重之躯，他已无法约束部下。

正如吴三桂投清的性质一样，兵发南京是左良玉的罪状。不过，这种举动，也是代表着整个湖北军事集团的利益。如果左良玉不发兵，他也无法制约部下的举动，自然也就不可能抵挡住李自成或阿济格。左良玉，只是众人推出来的一个代表，利用的是他的声望。就如同吴三桂一样，代表的是整个关宁集团的利益。

左良玉本人，确实对袁继咸既钦佩又尊敬，即使大军压境，也始终以礼相待，不敢造次。九江城被烧，他更是心中有愧，吐血而亡。人性本来就是复杂的。左良玉这种军阀，则更加复杂。身为军阀，他作恶多端；身为明臣，他又良心未泯。到最后，他实际已成为一颗被裹挟的棋子，身不由己地执行着利益集团的使命。

之所以这么说，从左良玉死后湖北军事集团的举动就可以得到佐证。左良玉病故后，手下将领竟然秘不发丧，共同推选他的儿子左梦庚为军主。左良玉死前，曾对左梦庚留下遗训：出死力以捍疆。不过这个不肖子，在老爹咽气后就将遗训抛到九霄云外，继续执行既定策略，大军东下，直扑南京。

再说袁继咸。他劝左良玉回师这个目标，随着左良玉的去世，终究没有实现。如果左良玉不死，即使袁继咸无法说服左良玉班师，也能用自己的影响力尽量化干戈为玉帛，为弘光朝留下湖北集团这支最重要的军事力量。可惜，随着左良玉的死去，这一切成了泡影。

左良玉对袁继咸推崇备至，但他的儿子左梦庚和左家部将们对他则没这么尊敬。袁继咸也劝说左梦庚回师，这当然是不可能的事情。

袁继咸只得回去整军备战，为朝廷效死力。这时，他的部将们很多受到左军蛊惑，背叛了他，手下将领邓林奇等甚至在他的归途设置障碍，不让他回九江。

袁继咸正在为难，老部下郝效忠向他伸出了手。郝效忠派人对袁继咸说，自己现在跟从左梦庚，是不得已而为之，想要寻找时机逃跑，想叫袁继咸到他帐中暂避，一有机会就会跟他一起率部脱离。

耿直的袁继咸没有怀疑这位跟随自己多年的老部下，来到了他的部队。他不知道的是，郝效忠此时正在大笑中，自己的效忠对象早就不是这位老上司了。袁继咸这一去，再也没能回到故土。

左良玉起兵的消息，早就传到了南京，弘光朝廷大为震惊。不震惊是不可能的，左良玉拥兵数十万，几乎是南明名义上兵力的一大半。如今这几十万大军不替弘光朝廷抵御大顺军，反而掉头浩浩荡荡地向南京开拔，其心可诛。

弘光帝只得暂时推开身边的美女，紧急召开御前会议商量对策。

对策其实很简单。为啥，因为总共就那么点兵力，都在地图上铺着呢。

目前明朝的防线，除了湖北就是江北。湖北之前有左良玉，江北有四镇总兵。现在左良玉举兵东下，短时间内朝廷没钱也没有能力另行招募军队。如果要防左良玉，就只有调江北的兵；调了四镇的兵，江北防线就一片空虚。而这时，清军的多铎一路，已经离开了西安，也直扑南京。

形势就是，如果要防左良玉，江北就很难守住；如果要防多铎，左良玉就将一路东下，无所阻碍。

头疼，实在是头疼。

刑部侍郎姚思孝，御史乔可聘、成友谦提出的方案是：“左良玉稍缓，北尤急，乞无撤江北兵马，固守淮、扬，控扼颍、寿。”

意思是清军的优先级高于左良玉，清军的目的很明显，就是奔着要你命来的；左良玉再怎么说也算自己人，在他进军途中，想办法再用行政手段解决也未尝不可，“江北四镇”的兵马不应该撤，还是要固守江北防线。

这个方案应该算比较妥帖，对问题的认识还算比较明确，应该是个可行的方案，弘光帝也表示认可。

问题出在马士英身上。

马士英当然不会同意这个方案。因为左良玉早就看马士英不顺眼，经常大骂马士英，动不动就说要砍了他。这次兴兵更是打着“清君侧”的旗号，摆明了是要对付马士英。

如果左良玉大军到达，马士英身家性命必定难保，与他利益攸关的其他官员也难逃干系。

于是，马士英与兵部尚书阮大铖建议，调靖南侯黄得功、广昌伯刘良佐以及池口总兵方国安等人堵截左良玉，同时又要督师大学士史可法抽调扬州兵马过江拱卫南京。

他们两人位高权重又巧舌如簧，弘光帝也不得不听。作为折中，他下了一道和稀泥的旨意：“上游急，则赴上游；敌急，则御敌。”这简直就跟没说一样，哪里的军情紧急，还不是都玩弄于马士英、阮大铖的股掌之中。

就这样，“江北四镇”的大部分兵力被抽调去阻截左军。

九江之战

南京的马士英抽调了“江北四镇”的大部分人马，来防御东下的左梦庚大军，李自成则继续东进。

左良玉之子左梦庚，继承，哦不，是抛弃其先父遗训，继续率军东下进军南京。左良玉如果还活着，可能还会有所顾忌，制约部队；左良玉一死，左军就真的成了叛军。失去军纪的军队是最可怕的。左军所到之处，烧杀抢掠，比土匪还土匪，一路上占领彭泽、东流、建德、安庆，兵锋直逼太平府。

太平府辖区是今天的安徽马鞍山到芜湖一带，这里距离南京已近在咫尺。在这里，马士英抽调来的江北兵力终于发挥了作用。黄得功等部在太平府阻挡住了左军的攻势，并将其击败。

叛军本就是人心不齐，凭着一股士气支撑，只能打顺风仗不能打逆风仗，败仗之下，纷纷溃散。左梦庚已无力集中士卒再战，只得退保九江。

而在左良玉前脚全军撤离武昌后，东进的大顺军后脚就进入了被破坏的武昌。李自成兵不血刃地接收重镇武昌，颇为得意。想想也是，坐拥数十万兵力，明朝最强的将军左良玉望风远遁，拱手让出湖北，自己可以在这里休养生息、养精蓄锐，再图南京。我李自成就是个打不死的人，损失再大，都能缓过来。

李自成没想到的是，才在武昌待了几天，噩梦就来了。

梦魇是阿济格的清军。

清军怎么会来得如此之快呢，这实在也怪不得阿济格。李自成拔营东进，几乎是倾巢而出，只是象征性地在襄阳地区留下了一些兵力防守。自己主力尚且无法抵挡清军，这点儿兵力显然就是送人头，留守的大顺军眼看自己被放弃，纷纷投降。阿济格同李自成一样兵不血刃就占领了大顺军曾经经营良好的襄阳四府。

士气旺盛的清军乘势进军，包围了武昌城。李自成命手下最强的两位权将军——刘宗敏和田见秀带兵出战，被清军打得大败而归。李自成的特点是流动作战，守城战本来就不是他的强项。由于他对火器的不重视，城头更没有大炮这样的重型火器。相反，清军阵中却有大炮。大顺军野战不敌，守城又无法守住，那就只有投降或逃跑两条路可选。

投降，李自成是不会投降的，这辈子也不可能投降的。他集中人马，亲自率领精锐骑兵在前面开路。经过苦战，大顺军损失了许多人马，才暂时摆脱清军的追击，沿着左良玉走过的道路，撤退到了九江附近。

惊魂未定的大顺军正在野外露营，打算睡个好觉，睡梦中又被炮声惊醒，原来阴魂不散的阿济格、吴三桂连夜追击，又追了上来。这群不要命的八旗军，体能简直个个赛过运动员。大顺军从梦中惊醒，仓促应战，哪里还能讨得到好处。清军长驱直入，一直攻入了中军李自成的御营。李自成在众将的死战保护之下才得以逃脱，其他人就没这么好的运气，头号大将刘宗敏、开国军师宋献策、李自成的两个叔叔都被清军俘虏。

刘宗敏曾强占陈圆圆，这次落到了清军手里，吴三桂恨不得将他抽筋扒皮，祭奠全家。倒是阿济格，看刘宗敏是条汉子，以大清国法为由，摆手阻止了吴三桂，下令将刘宗敏用弓弦勒死，多少给他留了点体面。其他被俘的大顺军将领则都被斩于军前，而俘获的大顺军家属都被分配给清军为奴。

刘宗敏此人，铁匠出身，从李自成起义开始就一直跟随在他身边，是李自成手下第一员骁将。

刘宗敏没有文化，不懂政治，只知道打打杀杀，是个地地道道的粗人。他只是李自成的武将，在大顺朝建立后没能劝导李自成做出任何有利于王朝统治的事情，却是“追赃助饷”的头号执行者，对待明朝官绅刻薄残忍，是官员、地主、富商们心中的“魔王”。

但这只是刘宗敏的一面，对李自成来说，刘宗敏却不可或缺。

作战中，刘宗敏身先士卒，常常出奇制胜，是每个主帅都梦寐以求的猛将。对李自成，他忠心耿耿，只剩十几个人的时候，他也没有背弃李自成，他俩是生死与共的好兄弟。这样的朋友，可遇而不可求，每个人生命中有一个足矣。刘宗敏，生而就为辅佐李自成。

这样的人从古至今都有，哪怕在现代社会，某个人粗俗无比又有许多不良嗜好，在外人眼里就是个不良之人，似乎一无是处。但在亲近他的人眼里，可能就完全是另外一个形象，缺点会被优点抹平，恶意会被善意取代。

这是人的多面性，特别对历史人物而言，简单地把他们分为好人和坏人，那是小学生干的事儿。

军师宋献策虽然是个瘸子，但颇为硬气。清军主帅阿济格看他一瘸一拐，手无缚鸡之力，又听说他精通奇门异术，倒也不想杀他，于是问：“你想死想活？”宋献策回答得很硬气：“被你抓住之前，我当然想活；现在既已被抓，生死都在你手，何必多问！”

阿济格也听说宋献策并没有干过什么坏事，只是各为其主而已，李自成大势已去，杀不杀宋献策没有什么区别，于是警告他不许再造反，随后摆摆手，就这样将他释放了。

宋献策最后的下落，有说被清军带到京城，替达官贵人算卦；有说从此流落民间，重操老本行。不管哪种说法，宋献策没有向清军卑躬屈膝，竟也得以活命。

这一仗过后，鼎盛时期大顺朝的文臣武将们已折损大半。最重要的几个文官，牛金星、宋献策、宋企郊等或投降或逃跑或不知所终，大顺军最强将领刘宗敏被杀。九江之战实际上是大顺朝旗号下的最后一战，李自成的陕西嫡系遭受重创，大顺军的形势没有最恶劣，只有更恶劣。

大败李自成，意味着清军尾随大顺军来到了九江。此时盘踞在九江的，正是东进失败、正龟缩在九江城舔舐伤口的左梦庚。

左梦庚这时候既没有能力重新振作，也没有勇气向明朝投降认输。现在清军大军压境，李自成已被击溃，眼看下一个目标必定是自己的九江城，权衡之下，左梦庚竟然带着余部投降了清军。

曾经的南明湖北重兵集团就这样烟消云散。

最可惜的还是袁继咸，这位明末大忠臣在左梦庚降清时成为“投名状”，被献给阿济格请功。袁继咸名满天下，阿济格当然不会杀他，将他带到北京，并派出一批批明朝降官来劝降，其中不乏他的门生故旧，但都被骂了回去。袁继咸一直被关押了一年多，最后清廷见实在无法说动他，只得在1646年六月二十四日将其杀害。当时弘光朝廷早已覆灭，时间已到了隆武二年（1646年）。

袁继咸在狱中写下一首《正性吟》明志：

天地治乱，理数循环。湛兹正性，鼎鼎两间。有怀乡哲，炳耀丹青。维唐中叶，秀耸二颜。越在宋季，文山叠山。成仁取义，大德是闲。哀我逊国，方黄臭兰。名成族圮，刚中良难。淑慎以往，学问攸关。我心耿耿，我气闲闲。从容慷慨，涂殊道班。居易俟之，敢幸生还。

从容慷慨，成仁取义，是他最后的遗言。

李自成之死

李自成的大顺军在清军进攻下节节败退，在九江再次遭受重创。原本为了东下南京，大顺军好不容易一路收集了几万条船只，九江一战后全部被清军缴获。加上另一路清军多铎所部已经经河南直扑南京，李自成原先既定的先取南京的计划显然成了泡影。

如果当初听白旺的，留守襄阳，或许还能与阿济格一战，如今连遭惨败，连跟随自己一生的刘宗敏也被清军捉去，李自成后悔不迭。但事已至此，再悔也无用，活着的人还要为生存而战。如今只有重复之前对抗崇祯皇帝围剿的套路，先找个地方躲起来，养精蓄锐，恢复实力，再图谋东山再起。反正对李自成来说，这样的事不是第一回。被孙传庭打得仅剩十八骑的李自成，只要给他时间，又能杀回来。

李自成不知道的是，他已经没有时间了。

大顺军决定向西南转移，进入湖南浏阳一带。清军对那里尚鞭长莫及。左良玉部现在已经覆灭，明军也防守空虚，几近真空，大顺军在那里没有对手。

1645 年五月初的一天，李自成来到湖北通城。这是一个小县城，并没有清军和其他军队，当时也不存在特种部队“斩首行动”之类的事情，看上去似乎很安全。李自成带着二十多个亲兵在周围察看，来到了离县城二里多地的九宫山下。在山下，他听到山上传来阵阵钟磬之声。

通城九宫山是座名山，相传唐朝道人罗公远曾在此地修道炼丹，所以山上建有道观，香火不断。事业低谷期的李自成想要上山拜一拜神仙，求神仙保佑。为了表示虔诚，他把亲兵留在山下，独自一人上山。

李自成一生戎马，就算遇到等闲几个强人也近不了他的身。他来到道观里，在真武大帝神坛前下跪叩拜，焚香祷告。谁料这一拜不要紧，叱咤风云、一世英雄的大顺皇帝李自成竟再也没能起来。

原来李自成进庙时，附近有几个干活的村民正在休息，远远地看到带着兵器的一条大汉进了庙，众村民就有些狐疑。其时天下大乱，落单的强盗和溃兵比比皆是，地方上自我保护意识极强，遇到侵犯村庄的小股土匪，往往是集体抵抗。

几个村民一看李自成的打扮就知道不是本地人，身上很可能带着贵重物品。几个村民互相使个眼色，蹑手蹑脚地来到李自成身后，举起手里的锄头，对准李自成的脑后一顿猛砸。李自成连哼都来不及哼一下，就被砸得脑浆迸裂，当场毙命。

几个村民本来的目的也是求财，过来一搜身，看到此人内穿的竟是龙袍，腰里还别着一枚金印，知道闯了大祸，立即从山后一溜烟逃走了。

山下的亲兵等了半天不见皇上下山，就派人上山寻找，就在道观中发现了李自成的尸体。亲兵立即返回大营报信，召集起大队人马，将山下的小村庄团团包围，限期两个时辰务必交出凶手。凶手这时早已逃跑，千余村民因拿不出人，皆被屠戮。

闯王李自成也是一代豪杰，行伍一生，称帝数月，却在这个荒山破庙被几个村民杀死，年仅三十九岁，只比被他逼死的崇祯皇帝多活了一年，不禁让人唏嘘。

然李自成之死，还有几个不同的版本。

有记载说，李自成是在经过湖北通山县境内时先行落单，遭到当地地主武装的围攻，不敌，被杀死在牛迹岭下。闻讯而来的大顺军随即大举进攻，将当地屠戮一空，为李自成报仇。

民间还流传着李自成根本没死的说法。据说李自成诈死，潜藏到了一个偏僻的小庙中出家为僧，法号“奉天玉和尚”，一直活到康熙十三年（1674年）才寿终正寝。这样一算，李自成竟多活了近三十年，直到六十九岁的高龄。

出现这么多版本的原因，是李自成的尸首没有被发现。虽然阿济格得到李自成被杀的消息后，立即报告了多尔衮，并且得到表彰，就此班师回朝。但不久后，又出现了李自成重现江西的传说，连多尔衮也开始怀疑李自成之死的真实性，并对阿济格进行斥责。由于始终没有找到尸首，李自成是死是活也就成为一个野史津津乐道的话题。金庸先生的武侠小说中，也对此加以发挥，让李自成得以出场，甚至还同陈圆圆叙旧。

不论李自成到底死在哪里，或是生死到底如何，有一点可以肯定，他从此在历史中消失了。随着李自成的死亡，他建立的大顺朝也宣告分崩离析，就此灭亡。从他崇祯十七年（1644 年）一月在西安建立大顺开始，这个政权前后持续了十七个月，仅有一位皇帝，就是大顺永昌皇帝李自成本人。

如何评价李自成呢？作为明末著名的历史人物，李自成无疑是有能力的。他的能力主要是在军事上，起义十六年就推翻明朝，占领北京，中间虽然有起伏，但也是硬碰硬的战绩，是在尸山血海中杀出来的枭雄。

李自成是个有骨气的人。他是坚持抗清的，从山海关开始，就始终在与清军交战。跟同时期南明的战绩比起来，李自成对清军的杀伤远远超过明军。

但是，以李自成大顺朝的体量，在抗清这件事上，原本应该做得更好。据不完全统计，不计降清的明军，大顺军一共消灭了清军二十一名将佐，其中满八旗十三员，蒙八旗四员，汉八旗三员，高级副都统一员。然而换个角度考虑，清军以阵亡几十位将领，伤亡数万士兵的代价，就将占据中原腹地、账上兵力（加上明朝降兵）达百万级别的大顺朝消灭，是不是太划算了。这也是李自成的失败之处。

马上能打天下，却不能坐天下。导致李自成失败的，正是他短缺的政治能力。入主北京后，他得罪了原本已投降他的明朝官绅地主们，把他们逼到了对立面。在他们的影响下，明朝降将纷纷反叛。李自成民心尽失，才是他失败的最主要原因。

从个人角度看，李自成算得上是个英雄；从农民军角度看，他是个合格的领袖；从大顺朝角度看，他是个不合格的皇帝；从明朝角度看，李自成是个恐怖的“流寇”；从清朝角度看，李自成是个不堪一击的“菜鸡”。

或许，李自成的出世，只与崇祯皇帝有关。从崇祯皇帝眼里看李自成，这个人仿佛就是上天派下来专门颠覆大明的使者。

用一个词来形容的话，崇祯皇帝与李自成，两人就是一生之敌。或者换一个说法，李自成就是崇祯皇帝的克星。

逝者已矣，生者还要继续，大顺朝随着李自成的意外死亡已宣告寿终正寝。但还有数十万的大顺军该何去何从……

第六章
张献忠入川

秦良玉大战张献忠

李自成死了，不代表席卷大半个中国的农民军就消亡了。除了尚存的几十万大顺军余部，还有一个人，咱们从开头到现在都没怎么提过，他就是张献忠。

张献忠毕竟在明末占据一席之地，没法跳过他。他所率领的大西军对之后天下局势的影响远远超过了曾比其强大的大顺军。因此，只好来说一说张献忠了。

崇祯十七年（1644 年）正月，李自成在西安誓师，进取中原。同一时期，张献忠在江西、湖北的攻势受阻，决定掉头西进，进入四川，就此远离了中原战场。

张献忠手下也有几十万人马，为何不趁此时明朝奄奄一息，进入中原争霸天下呢？张献忠也不是不想高调，实在是实力不允许。

虽然张献忠的军队不少，但比起此时盘踞在襄阳的李自成，实力还是相差颇大。并且，李自成对张献忠并不待见。

两人都是陕西人，而且是同年出生，曾在“老闯王”高迎祥手下并肩战斗，但这并不代表两人就是兄弟。相反，张献忠和李自成的不和由来已久。甚至李自成在张献忠被左良玉击败后，还想趁机动手，除掉张献忠，只是后来被罗汝才制止。

而且，当时张献忠在武昌，李自成在襄阳，两者相距不过几百里地，彼此都保持着戒心。李自成听说张献忠乘虚占据了武昌，甚至大发雷霆，还以千金的赏格悬赏活捉张献忠。

在江西，有张献忠的克星左良玉。左良玉是被克星李自成打到江西去的。他丢失襄阳后，退却到九江，对武昌的张献忠虎视眈眈。

另外，南京流域还有明朝“江北四镇”的军队，张献忠无论向哪里发展，都会阻力重重，很可能遭遇失败。他召集部下召开军事会议，讨论下一步的动向。

张献忠的军师，也是他的女婿汪兆麟发言，建议兵发四川：四川是个好地方，明末到处兵荒马乱，只有四川一隅还称得上完好。号称天府之国的四川，沃野千里、物产丰盛，并且北有秦岭、东有三峡，地势险要，易守难攻。汉高祖因之而成帝业，唐高祖得之一统天下，五代的王建、孟志祥都在四川建国立号，称雄一时，现在不取，更待何时？

张献忠听了眼睛发亮，众人也纷纷点头。于是大家一致决定：入川。

崇祯十七年（1644 年）正月十六日，张献忠集结手下全部人马，水陆共计三十万大军，开始入川之战。

在川东，张献忠遭遇了入川的第一个劲敌，这是一员女将——秦良玉。

秦良玉的出场时间远远早于张献忠。万历二十七年（1599 年），她就随夫马千乘出征，在马千乘冤死后，为夫昭雪，代领马千乘石柱宣抚使的职位。

说到秦良玉，不得不提到明末一支特殊军队——“白杆兵”。

所谓“白杆兵”，是指秦良玉训练的一支特殊军队。他们手中的长矛，都用结实的白蜡树干做成枪杆，矛头带钩，有点类似于小戟，尾部有铁环。这是一种特种兵器，作战时，有刺、砍、钩、锤击多种功能。

除了辨识度极高的兵器外，秦良玉的“白杆兵”以高超的战斗素养威震四川，在扫平播州杨应龙和永宁奢崇明的叛乱中表现出色，威震敌胆。

明末有几支著名的朝廷军队，比如关宁军、天雄军、白杆兵、秦军等。不管是从战斗力还是战斗意志上来说，“白杆兵”都应该排名第一。

大家津津乐道的关宁铁骑，名声很大，战斗力确实也有，但对清军的战绩却不大，最后反而投降了清朝，成为八旗军的战力。

天雄军、秦军虽然也能打，但与“白杆兵”相比，战斗意志略显不足，在逆风仗时容易崩溃，并且过度依赖主帅一人的统帅力，卢象升、孙传庭一死，就宣告落幕。

在万历一天启一崇祯三朝，秦良玉的四川“白杆兵”，是出了名的凶悍，悍不畏死。此军在同后金的浑河血战中表现出惊人的战斗素质和战斗勇气，震惊了努尔哈赤。

当然，到处救火的“白杆兵”也损失惨重。天启元年（1621 年），川军与浙军七千余人奉命救援被后金围攻的沈阳，兵还未到，沈阳已失陷。明军决定发动绝地反击，以少击多。这一场自杀式的战役，就是悲壮的浑河血战。在浑河之战中，秦良玉的兄长秦邦屏战死，秦民屏侥幸突围，四千多精锐“白杆兵”在给后金造成重大杀伤后全军覆没。

此战中，八旗军中的红甲喇军、白旗军，连努尔哈赤最精锐的黄旗军都曾在坚强的川军面前败下阵来。八旗军战亡将领见于史料的有雅巴海、布哈、孙扎钦、巴颜、雅木布里、实尔泰、郎格、木布旺格共九人。战后，为了稳定军心士气，悼念在此役中众多的阵亡者，努尔哈赤专门举行了祭奠亡灵的大会。

不过只要秦良玉还在，“白杆兵”就在。她与族人重新招募训练的“白杆兵”，在崇祯三年（1630 年）奉诏勤王，击败京师外围入寇的后金军，接连收复滦州、永平、迁安、遵化四城，解救了京城之围。这时候，秦良玉已经五十五岁，还亲自带兵出征。崇祯皇帝大加感慨，特意在北京召见秦良玉，优诏褒美，赏赐彩币羊酒，并赋诗四首以彰其功。

在明末烽烟四起的天下大势下，秦良玉算得上是个“异数”。她以一介女流之身，从辽东到川北，驰骋全国为大明作战。她手握强兵，却没有像吴三桂、左良玉等军阀一样，走上反叛或拥兵自重的道路。

秦良玉是唯一被正式列入国家军队编制的女将军，并且由于身处明朝，她的生平更加切实可考，从二十五岁一直披挂上阵到七十岁，从开始的没有编制，到袭夫石柱宣抚使，随后封的官职，更是多得数不过来。在她墓碑铭文上的头衔，比《权力的游戏》中龙母的头衔还要长。

一字不减地摘抄如下：

明上柱国光禄大夫镇守四川等处地方提督汉土官兵总兵官挂镇东将军印中军都督府左都督太子太保忠贞侯

根据文言文的惯例，标点符号本来就是没有的，诸位可以自己加上。

论资历、论军功，秦良玉应该被称为第一女将。

秦良玉同张献忠也是老对手，在崇祯七年（1634 年）张献忠第一次进攻四川时，就是秦良玉击败张献忠，将他赶出四川。崇祯十三年（1640 年），假投降的张献忠再次造反，联合罗汝才起兵。秦良玉大破罗汝才，消灭了他的主力。罗汝才从此再也没能恢复，不得不跑去投靠李自成。

不过，由于督师杨嗣昌的战略部署失误，四川兵力寡不敌众，副总兵张令被张献忠义子张定国一箭射死。秦良玉率兵去救，终因寡不敌众失败。此战，秦良玉部下三万多人死伤大半，精心训练的“白杆兵”遭受惨重损失。

张献忠大军入川，很快攻占巫山县，走瞿塘峡，兵临秦良玉的防地川东。

这时候，秦良玉手里只有三万多人。在张献忠入川前，秦良玉就有预见。她将四川防务地图呈给四川巡抚陈士奇，请求增兵防守川东重镇夔州的十三处关隘。陈士奇本是文人，不通军事，加上确实没钱没粮，只能两手一摊，让秦良玉自己想办法。

四川巡按刘之渤倒是同意秦良玉的方案，但同样也是无兵可派、无粮可发。

只能靠自己了。这时候，秦良玉已经是七十岁高龄的老人，但为了国家，她还是义无反顾。

除了感动，还是感动。

张献忠进军的速度很快，大军长驱直犯夔州。夔州府是川东头号重镇，它如果丢失，重庆将无险可守。夔州城并不好打，它雄踞瞿塘峡口，形势险要。崇祯十二年（1639 年），为了防备农民军进入四川，朝廷还在这里设置了十三道关隘。如果兵精粮足，纵然张献忠人多势众，也只能望夔州而兴叹。

不过，这时候由于天下大乱，军备废弛，十三隘口已被荒废。更要命的是，夔州城的守军人数还不到张献忠大军的一个零头。

秦良玉只能仅率自己的部下救援。三万对三十万，兵力相差十倍之多。饶是如此，秦良玉仍然率领手下“白杆兵”，抵挡了张献忠五天五夜。最后，实在寡不敌众，所部覆灭，秦良玉仅以身免，只身逃回老家石砫。

秦良玉并没有就此落幕。返回老家后，她拿出家财，招兵买马，准备抵抗，但已无力再出兵救援，只能为固守作打算。张献忠攻下成都后，秦良玉对部下说：“我兄弟二人都战死沙场，我一个妇人，受国恩二十年。就算到现在这种地步，也敢与贼势不两立！”于是，秦良玉分兵守卫石砫境。张献忠克蜀后，到处招降四川土司，却始终不敢来石砫。在张献忠的屠刀下，石砫人民得以保全。

《明史·秦良玉传》：

十七年春，献忠遂长驱犯夔州。良玉驰援，众寡不敌，溃。及全蜀尽陷，良玉慷慨语其众曰：“吾兄弟二人皆死王事，吾以一孱妇蒙国恩二十年，今不幸至此，其敢以余年事逆贼哉！”悉召所部约曰：“有从贼者，族无赦！”乃分兵守四境。贼遍招土司，独无敢至石砫者。

可是夔州终究是被张献忠攻下了。他的下一个重要目标是四川巡抚陈士奇驻节地——重庆。

重庆陷落

此时的四川巡抚其实并不是陈士奇，他已经成为前任。由于领兵不力，他已在崇祯十六年（1643年）十二月被罢免，贬为通政使。在张献忠入川的时候，他正在打包收拾，准备卷铺盖滚蛋。

陈士奇进士出身，同明朝许多文官一样，文人出身却喜好军事。或许他的偶像是于谦、王阳明等高人前辈，酷爱钻研兵书，谈论韬略。

在他担任四川学政的时候，每天面对生员们谈论的不是孔孟之道，而是对着一群书呆子讲兵法，练习骑射。这个四川教育界大佬，看上去有点不务正业。

久而久之，不务正业的陈士奇竟然有了“知兵”的称呼。这也不奇怪，明朝许多著名的军事统帅，如卢象升、孙传庭、洪承畴等都是文人出身，带兵打仗一样有板有眼。

朝廷以为又发现了一个孙传庭，于是有人推荐他出任四川兵备副使，从文职转成了武职。崇祯十五年（1642年），陈士奇升任兵部左侍郎、右佥都御史、四川巡抚，成为四川军政一把手。

谁知掌握四川军事的陈士奇却是个赵括，纸上谈兵套路出众，实际操作一塌糊涂，却自诩儒将，腹中有万千甲兵。在明末的时局下，朝廷威信大不如前，武将拥兵自重，需要的是雷厉风行，果敢有声望的能臣，任用陈士奇这样的半吊子，结果就是使得四川军政废弛、政令不通。

到了崇祯十六年（1643年）十二月，朝廷终于看出陈士奇不堪大任，将他调回北京，让右佥都御史龙文光出任四川巡抚。

可是已经晚了。一个月后，张献忠攻入四川；三个月后，李自成就攻入了北京。这时，陈士奇还没离开重庆，新任巡抚龙文光也还没上任。

陈士奇虽然能力差点，但责任心却很强。本来，他可以在张献忠进川前就拍拍屁股，溜之大吉，但听说京师陷落的消息后，他反而决定不走了。在龙文光未到任前，他将继续履行巡抚的职责，与四川共存亡。

明末投降的文人多如牛毛，有的降顺，有的投清，有的先降顺后投清，但如果据此认为明末文官都是钱谦益、陈名夏、孙之獬之流，那就错了。代表文人骨气的，除了前面提到过的左懋第、袁继咸外，陈士奇也是一位。

秦良玉向陈士奇请兵增守十三隘，这个战略是比较妥当的。因为据守瞿塘峡，可以扼住张献忠入川的咽喉。秦良玉虽然只是镇守一方，这个方案却是从蜀地全局考虑。如果陈士奇增兵，凭借秦良玉本部的“白杆兵”加上得到的增援，拦截张献忠的希望将会大增。

陈士奇拒绝了秦良玉，并不是对她个人有意见，而是因为对她的战略不认同。一方面，在陈士奇看来，四川到处是雄关险隘，应当逐次防守，节节消耗张献忠的兵力；如果集中兵力于一点，一旦被攻破，贼兵将势如破竹，破一点而得全川。另一方面，川人对张献忠素来没有好感，他所过之处，必定得不到多少帮助，这样就算他深入到重庆，也会疲惫不堪，损失惨重。自己在重庆坐镇，将重兵布置于重庆咽喉铜锣峡，以逸待劳，坐等张献忠入彀。在这样的战略主导下，他没有多余的兵力派给秦良玉，只能让她就地组织防御。

陈士奇这样的部署，从想法上看也不能算错。问题在于，他过高地估计了明军的战斗力和自己的统率力，又低估了张献忠的用兵之道，从而白白送掉了秦良玉统领的那支能战之师。

张献忠攻下夔门后，长驱直入。理论上，夔门虽然失守，一路上还有梁山、忠州、涪州等这些城池，可以逐次抵挡张献忠大军。只是明军战斗力最强的秦良玉部已全军覆没，剩下这些城池兵力既少，战力又差，更兼军无斗志。

张献忠击败秦良玉，意气风发，统率三十万大军排成横阵行军，水陆并进。“八大王”张献忠本人乘坐最大的一艘战船，端坐高处，船头竖一杆黄色大旗，上书“只杀贪官、不犯顺民”八个大字，大旗迎风招展，猎猎作响。这样的阵势，颇有几分水泊梁山好汉出征的意思。

除了在涪州遭到了参将曾英的顽强阻击，被阻挡了近一个月外，其余地方的守将不是被吓跑就是投降，没有人敢跟张献忠硬碰硬。

涪州终究是座小城，能坚守一个月已经是奇迹，最后终于被攻破。曾英被张献忠义子张可望一箭射伤，带着残兵往南逃走。

张献忠的下一个目标是四川重镇——重庆。

从夔门到涪州接连失守，陈士奇却稳坐重庆城，丝毫看不出担心。

因为这一切都在他的预料之中。居中调度的陈士奇，并不是要放弃重庆，而是将重兵都派到了张献忠入渝的必经之路上的一个咽喉位置——铜锣峡。

铜锣峡是个峡谷，在今天的四川巴县境内。它的全长达到五十三公里，两侧都是悬崖峭壁，高达五百多米，战时素有“东陲屏障”之称，为历代兵家必争之地。

关于它的名称，有三个说法：一是根据《巴县志》记载，铜锣峡有块巨大的圆石，状如铜锣，因此得名。二是根据《华阳国志》记载，上古时期大禹治水，到这里有一座大山拦住长江去路，即挥开山斧劈之，山裂处即为铜锣峡。三是根据《巴县志》记载，明朝进士曹学铨名胜记中写道，铜锣峡以水声响似之，故名。

不管哪种说法，都说明铜锣峡之险。在宋蒙战争时期，蒙军曾经在此遭遇败绩。明初朱元璋命汤和、廖永忠率兵讨伐割据四川的明玉珍的大夏国，丞相戴寿率兵在此阻挡了明朝大军。大将汤和一度无计可施，无法正面突破。廖永忠带领着一支奇兵，从南岸白盐山顶密林中伐木开道，绕到敌后，出其不意地从上下游同时夹击，才突破了铜锣峡防线。铜锣峡既失，重庆便无险可守，大夏国遂告灭亡。

在陈士奇看来，夔门十三隘虽然险要，但毕竟年久失修，而且地域广大，增兵去守那里，耗费的兵力和钱粮要远远多于只守铜锣峡。如何用最经济的方法取得最大的利益，陈士奇这笔账算得很清楚。

张献忠的三十万大军，又不从事生产，只会劫掠，如果受阻于铜锣峡，旷日持久，后勤便无法支撑，到时候只能不战自退，转向他处，这样明军不用力拼就能退敌。从理论上看，这战术可行。

铜锣峡确实是道天险，陈士奇在这里布置重兵，设置火炮，又横起铁索封锁峡口江面，并备有大量滚木礌石，张献忠的战船根本无法突破防线，两岸的峭壁又不能通过。在铜锣峡这道天然屏障面前，三十万大军也无能为力，陈士奇的目的也就达到了。

但陈士奇没想到的是，张献忠不是廖永忠，他比邓艾还邓艾。

面对绝壁天险，张献忠只是留下了部分兵力牵制，正面佯攻以吸引明军注意力；而他自己则弃舟登岸，亲率主力，从山间小径急行军一百五十多里山路，不光是绕过了铜锣峡，而且还绕过了重庆东面，直接攻占了重庆城西北方向的江津县，然后顺江东下，突袭了重庆城北最重要的要塞，也是最重要的交通要道——佛图关。

佛图关对重庆有多重要，看看《巴县志》的记载："渝城三面抱江，陆路惟佛图关一线壁立万仞，磴曲千层，两江虹束如带，实为咽喉扼要之区，能守全城可保无恙。"

此时的佛图关根本没有多少守军，自然毫无悬念地被占领了，重庆就此一览无遗地暴露在张献忠面前。

这是张献忠行军打仗的厉害之处，所以他与李自成是明末农民起义的两个代表性人物。李自成的形象更接近于农民英雄，张献忠则通常给人以悍匪的印象。张献忠号称精通兵法、足智多谋，这个说法并不是他自吹，而是他在十几年的造反生涯中打出来的，以致对他抹黑甚多的《明史》也评价他"惟献忠最狡黠骁勍"。

重庆与外界联系的唯一主要通道佛图关，此时已被切断。明军的重兵都驻扎在铜锣峡，重庆城内只有一万多的老弱残兵。重庆的命运，似乎已经注定。

突然出现在佛图关的张献忠，彻底打乱了陈士奇的战略部署，使得铜锣峡的重兵失去了意义。张献忠指挥大军前后夹攻，铜锣峡的明军本来只负责守住正面长江段，背后没有任何防备，因而迅速崩溃。陈士奇苦心经营的天险铜锣峡就以这样的方式被拿下，这是双方统帅的能力差距导致的结果。

铜锣峡既被攻下，张献忠再无阻碍。他集结大军，彻底将重庆包围。

此刻重庆城内情况如何呢？重庆本来没有分封的藩王，不过这时却有一位近支亲王在城内，他是万历皇帝的第五子、崇祯皇帝朱由检的叔叔——瑞王朱常浩。

朱常浩的封地并不在重庆，而是在汉中。史书中记载，朱常浩对政治那摊子事没有任何兴趣，却是个虔诚的佛教徒。佛家讲究六根清净，朱常浩却对敛财情有独钟，早在还未就藩时，不好女色的他就以要娶媳妇为名，前后向内帑要了八十万两白银。等到就藩汉中后，朱常浩建了不少佛寺，为佛教事业的传播作出了不少贡献。除此之外，他并没有太多劣迹，甚至还因为体察百姓，有“贤王”之称。

李自成、张献忠各路农民军起自陕西，与瑞王的封地同在一省，汉中又是兵家必争之地，时常受到农民军的威胁。崇祯十六年（1643 年），孙传庭败于李自成，潼关、西安先后失陷。朱常浩再也不敢待在汉中，由总兵官赵光远保护奔蜀避难。第二年正月，陈士奇又把朱常浩护送到重庆，因为他觉得重庆是四川督抚驻地，是最安全的地方。没想到，朱常浩刚到没几天，张献忠就杀进了四川，最安全的地方变成了最危险的地方。

因为朱棣的“靖难之役”，明朝皇帝们对藩王严加戒备。但对于官员们来说，藩王在自己境内被杀可是掉脑袋的大事。大名鼎鼎的崇祯朝重臣杨嗣昌督师湖广，张献忠攻破襄阳后杀死了襄王朱翊铭，卧病在床的杨嗣昌听到消息后竟然惊忧交加而死，可见藩王之死的分量。而且，这位瑞王还是崇祯皇帝的叔叔，在崇祯皇帝自缢后，是理论上皇帝顺位继承人选的前五位选手。

这时候，陈士奇又想起了秦良玉，他派人去召秦良玉入卫重庆。可此时秦良玉刚刚奔回石砫，已成孤家寡人，哪里还召集得起兵力去驰援。

兵临城下后，张献忠当即派人招降，入城使者被杀。张献忠开始攻城，首先攻打南纪门。

大西军使用传统的“蚁附”攻城的办法，试图凭借人多势众，一举拿下重庆。陈士奇主持防守，凭借城内不多的兵力，用滚木礌石给大西军造成了严重伤亡，“蚁附”攻城宣告失败。

张献忠又试图挖地道炸城墙——这是当时各路“流贼”的拿手好戏。哪晓得南纪门城墙基全是石头，农民军根本挖不动。

张献忠攻不下南纪门，于是只能打起其他城门的主意。

经过反复侦察，张献忠发现通远门城下是泥土。他大喜，马上改换主攻方向到通远门。

城内明军的兵力，守城尚且捉襟见肘，根本无力出城阻止农民军挖掘地道，只能眼睁睁地看着大西军在城墙外欢快地哼着小曲，清理着土石方。到了六月二十二日，地道就被挖通，当日辰时，通远门城墙被炸裂十多丈。通远门的转脚楼被轰破，守将卞显爵被炸死。从六月十七日到铜锣峡，至二十二日城破，不到六天，号称“天生重庆”的重庆城被张献忠攻破。

重庆已破，包括瑞王朱常浩、前巡抚陈士奇、知府王行俭、关南兵备副使陈纁、重庆卫指挥顾景、巴县县令王锡、巴县县丞覃文应、垫江知县欧阳东旦、安岳知县何国瑾等在内的大小官员，统统被押送到演武场，由张献忠亲自审问。

迅速攻克重镇重庆，张献忠不免得意扬扬，他趾高气扬地问：你们这些家伙为什么不早点投降？

陈士奇破口大骂：“世上岂有降贼的颜平原！”“颜平原”就是唐朝名臣、著名书法家颜真卿，他被叛军所执，不屈而死。

陈士奇自比颜真卿，当然是抱定了必死的决心，他还对张献忠骂不绝口。张献忠恼怒之下，先是命人将他的牙齿全部打落，随后将他凌迟处死，时年五十七岁。

陈士奇兑现了他的承诺——与四川共存亡。他本可以卸任后立马“跑路”，把锅甩给四川官员，但他毅然选择留下并履行已不属于自己的职责，直到生命的终点。

在乱世中，文官出身的陈士奇虽然能力差强人意，但是这份操守却着实可敬。

除了陈士奇，王行俭、王锡也都因为痛骂张献忠而遭凌迟。此三人，被后人建祠纪念。在重庆巴县境内，旧有三忠祠，祭祀陈士奇、王行俭和王锡三人，后被称为“忠烈三贤”。

瑞王朱常浩，当然更逃不过张献忠的屠刀。不过在杀瑞王时有个传说：天空突然乌云密布，雷声震耳。旁边有人说，这是天意，不能杀。张献忠向来胆大包天，怒道“老子杀人，和你天老爷屁相干”，命令手下架起大炮轰天。之前还脾气大得很的天老爷，这下也熊了，立马云散雨收——可见，天老爷也怕恶人。

从事后记录看，守重庆的诸位高官无一投降，全部被张献忠处死。

明末清初有位丰都人林明嶲，身经张献忠之乱，写有《忠烈三贤传》，被同治版《丰都县志》收录。这篇文章，康熙年间的刑部尚书王世祯说他就读过，可见为真。文中，林明嶲认为，为什么张献忠在四川杀人这么多，“余以渝人习闻而见”。就是说，我作为重庆人看来，张献忠来四川、重庆，“无三尺童子乞降”，大家都拼死抵抗，所以“蜀人较天下祸更烈”。这说明，川人之血性由来已久，三百多年后的抗日战争也见证了川人的贡献。

对于投降和被擒的明军，张献忠倒是网开一面，但是这一面，却让人生不如死。他下令将近万名被俘的明军割去耳鼻，每人再砍掉一只右手，再予以释放，以此来震慑其他地方的明朝军队。

张献忠的手段如此狠辣，他的大军一到，散布的是恐怖。与他相比，李自成的大顺军最初反而以军纪严明著称，这也是两人的显著差别。

张献忠的目标当然不会止于重庆。他留下少量军队驻守已被他震慑的重庆，自己稍作休整，又统率水陆大军杀向下一个目标——成都。

成都防御战

四川最重要的两个重镇，当然是川东的重庆和川西的成都。

成都的重要性，在当时尤胜于重庆。这里是四川的首府，也是割据称帝的不二之选，历史上众多割据四川的政权，都在成都建都。对于志在称霸的张献忠来说，成都必须要拿下。

成都此时还有位世袭的藩王——蜀王。

第一代蜀王叫朱椿，是朱元璋的第十一个儿子，生母是郭子兴的女儿郭惠妃。四川作为要塞之地，有“以四川而争衡天下，上之足以王，次之足以霸”的战略地位。朱元璋更是非常重视，早在洪武十八年（1385 年）朱椿已就藩成都坐镇，同秦王、晋王、楚王等一样，是资格最老的藩王。传到现任蜀王朱至澍这里，已经是第十四代。蜀王的传承，贯穿了明朝的历史。

已经传承了两百六十多年的蜀王，不富是不可能的。明末有几个著名的有钱藩王，比如福王朱常洵，不过他们与蜀王相比，恐怕还是略逊一筹。

光看岁禄的话，蜀王似乎并不算太多，仅仅是岁支禄米一万石，如果折算成今天的货币，大致是年薪 250 万—300 万元的水准。这个收入，要养活王府一大家子人还是比较吃力的。

不过，这点年薪对蜀王来说只是小儿科，他自有各种“创收”手段。

年薪之外，历代蜀王还多次得到皇帝名目繁多的丰厚赏赐。蜀地每次进贡，朝廷都要照例给予比贡品价值高得多的赏赐。

最大的收入来自蜀王在地方上的收益，如地租、税课征收等。

有资料说，朱椿有三百多个王庄，每天由一个王庄提供膳食，一年才轮换一遍，真是“富无与比”。

到了万历三十四年（1606 年），四川巡抚孔贞一上奏朝廷说，四川向来有沃野的说法，成都府十一个州县的良田沃土，蜀王府就占了七成，军屯两成，老百姓只占一成。

这些都是历代蜀王通过朝廷赏赐、私下占有、接受投献等各种方式得来的。

不过，历代蜀王的名声并不坏，因为他们田产虽多，但很多都是农民投献而来，投献的意思是主动把田地投献蜀王府。这一方式在明朝中后期比较普遍，原因在于老百姓的赋税负担沉重，把田地投靠王府，可以逃避相关赋税，而王府的田地是不用承担朝廷赋税的。

在承担朝廷沉重赋税和只需缴纳王府地租的选择上，老百姓当然会毫不犹豫地选择后者。作为王府，也乐意接受投献。

把田产投献给蜀王府，国家的税收当然就要少收，所以《明史》将投献田产的四川农民称为“蜀中奸民”。

现代有个胡润，每年靠制作富豪榜吸引了不少关注。

这事儿，在明朝就有人做过。

嘉靖朝严嵩之子严世蕃，是个才子，他曾与亲信“屈指天下富家”，也就是制作了一个富豪榜，榜上排名第一的就是当时的蜀王朱让栩。

明朝人陆钎在他的《病逸漫记》中说：“天下王府，惟蜀府最富。”

抗倭明将谭纶说：“蜀府之富，甲于天下。”

张瀚在《松窗梦语》中说，蜀藩“富厚甲于诸王，以一省税银皆供蜀府，不输天储也”，蜀藩“拥厚赀，为世指名”。

蜀王的富，得到公认。

关于蜀王的富有，民间还有个传说，说是初代蜀王朱椿在内府中得到一件宝贝——《鸿宝书》。此书记载的是黄白之术，也就是炼金术教程。学会了炼金术的蜀王，当然是想不富都难。

传说毕竟只是传说，不过蜀王的富有是实实在在的。

既然这么有钱，又是宗室亲王，在这国难当头之际，拿出钱财来招募、训练士兵以求自保，似乎是理所当然，义不容辞。

但现任蜀王朱至澍说：“没钱！”

当时的情况是这样。张献忠攻下重庆后，已经自统大军逼近成都。成都城内，大概还有三万军队。没有来得及到重庆上任的新任四川巡抚龙文光，带领总兵刘佳印、参将杨展，率领三千精兵正从川北驰援成都。

此外，四川其他各地陆陆续续有一些地方部队和义军奉命或自发从各地赶到成都汇集。四川各地民众对张献忠素来没有好感，此时坚守成都的意志也非常坚决，颇有一番众志成城的气势。

如果此时蜀王朱至澍能散财招兵，巩固城防，不说能打败张献忠，坚守住成都一段时间还是很有希望的。

但是，朱至澍在得到崇祯皇帝自缢的消息后，却动起了小心思。现在一国无主，天下大乱，自己作为宗室亲王也有资格继承大统，何不趁此机会当一把皇帝。

于是，朱至澍召集成都众官员开会商议对策。朱至澍发言，慷慨大义：先帝驾崩，留有遗诏，号召天下兵马兴师勤王，我们四川世受国恩，自然不能落后！

几句话听得大家不住点头。

谁知，接下去朱至澍话锋一转："国不可一日无主，为了兴师有名，我们最好能在宗室中先推选一名监国，暂代国事……"

大家这才明白他的意思。

这时龙文光还没到成都，城中最大的官员是四川巡按刘之渤，当他听到蜀王居然要动这个念头时，又气又怒，当众驳斥朱至澍："你的支脉太远，还轮不到你！"当即冲出王府，跳进了金水河，他还大呼："我这就去见大明的历代先帝！"

刘之渤说得没错。蜀王虽然世镇四川，但从血统上讲，是朱元璋第十一个儿子朱椿所传，到了朱至澍这一代，同朱由校、朱由检一系的血脉已经割裂得相当远，排在他前面的，至少还有十来个藩王。

刘之渤还是被人救了起来，但他又把自己关在家里生闷气，三天不出门。城防的事，主要是刘之渤在主持，他一罢工，成都的城防立刻松了下来，农民军的细作乘机潜入了城内。

大家好不容易才把刘之渤劝出来重新主持工作，他带着百官来到蜀王府，商讨御敌之策。他对蜀王说，现在成都城内已经不稳，请蜀王拿些钱出来犒赏军民，把士气重新提振起来。

按理说，这个建议并没有什么问题，成都府库早就空了，就只剩蜀王府有钱。而且，一旦城破，蜀王一家必死无疑。于情于理，这都是蜀王"毁家纾难"的时候。

但朱至澍给出的回答却让人无言以对，"孤库中钱粮有数，只有承运殿一所，老先生等拆去变卖充饷”，这简直是在耍赖皮了。

刘之渤厉声说道：“殿下！承运殿无人买得起，唯有李自成是受主！”（当时张献忠还没有称帝，名义上还是李自成的属下。）你这样一毛不拔，那就等着张献忠来拔你的毛吧！

话都说到这个份儿上了，结果还是“蜀王终不悟”，要钱不要命，还真是明末藩王的共同基因。蜀王都不肯出钱，其他人就更不愿意了，于是成都开始不断有人外逃。

明末农民军起事时围攻各个重镇，这些城镇中大多有藩王驻守，不过看来看去，只有开封的周王朱恭枵还算慷慨。李自成几度围攻开封，周王都拿出王府财宝犒赏守城军民，开封也成了农民军打得最艰苦的大城市。其他藩王，比如福王、蜀王，虽然有钱，但死也不肯拿出来犒赏军队，用鼠目寸光来形容一点儿也没错。

张献忠攻入四川，最富的藩王蜀王朱至澍却不肯拿出钱财来招兵买马。从 1644 年五月初到七月底，将近三个月的时间，就这样在扯皮中被浪费掉了。没钱，无论是龙文光还是刘之渤，都干不了事儿，毕竟无论是招兵、训练，还是加固城防、添置武器，都要花钱。

到了七月底，张献忠大军已逼近成都，想到重庆宗室兄弟们的悲惨结局，朱至澍这才惊慌起来，同意拿出钱财来招募士兵守城。不过已经来不及了，他们前期的不作为，使得成都城内民众已逃亡大半，连郡王、缙绅都逃跑一空。朱至澍拿出一人五十两白银的高额悬赏，才招募到一些人拿起刀枪登上城头，但这些人只是看上了钱财，一不注意，就扔下武器逃得不知去向了。

这时，多亏了没有来得及到重庆上任的新任四川巡抚龙文光，带领总兵刘佳印、参将杨展，率领三千精兵从川北驰援，使得成都城内的局势稍稍稳定。

八月初四，张献忠大军抵达。明军参将杨展是员勇将，他和总兵刘佳印带兵出城，冲杀之下，竟然将农民军前锋逼退了几里地。

明军能取得的胜利，也仅限于此了。等农民军全军源源不断地抵达后，人数上的劣势使得明军再也不敢出城野战，只能凭借火铳、大炮、弓箭等借城墙固守。龙文光、刘之渤两人衣不解带，日夜在城头巡视，期待能有奇迹出现。

但这个时候，已经不会有任何援兵来了，城被攻破是早晚的事儿。接下来的事儿，和重庆如出一辙。张献忠将明军压制在城内，派人四处寻找城墙薄弱之处。最终，农民军还是用老办法，打地道接近城墙脚下后，埋下多达一万多斤的火药。

八月初九晚，暴雨倾盆，雷电交加，这是张献忠发动最后攻击的日子。趁着夜黑风高，混进城内的农民军细作开始到处点火破坏，张献忠在城外一声令下，火药被引爆。随着天崩地裂一声巨响，火药威力之大，连城墙西北角的锦江楼也被炸上了半空，成都沦陷已成事实。

城破之日，城内一众官员大多自尽殉国。四川巡抚龙文光、四川巡按刘之渤、总兵官刘佳印、推官刘士斗、华阳知县沈云祚等穿戴好官服，朝南拜祭，饮药自杀，还有许多无法记名的官员在混战中被杀死。

最倒霉的是城里的宗室。农民军进入成都后，围攻蜀王府，朱至澍与妃嫔、宫女等投井自杀。张献忠对明朝宗室有一种天然的仇恨，对蜀王宗室下达了格杀令："凡王府室支，不分顺逆，不分军民，是朱姓者，尽皆诛杀。"

蜀王宗室及家人数万人都被杀死。那些躲藏到深山老林的也都被追杀，连姓朱的百姓，好多都未能幸免。

也有部分外逃的，比如富顺王的次子、镇国将军朱平樠逃到荥经，被残明将领曹勋等人拥戴为盟主，称蜀王，打出蜀王府的旗帜，与张献忠对抗。后来失败，朱平樠不知去向。

蜀王一支繁衍了两百六十多年，人数在万人以上，加上家属，何止数万。经过张献忠的捕杀，在四川基本绝户了。

也有侥幸逃生的明朝官员，比如跟随龙文光支援成都的参将杨展。

杨展在城破后被俘，在即将被杀时，趁看守士兵松懈，凭借武举人的身手，夺刀断索，砍死两人，跳江游到新津逃脱。

大难不死的杨展在之后还会大大露脸，我们以后再说。

攻下成都的张献忠，下一步要干一件更大的事儿。

张献忠与四川

攻下了成都，张献忠感觉走上了人生的巅峰。他不仅扩大了地盘，还收割了四川的财富。

四川号称天府，比中原那些被战火蹂躏了十几年的地方要强多了。光是蜀王府的宝藏，他就搬都搬不完。

成都这个地方，更是充满王者之气。

一千四百多年前，曾卖过草鞋的刘备就在此登基称帝，开创了一段三国霸业，那是何等的气魄！

我老张，哪里比刘备差了？！

刘备有“五虎上将”，我也有“四大养子”：张可望、张定国、张文秀、张能奇，各个能征善战不输关张。

汪兆麟既是军师，又是自己的女婿，就算比不上诸葛亮，比个庞统总可以吧。

攻下成都后，张献忠更是声威大震，他派出四个养子分兵收取各州县，情形同当初李自成东征京师时差不多。在他兵锋所指和散播出的恐怖下，大军一到，各地“争封府库应命”；还有不少地方纠集起农民军，早就赶跑了官军，就等着张献忠的大军来接收。

没过多久，除了让他有些忌惮的秦良玉的老家石砫，以及遵义、黎州等少数几个地方，四川大部分地区已听令于张献忠。

条件成熟了，我“八大王”也要成就一番霸业——称帝！

确实，这时天下没人阻止得了张献忠称帝，大家都在忙着自己的事儿，暂时都管不到四川。在四川，张献忠说一不二。

对于称帝，比张献忠更心急的是他手下的文武官员。至于原因，前面李自成称帝的时候，我们已经分析过了。一人称帝，众人都能鸡犬升天，大家都盼着当上开国元勋啊。

按照惯例，这种事是不能自己主动提出来的，得由手下提出，自己坚辞不受，然后至少推让三回，才不得不“违心”地同意。

张献忠的手下有点儿不讲规矩，还没走完程序，就迫不及待地拿一袭黄袍给“八大王”套了上去，这是模仿赵匡胤黄袍加身啊。

到这份儿上了，张献忠也就不客气了，面对跪倒在地山呼万岁的文武百官，老脸笑开了花。

手下太过心急，有点打马虎眼，这帝是称了，国号也是现成的，就叫“大西”。张献忠来自陕西，诨号又是“西营八大王”，“大西”是他永远的牵挂。

但还缺个年号。

大家为了博个头彩，绞尽脑汁想了一大堆年号，张献忠却都瞧不上。

张献忠没啥文化，为何对年号这么挑剔，因为他已有了主意。

主意来自李自成。

李自成建立的国号叫大顺，年号叫永昌。

明朝眼看是完了，以后争天下的就是自己和李自成了。老张此前一直被李自成压制，现在要当皇帝了，首先想着要压李自成一头。

李自成国号大顺，自己是大西，两个差不多。

李自成年号永昌，自己的年号……就叫大顺！

用李自成的国号当自己的年号，不就压过李自成了？

这真是个天才的主意，“八大王”就是“八大王”。

大西朝大顺皇帝——一众文武把手都拍烂了，无不称赞万岁圣明。这确实不是个常人想得到的主意。

据说明朝洪武年间，朱元璋坐稳天下后，请刘伯温算了一卦，测一测老朱家的天下能得多少年。

这种事说错一个字就是掉脑袋，精明如刘伯温，哪能犯这个错。只见刘老先生摇头晃脑地算了半天，神神秘秘地说了四个字：遇顺则止。

朱元璋不明白，刘伯温也不解释，两人呵呵一笑。

谁知二百七十六年后，冥冥中竟验证了刘伯温的预言。

李自成的国号是大顺，张献忠的年号是大顺，福临的年号是顺治。

三大势力里都带个“顺”字，“遇顺则止”竟应在这里了。

张献忠称帝后，当然要论功行赏，大封群臣。论功劳，谁也比不过自己的四位养子和女婿。汪兆麟被任命为左丞相，绵州进士严锡命为右丞相；张可望为平东将军，张定国为安西将军，张文秀为抚南将军，张能奇为定北将军，这是两位顶级文臣和四位顶级武官。其余，张献忠又封王尚礼、冯双礼、白文选、刘进忠、王自奇等为都督，带兵出镇四方。

有必要说一下张献忠的统治。

大西军以客军身份进入四川，性质和当年刘备进军巴蜀差不多。熟悉三国的朋友可能知道，刘备手下始终存在着荆州派系和益州派系斗争的问题。因为刘璋在益州经营数十年，势力根深蒂固，本地豪强即使被刘备压制，也总有不服气的刺头有机会就要挑战一下这个外来户，比如上庸大户申耽、申仪，就背刺了刘备，又破坏了孟达归蜀，让刘备和诸葛亮咬牙切齿。

控制四川只有几十年的刘璋尚有这样的势力，别说几百年的正统王朝大明了。

因此，搞好和四川本地势力的关系，对刚成立的大西朝至关重要。

要说这点，张献忠还是比李自成有脑子。张献忠的右丞相严锡命就是四川本地进士。如此任命，张献忠正是想向四川宣布，我大西知人善任，只要投降，既往不咎，还能当官。

如此表态确实起了一番作用。除了严锡命，张献忠的六部尚书里有三部都是用的四川降官。各地官员风闻于此，以为“暴雨之后，云收雾散，将见太平；又闻献忠有勇有为，能任国事。于是一班官吏均出任事”。

看上去，张献忠开了个好头。照这样发展，下一步恢复生产，以四川为基地，步步为营谋求向外发展也不是不可能。

谁知，官员们都想错了。

十几年的征战让张献忠领悟出一个道理：讲人情、讲道义是没有用的，只有实力才靠谱，拳头就是最好的道理。

张献忠在马背上取天下，他相信马背上也能治天下。仁义有什么用，让人怕才真的有用！

他要实行军事独裁。

这种统治方式，近代乃至现代都有出现，在非常情况下，它是一种较为有效的紧急调配资源，保证国家控制力和军队战斗力的方式。但它的副作用也是显而易见的。前文有提过，"以文制武"是社会进步的体现，那么倒过来，"以武制文"，就是社会退步的体现。

举个例子。

明朝历史上，曾经有过一种残酷的刑罚——剥皮实草。

这是洪武年间，朱元璋为了震慑贪腐的官员而发明的。

它的适用范围是贪腐官员，具体操作是将剥下的人皮制成鼓或者填入稻草，制成人皮稻草人立于衙门门口或者当地土地庙的门口，用以警告继任官员，切勿贪赃枉法。

在明朝历史上，据传最后一位被施以如此酷刑的官员是位大将——大名鼎鼎的凉国公蓝玉。

可能朱元璋也觉得此刑太过残酷，此后再也没有使用，就此逐渐绝迹。

张献忠在拿下四川后，踏进蜀王府，就被门楼上的一尊人像吸引了视线。定睛一看，这人像身着一品朝服，头和手脚都是干瘪的，身子却是让黄金撑起的人皮。

张献忠好奇心大起，找人一问，原来这就是蓝玉的人皮。当年蓝玉被剥皮实草后，在全国巡回展出，从云南展示回来后经过四川。当时的蜀王是蓝玉的女婿，恳请将蓝玉的人皮留下，就此安置在蜀王府门楼内供祀起来。

张献忠听得津津有味，剥皮实草的蓝玉就此留在了他的心里。

等他登基做了皇帝，又想起了这事。要想让人们害怕，还有比这种刑罚更合适的吗？

从此，失传久已的剥皮之刑在大西国又繁荣兴盛起来。凡是犯罪的臣民，首选的刑罚就是剥皮。

剥下的人皮，填满石灰和稻草，再用木杆挑起来，直立在皇宫门前两侧，以示警告。

大家都觉得太过残忍，不少人出面劝谏。张献忠倒也从善如流，虚心接受，于是他废除了剥皮实草。

但他又推出了——“小剥皮法”。

“小剥皮法”，操作比剥皮实草更加简单，只需要从脖梗到尾骨用利刃划一条线，将罪人后背的皮肤剥开，揭到两肩上，活像张开两翼的大鸟。

受刑的犯人被丢到荒郊野外，不许家人给予饭食，至于能不能活下来，那就谁也不知道了。反正以现代医学条件来看，人受了这样的刑不可能活下来。

追求酷刑，反映的是张献忠的独裁统治。朱元璋时代的酷刑也不少，但行刑对象大多是贪腐的官员，苦孩子出身的老朱还是颇能感受百姓疾苦的。

要论出身，张献忠还好于朱元璋。从出身来看，张献忠的政治能力不至于这么低下。但两人的区别在于学习能力，从乞丐到皇帝，在帝王里朱元璋的创业难度排第一，军事能力可以排第二，仅位于李世民之后，这点也有公论。“自古能军无出李世民之右者，其次则朱元璋耳”；执政水平也能排名前五。康熙皇帝评价朱元璋：“治隆唐宋，远迈汉唐。”

有些人的起点很低，但是终点望尘莫及。

张献忠显然不具备这样的学习能力。长期流动作战使他的军事能力的天赋发挥得淋漓尽致，但政治能力的天赋需求萎缩了。

没有政治能力，就算当上皇帝也无法治国。

当时张献忠身边还有两个外国人，他们是传教士，一个是意大利人，另一个是葡萄牙人。

两位神父和张献忠相处近一年，他们对张献忠的评价或许有些道理：

张献忠“智识宏深，决断过人，天姿英敏，足智多谋，其才足以治国”，但过分敏感，神经仿佛有些毛病。

在张献忠的统治下，四川生产几乎停顿，残酷刑罚之下，就和李自成的“追赃助饷”效果一样。原本一些归附的官绅叫苦不迭，朝不保夕，还在观望的人则彻底放弃了对大西的念想，重回明朝怀抱。

张献忠把自己推向了大众对立面，原本的起义军现在反而要“被起义”了。

江口沉银

张献忠在四川的倒行逆施，除了政治上不得民心，军事上的优势也在一点点丧失。

在张献忠攻下重庆后，他在四川的声望达到了顶点。各路残存的明军不敢当其锋芒，或只能保守一隅，或躲入深山，还有逃到邻省的。

然而，张献忠从巅峰滑落的速度谁也意想不到。不出几个月，四川已经人心离散，人人都恨不得早点赶走这位残暴的大西皇帝。

有了民心的支持，明军的动作开始加大。驻守在重镇重庆的大西军兵力过少，被明将曾英重新收复，他又派兵驻扎夔州、万县、顺庆，控制区越来越大。在成都死里逃生的杨展来势更猛，他与张献忠的两位义子张能奇、张可望狠狠地打了两仗，互有胜负，借机占据了川南的嘉定、叙州、邛州一带。此外还有黎州的曹勋、眉州的陈铁脚、遵义的王祥举兵反抗大西军。

并且，陈士奇、龙文光、刘之渤等官员虽然殉国了，但又有了新任四川总督樊一蘅。他见明军反击势头强劲，干脆驻节到了纳溪，居中调度。还有督师大学士王应熊在遵义传檄明军，克期并进。

张献忠实行的是军事独裁，军队是他所有的本钱，他再糊涂也不会放弃军队。这时大西仍然保有将近三十万大军，兵力还是远强于四川的明军。

问题是，这三十万大军一铺开，在各地就没有绝对优势了，反而容易被明军各个击破。因此，各地镇守的大西军被明军的打击和义军的骚扰搞得鸡飞狗跳，不堪其苦，兵将心力交瘁。

即便如此，平心而论，张献忠的军事才干摆在那儿，如果他铁了心要重新击溃各地的明军也是能做到的。

问题在于，四川逐渐供养不起张献忠的军队了。

三十万大军，加上大顺政府班子和家属，怕不下五六十万人。

四川被张献忠这么一折腾，人口锐减，供养这好几十万人，本来就已经相当吃力。关键还在于，张献忠搞破坏是一把好手，搞生产则是“佛系”处理。

反正我的政策已经定下了，怎么生产我不管，按时把粮交上来就行。

在张献忠的独裁统治下，百姓朝不保夕，哪里还有心思好好搞生产。大家寻思怎么跑得离他远远的，不管是跑到明朝控制的范围还是躲到大山里，总之比被搞死好，爷不跟你玩了。

于是大量百姓逃亡，而一旦被大西军抓到，不是剥皮就是砍头，剩下的人们更加害怕。虽然有军队镇压，但毕竟不是集中营，大家想逃还是有办法的。就这样，逃跑的人越来越多。

张献忠逐渐发现，没人给他和军队送粮食来了。

祸不单行，老天也跟张献忠过不去。这段时间不光是战祸，还有天灾。自从进入 1646 年，一连几个月，巴蜀大部分地区滴雨未下。

粮荒来了。

张献忠不穷，相反，他有的是钱，但四川遍地粮荒，拿钱也买不到粮食。

再厉害的军队，在饥饿的袭击下，也只是一推就倒的病人。陕西有大顺军，省内又有明军和义军对他虎视眈眈，张献忠感觉形势越来越不妙。

粮食问题和日趋严重的险恶局势，使张献忠认识到再困守成都已经没有多大的意义，必须另谋出路，再图发展。

他计划弃成都北上，但陕西历经战乱，也是一个穷地方，不如取道长江，顺流南下，然后东进，进入相对富裕的湖广省休养兵马，伺机再从湖北前往陕西。

1646年七月，张献忠率军三十余万，乘坐战船，从成都出发。几千艘战船遮蔽了江面，绵延十几里。战船上最显眼的，是数不清的装满金银珠宝的木箱子。

船队刚驶离成都一百五十多里，到达了彭山县（今四川眉山市彭山区）江口镇，这里是个要冲之地，两岸是连绵的山头，是伏兵的好地方。

在这里，明将杨展已经率军设下了埋伏，就等着张献忠进入圈套。

船队入彀，杨展下令放箭。明军居高临下占据有利地形，放出的火箭、火铳极具威势。大西军人数虽多，却拥挤在一起进退不得。一艘艘战船被点燃，士兵们一个个跳河逃生，燃烧的战船又阻塞了船队的航道，大西军船队陷入一片火海。

费了九牛二虎之力，张献忠才在亲兵侍卫的拼死保护下脱离险境。但士卒伤亡过半，许多装满金银珠宝的木船和“木鞘”就此沉没在彭山县江口镇境内的水域里。

这就是著名的张献忠“江口沉银”。

江口沉银数量巨大，杨展既没有足够的力量也没有技术能把它们全部打捞上来，绝大部分的宝藏就此沉睡在水底。

随着兵荒马乱，人口迁移，真相逐渐湮灭，成了一个传说。

石龙对石虎，金银万万五。

谁能识得破，买断成都府。

这是在成都地区流传下来的一首歌谣，它涉及的正是历史上这桩绝大的秘密：张献忠的“江口沉银”。

就算近在十几年以前，江口沉银还被绝大多数人认为是假的，只是个传说。但现在已经证明，这段历史完全真实。

2016年10月，四川眉山警方通报破获了一起特大盗掘倒卖文物案件，这是一起公安部督办的大案，之所以如此重要，是因为它有两个特点，一是文物价值高，千余件文物交易金额高达人民币三亿余元；二是文物珍贵，许多文物都是孤品，也就是仅此一件再无重复。

这起案件就是“江口沉银”特大盗掘倒卖文物案。

在追回的文物里，最引人注目的是一枚金印，它分为两部分——虎纽和方印。

虎纽的形象是一头立虎，虎身前倾，怒目圆睁，盆口大张，弓背隆健，虎尾上扬，身刻阴线表现鬃毛与斑纹，栩栩如生。印台边长10.3厘米，厚1.6厘米，高8.6厘米，重3.195千克。

这两部分契合到一起，就成为一套虎纽金印。

印面文字为九叠篆书“永昌大元帅印”，印背左右分别刻有“永昌大元帅印”与“癸未年仲冬吉日造”铭。

照常理来推论，既然是在张献忠“江口沉银”遗址附近被发现，那这枚金印自然就是张献忠本人或部下的了。然而事实并没有这么简单。“江口沉银”打捞出来的文物时代绝不止明末，明朝中期乃至更早的时间都有发现，要判断这枚金印到底是谁所有，还要讲究依据。

这枚金印是不是张献忠本人所有呢，可以从几个方面来判断。

其一，这是枚虎纽印。

从其印文就能看出，“永昌大元帅印”是武官印信。但虎纽官印并不常见，直到明清时期才流行为武官使用。《明史·舆服志》记载：“武臣受重寄者，征西、镇朔、平蛮诸将军，银印，虎纽，方三寸三分，厚九分，柳叶篆文。”

1964年，在南京玉带河清淤时河底发现一枚银质虎纽“荡寇将军官印”，年代是崇祯十六年（1643年）所制便是明证。这枚虎纽荡寇将军印可能是孙传庭兵败后崇祯皇帝赐给白广恩的，但还没送达，白广恩就投降了李自成，因此在随后战乱中被遗弃。

在广西玉林也发现过永历六年（顺治九年，1652年）的“平东将军印”，据考证为孙可望所有；浙江长兴发现过永历三年（1649 年）郑鸿逵（郑成功叔父）的“靖虏将军印”，它们都是铜质虎纽。

从形制上来说，虎纽印和明朝记录中的高级武官官印一致，确定是明朝文物无疑。

其二，这是枚金印。

明朝有不少虎纽将军印，但不是银质就是铜质，这与礼制密切相关。金印在明朝是皇家的专属，如成都的蜀王世子金印如今也在江口被发现，其他人则没有资格使用金质印信。即使是银印也不多，只有一、二品大员才有资格，三品以下就只能使用铜印了。

但也有例外，如果不属明朝管辖，就有资格铸造自己的金印。

在明朝有这个条件的有三股力量，一是蒙古势力，包括北元、瓦剌、鞑靼等。但他们即使铸印，使用的文字也应该是蒙古文，所以可以排除。

二是后金或清朝。根据金印上文字，癸未年应该是崇德八年（1643 年），而印上并未注明。这也与清朝制度不符，所以清朝的可能性也能排除。

那就只有第三股力量了，就是明末的农民军。

明末癸未年是崇祯十六年（1643 年），结合张献忠当时的活动轨迹，当年五月他攻克武昌并称王，任命了一批官吏和将领。

那么，此印很有可能是张献忠按照当时的规制为自己打造的金印。

而且，张献忠是很喜欢赐给别人金印的。他入川后也铸造过不少金印笼络当地土司，“献忠遍招诸土司，用降人为诱，铸金印赍之，以易其官”。

其三，是李自成还是张献忠。

从印的形制上基本可以判断出是明末农民军所铸。虽然如此，农民军并不是只有张献忠一支，李自成也是农民军领袖，并且以“永昌”为年号，这枚金印会不会是李自成所铸？

首先年份对不上。

金印文字表明铸造时间是崇祯十六年（1643 年），李自成是在崇祯十七年（1644 年）正月建大顺朝，改元永昌，时间上要早了四年左右。四年前的李自成未必有改朝换代的决心，更不会提前铸造好官印。

另外，李自成大顺军的印章有个特点：避讳。

李自成的父亲名字叫印家，为了避这个讳，“印”字在李自成这里是不用的，改为契、信、符、记等字。这说明永昌大元帅印与李自成无关。

同一时期，李自成的自称是“奉天倡义大元帅”。张献忠和李自成都是著名的农民军领袖，两人的关系却不太好，虽然有过短暂合作，但更多时间都是彼此看不顺眼。在明朝未灭的情况下，两者还懂得克制自己，避免短兵相接，但在其他方面却都想压过彼此一头。最好的例子就是年号。

“永昌大元帅印”的铸造时间是崇祯十六年（1643 年）十一月，张献忠当时攻克了长沙，兵力大大扩张，从四营人马增加到九营，又有了整顿军务的需要。所以，当时李自成称“奉天倡义大元帅”，张献忠就称“永昌大元帅”，实在是非常正常。

以上种种，可以得出结论，这枚金印应当是张献忠铸造并自用。到他建国后，再称大元帅已不合适，因此不会再将其带在身边使用，于是就和其他珍宝一起，在战事中失落于江口水底，直到三百五十多年后才重新浮出水面。

张献忠之死

江口之战失败后，有感于四川局势的崩坏，张献忠决定放弃成都，杀回老家陕西。

北上之前，张献忠对成都又进行了一次破坏，除了再次的屠杀，还放火烧城。成都这座历史名城，最早为先秦纵横家张仪所筑；在三国时期，经过刘璋父子和蜀汉昭烈帝刘备大规模扩建整修，已经是天下数一数二的大城，史书上说“壮丽甲天下，其宫殿之盛，也不减京师”。经过这场劫难，成都变成了一片焦土瓦砾。

1646 年九月十六日，天刚蒙蒙亮，张献忠向着满城的残垣断壁投去最后一瞥，随即回过头去催军北上。

九月下旬，大西军抵达顺庆。顺庆守将是曾英手下的大将熊应瑞和冯有庆，两人虽然骁勇善战，但在大西军几十万大军围城之下，三天之后就告失陷。

顺庆是座小城，无法承受几十万大军驻扎。张献忠继续北上，抵达了顺庆西北的凤凰山。

凤凰山蜿蜒数十里，形若凤凰，周围都是悬崖峭壁，易守难攻。非常难得的是，山顶多为平地，足以驻扎大军。张献忠一拍大腿：“就在这里安营扎寨。”手下人在山顶搭起临时行宫，大西军就此驻扎凤凰山。张献忠如今已称帝，当然不可能在这里落草为寇。他打算在这里打探情况，静观天下大势，为下一步行动养精蓄锐。

此时的天下大势，确实发生了很大的变化。

在他的老家陕西，驻守汉中的大顺军将领贺珍和马科击退大西军进攻后，由于治军有方，善于抚民，与残暴的张献忠形成了鲜明对比，四川等地的民众纷纷归附，兵力增加到了八万多人，成了一支不可小觑的力量。

贺珍忠于李自成，听说自己的皇帝在九宫山遇难，决心继承李自成未竟的事业，为李自成报仇。他自称“奉天倡义大将军”，留下马科和少量兵力驻守汉中，自己点起五万精兵，杀向西安。

这时西安的清军主力早已被调走，只有少量清军驻扎，哪里敌得过贺珍的五万大军。清军守将紧急向多尔衮求援。

多尔衮命肃亲王豪格为靖远大将军，率领满汉大军八万增援西安。

贺珍还没来得及攻下西安，豪格就到了。两军大战一场，贺珍到底比不上如狼似虎的八旗军，被清军击败，往汉中撤退。

谁知留守汉中的老将马科早已有心投降清朝，竟然闭门据守，不让贺珍入城。前有坚城，后有追兵，贺珍只得往南败退，去寻求大顺军余部高一功等会合。

豪格不仅守住西安，击败贺珍，还不费吹灰之力就得到了重镇汉中。下一步，他就打算入川。

清廷对张献忠的态度也发生着变化。

在一开始，由于敌人众多，多尔衮打算招抚张献忠。他多次派人进行劝降工作，却被张献忠拒绝。

等到最强大的对手李自成被消灭后，多尔衮的态度开始转变，决定派兵征讨张献忠，要用武力来解决他。

为大西军把守四川北大门保宁的是都督刘进忠。

刘进忠不是张献忠的嫡系。他是陕西汉中人，文武兼备，堪称儒将。对于张献忠滥杀无辜的行为，刘进忠向来持反对态度。张献忠不想看见他整天在面前晃，所以被支得远远的。

由于驻守保宁时间较长，刘进忠的部下大多是川北籍的士兵。这些士兵被张献忠认为不可信任，所以他一再告诫刘进忠不要轻举妄动，平安守住保宁就好，别想着去进攻汉中。

刘进忠听说大顺军名将贺珍带着主力去攻打西安，驻守汉中的马科兵少势孤，就想出兵打一仗，替张献忠拿下汉中，以证明给他看，川兵也是能打一打的。

谁知出兵的结果是刘进忠被啪啪打脸。因为这时马科已经投降了清军，清军先锋已经进驻汉中。刘进忠非但没能讨到好，还被打得损兵折将，大败而归。

张献忠听说兵败，派人送来一道圣旨。

刘进忠心里又怕又愧，不知张献忠会怎么拿自己开刀，战战兢兢地带着文武官员接旨。钦差登上高坛，展开诏书，高声宣读。

这道圣旨将刘进忠大骂一通，跪在地上的众文武官员听得目瞪口呆，叩头高呼“万岁万岁万万岁”。

刘进忠在众手下面前被当众羞辱了一顿倒还在其次，更为重要的是刘进忠作为非嫡系本就受到排挤，此刻吃了败仗，政治资本更加薄弱，又看到大西朝的颓势和清军的强势，让他感觉张献忠犹如秋后的蚂蚱，蹦跶不了几天了。

刘进忠左思右想，折腾了一夜，探知清军主帅肃亲王豪格已经来到汉中，感觉自己再跟着张献忠混下去也不会有什么名堂，索性一不做二不休，带着人马投奔了豪格。

对豪格来说，这堪比中了大奖。汉中得来已经全不费功夫，如今大西保宁守将又献城来投，等于清军不费一兵一卒，打通了陕西到四川的通道，还平白无故得了许多人马，简直是天佑大清！

豪格以高规格接待了刘进忠，亲自设宴为他接风。席间，豪格探听清楚，张献忠此时正驻扎在离此不远的凤凰山，他眼珠一转，计上心来。

豪格要对张献忠动手了。

他立即派出部下火速进剿，清军前锋在满洲第一勇士鳌拜的率领下，立功心切，“衔枚疾驱，一昼夜行三百里”。

汉中到西充县一千四百多里地，清军花了六天时间就急行军到达。

这比多尔衮应援吴三桂还要快。豪格为什么这么拼命，因为他憋着一口气。在皇太极死后的皇位争夺中，豪格作为已成年且立功卓著的长子，竟然没能捞到帝位，反而在多尔衮掌权后被步步打击；甚至在顺治元年（1644 年）四月被自己手下何洛会告发，议罪削爵。直到当年十月，定都北京大封宗室后，才恢复了原封和硕肃亲王。

现在他正要拿出点本事给多尔衮看看。

十一月二十七日早上天还没亮，鳌拜已抵达西充县凤凰山麓。

此时正值深冬，深山里雾气弥漫，对面只闻声不见人，白茫茫云腾腾如同仙界一般，鳌拜立即开始行动。

在凤凰山上，张献忠对此毫无察觉。

刘进忠降清，豪格出击，一气呵成几乎没有停顿。大西军传递消息的塘兵还没到达，鳌拜就已经杀到，清军跑在了消息前面。

张献忠刚吃完早饭，正在行宫里给文臣武将训话。忽然有探马气喘吁吁地进来报告：“山下有人马甲胄声，雾大不辨多寡。”

张献忠根本不信，大声斥骂：“放眼方圆数百里，知道老爷我在此地，谁敢擅自上山，定是你妖言惑众，动摇军心，来人，推出去斩了！”

话音未落，第二个巡逻兵又飞跑进来报告，声音越来越清晰，确实是有士兵在附近无疑。听他们低声说话，似乎是满洲话，可能是八旗军。

张献忠依然不信:“胡说八道！鞑子兵在汉中，离这里千里之遥，莫非他们肋生双翅能飞过朝天关，最多是些摇黄土贼罢了。”

等到第三个哨探进来报告，张献忠也疑惑起来。毕竟在自己的地盘，他懒得披挂甲胄，只是半披着蟒袍，带了几个亲兵和太监，就打马出营，看究竟是谁敢如此大胆。

赶巧不巧的是，这时山里的太阳已经升了起来，雾气开始消散。隔着一条山沟，张献忠果然望见许多留着长辫子的八旗军已攀上了山崖，正向大西军营寨逼近。

张献忠没有多想，本能地一声大喝，下令手下开弓放箭。

谁知这一喊，反而暴露了自己。

清军的向导正是降将刘进忠，他正时刻观察着山沟对面大西军的动静。八旗军不认识张献忠，刘进忠认识。张献忠出营查看，刘进忠已远远窥见。确认目标后，他立即手指披着蟒袍的张献忠回头指认:“这就是‘八大王’张献忠！”

八旗以重步兵打天下，等降服了蒙古后，有了蒙古八旗的加入，这时已经是骑射皆精。

蒙古军中从来不乏神箭手。

刘进忠身旁就有一位蒙古神箭手，名叫雅布兰。说时迟那时快，雅布兰立即弯弓搭箭，向张献忠射出致命一箭，正中其胸口。

一箭尚不足以致命，张献忠拨转马头，回身疾走。雅布兰早已又连发两箭，皆中张献忠后背。饶是如此，张献忠还是没有坠马，而是等战马驰出数丈后才倒撞下马。

张献忠身中三箭，在地上翻滚，口中大呼:“咱生在燕子岭，死在凤凰山，痛哉！”随后气绝身亡。

关于射死张献忠的人，有的史料记载成了鳌拜，有的记载是豪格。实际上，雅布兰才是立下大功之人。当然，如此大功自己独占是不合适的，考虑到上司更需要立功，不管是记在鳌拜头上还是豪格头上。雅布兰就算不满，也没有话说。

据说，张献忠在成都时，曾在城外回澜塔下石板上看到一句诗“吹箫不用竹，一箭贯当胸”。有点迷信的“八大王”问手下是什么意思，没人回答得上来。后人说，这就是对张献忠之死的预言，“吹箫不用竹”的谜底就是肃亲王豪格的“肃”字。

张献忠比李自成多活了一年半，1647年正月初二，一代枭雄毙命于西充县凤凰山，终年四十岁。

张献忠如果不死，以手下兵力对抗豪格，不说稳操胜券，豪格也绝没有把握一口吃掉对方。张献忠一死，一切宣告土崩瓦解。

除了张献忠，其他人也没有一点准备。官将都在行宫等着张献忠回来继续上朝，大家身边既没有兵刃，也没有穿戴盔甲。

张献忠没有等来，等来的却是疯狂跑回来的亲兵，扯直了嗓子大叫：“皇上被射死了！皇上被射死了！”

此时，清军也开始渡河，口中同样大喊：“献贼死矣！”

行宫一下炸了锅，恐慌迅速蔓延，八旗军这时已逼近，开始抽刀大砍大杀。张献忠的部下和李自成一样，虽然打了十几年仗，却少有人见过八旗军，更没有交过手，只是听说过他们的凶猛。明军卢象升、洪承畴等名将，打农民军像砍瓜切菜一样，一旦被调到辽东对抗后金（清），就再也没有回来。

眼前的八旗军比传说中的还要凶悍，一个个身材高大，膀大腰圆，口中呼喊着满语，见人就杀，如凶神恶煞。

事发仓促，谁也没想到纵横一世的“八大王”会一个照面就被射死。混乱之中，众军失去了主心骨，无人能组织得起抵抗，于是成了清军一边倒的屠杀。

很快，肃亲王豪格统率大队人马也跟了上来，冲到凤凰山顶，逢人就砍，所向披靡。大西军一百三十座营寨霎时分崩离析，数万人被杀，仅文臣将校被斩首的就有二千三百多人，马匹辎重尽为清军所得。

张可望、张定国等几位义子保着张献忠的皇后，杀出一条血路，败逃了四十多里，才摆脱掉追兵。

大西军残部不敢停留，保持着急行军的速度，一连跑了七天，直到跑到了重庆长江北岸，才停下了脚步。

不是不想跑了，是有人拦住了他们。

拦路的是大西军的老对手，大明平寇伯——曾英。

曾英早已打听到张献忠在凤凰山被清军突袭，本人遇难，部下溃散，料到大西军必定往重庆方向退却，早已严阵以待，就等着截杀他们。

对穷途末路的大西军来说，这近乎是死局。

谁能想到，身陷死局的残兵败将却爆发出了惊人的战斗力，或许，这就是绝境中被激发出来的斗志。

他们选出敢死队，抢到了明军的战船，曾英看敌人数量稀少，轻敌托大，亲自站在船头指挥进攻。

他把自己暴露给了一个人——大西安西将军张定国。

张定国是个神射手，不少明将都成为他的箭下亡魂。曾英本人也曾经被他射伤，休养了好几个月，可是他这次却忽视了张定国的存在。

对岸的安西将军张定国早已瞧见曾英，眼明手快，一箭射出，正中曾英额头。

曾英大叫一声，一头栽进江里。

明军见主帅阵亡，登时大乱，四散溃逃。张文秀等人一边冲锋杀敌，一边派人驾驶缴获的战船，接大部队渡江。

此消彼长，本已陷入绝境的大西军看到了生路，无不拼命死斗。曾英的明军群龙无首，战斗力本来就不及大西军，被一阵掩杀，反而大败亏输，只剩李占春、于大海带领两千残兵逃奔涪州。

大西军死里逃生，获得了急需的粮食辎重，乘胜占领了重庆。在重庆休整了三天，又收拢了不少失散的士兵，加上投降的明军，大西军余部又聚集起了十几万兵马，恢复了元气。

四川督师王应熊眼见剿贼无功，反而让大西军复起，只得放弃了驻节的遵义府，撤入赤水卫，将遵义让给了大西军。

在遵义，大西军召开了一次至关重要的军事会议，他们纠正了张献忠大肆杀戮和破坏的错误政策，并诛杀了支持张献忠政策的左丞相汪兆麟，由张可望号令三军：

停止杀戮，不得扰民，今后除非作战，不再杀人。

在遵义停留的十天时间里，大西军招抚百姓，秋毫无犯。

张献忠四位养子都恢复了本姓：张可望原姓孙，如今自称平东王；张定国原姓李，称安西王；张文秀原姓刘，称抚南王；张能奇原姓艾，称定北王。四兄弟中孙可望的地位和威望最高，年龄也稍大，又读书识字，被拥戴为“盟主”，主持大西军军政重务。

修正了线路，大西军重新获得了生机，但他们在明末的高光时刻还没有到来。

第七章
清军定江南

多铎东征

张献忠已死，大西军的故事却还在继续。不过，先让我们转过头来，看一看此时的天下大势。

崇祯十七年，1644 年，真是个多事之秋。

我们前面讲了这么多，看似发生了很多事，其实仅仅过了两年而已。

在最开始讲过，1644 年，天下出现了“五条龙”，也就是五个皇帝，分别是大明朝崇祯皇帝朱由检、大顺朝永昌皇帝李自成、大西朝大顺皇帝张献忠、清朝顺治皇帝福临、大明朝弘光皇帝朱由崧。一年不到，已经“挂掉”了三条龙，三位天子已经归西。

第一个是殉国的崇祯皇帝，第二个是意外身亡的李自成，大家可能以为第三个就是张献忠。

然而并不是。第三个死掉的，是名义上最正统的大明皇帝——弘光帝朱由崧。

称他为大明皇帝，是因为除了清朝统治者以外，从当时其他所有角度来说，朱由崧都是名正言顺的皇位继承人，没有争议的大明皇帝，不像后来几位，还要为名分彼此大打出手。

朱由崧，其实比张献忠还要早死了一年半左右。

在孙可望奉张献忠之命进取汉中，被李自成大将贺珍击败之后，弘光政权就已经宣告灭亡。

怎么回事呢，我们倒回去说一下。

清军的主力有两路大军，多铎的南路军本来担负的使命就是南下灭亡弘光政权。谁知大顺军在河南发动反攻，杀死了怀庆总兵金玉和，围攻怀庆府，河南吃紧。多尔衮紧急命令多铎回救怀庆府。解围之后，多铎并没有南返，而是直接西进，在潼关战胜李自成后，又和阿济格在西安会师，直接端掉了大顺朝的老家。

完成了消灭李自成主力的目的后，多铎在西安稍事休整，再次出兵，要完成他未竟的使命，同弘光政权作战。

弘光政权这时的情况，则是一地鸡毛。左良玉放弃武昌，全军东下，号称要“清君侧”，自己却在九江病死。左良玉之子左梦庚接管军权，继续东征。马士英慌了手脚，不顾清军的威胁，抽调“江北四镇”人马堵截，终于在芜湖击败左梦庚，将他逼回九江。

兵力总共就那么点儿，顾得了这头，就顾不了那头。何况，左梦庚与多铎比起来，那就是一只小猫和一头狮子的区别。

小猫只会咬你两口，挠你几下，让你流点血，受点伤。

狮子可是来要你命的。

在左部叛军进逼池州的时候，清军已同时大举南下。

督师江北的史可法，在“睢州之变”发生后，应对失当，让原本应该成为抗清主力的高家军失去了凝聚力。他自己也心灰意冷，哀叹“中原不可复为”，把军队从睢州拉回了徐州。没多久，高家军就发生内讧，史可法再也无计可施，两手一摊，又放弃了重镇徐州，一门心思退守扬州。明军最北端的防线，就这样被轻易放弃。

多铎的这一路清军，本来需要突破顶在最前面的高杰淮河防线，然后还要攻破黄得功、刘良佐、刘泽清三镇总兵的防区，才能够进逼扬州，争取到跟史可法见面的机会。

可是在史督师和马士英的“运筹帷幄”下，统率高杰旧部的徐州总兵李成栋拉着部队投降了多铎，徐州防线不攻自破。这还不算，原本效力明朝的李成栋摇身一变，成为伐明的急先锋。

这个李成栋，相当的复杂，以后我们还会多次提到他。

“江北四镇”去其一，还有其他三镇，他们人呢？

除了刘泽清，都被调到安徽打左梦庚去了。

那么刘泽清呢，他直接就在淮安投降了多铎。

多铎就这样一路攻城略地，其实应该说是顺利接收，因为压根就没怎么打过，可以说是如入无人之境。

左梦庚与多铎，相当默契地几乎同时进军。左部叛军在弘光元年（1645 年）四月十三日夺取安庆，十七日攻克池州；多铎则是十三日夺取泗州，十七日已离扬州只差三十里地。

不到两个月，多铎就已经兵临扬州城下，打算跟史督师“谈谈心”了。

史可法就这样眼睁睁地坐以待毙吗？当然是不可能的。无论是谁，大祸来临之时，都会努力自救。

史可法就如同当初困守北京的崇祯皇帝一样，屡次发檄要求各地总兵率兵来保卫扬州，结果也如同崇祯皇帝一样，仅有提督总镇刘肇基一支孤军赶到，兵力……只有可怜的数百人……其他人犹如石沉大海。

原因嘛，当然是明末武官的军阀化，原本像孙传庭那样一言九鼎，能斩杀总兵的督师已经不存在了。现在的史可法名为督师，能督的大概只有他的家丁和亲卫队，没错，就连扬州城里的兵力，也掌管在手下武将的手里。而扬州城内的武将们，人心隔肚皮，就算表面上听他调遣，转身或许就能把他卖了。

武将军阀化，不听调动是一方面，人心尽失则是另一方面。

人心尽失的原因，是朱由崧的骄奢淫逸、不思进取，朝堂上下的离心离德、结党营私。大家都发现，这个弘光皇帝，完全就不是块当皇帝的料，跟着这样的皇帝混，从官员到百姓，都看不到一点儿前途。

所以，多铎大军所到之处，望风归降，弘光朝廷要记最大的“功劳”。

前面多次提到史可法，但凡提到他，总是一副哀其不幸、怒其不争的语气。明末的顶级文官，就是这样一个能力平庸之人。如果要按能力来算，他顶多也就能做个六部侍郎之类的文官，连尚书都不够格。

能力归能力，气节归气节。

在气节这件大事上，史可法却一点也不含糊，完全配得上顶级文官的荣誉。

连连呼叫增援却如泥牛入海。就当时来说，自己保命跑路并不稀奇，手握兵权的总兵们都先后投降清军，没有实权的空头督师，扬州又仅有数千兵力，弃守扬州也算不上多大的罪名。

明知留下的结局，史可法还是义无反顾，决心与扬州共存亡！

但是，又回到了上面说过的，能力归能力，气节归气节。具体到能力上，史可法又来了一波谜之操作。

他在一天之内三次下令调动军队，先是在早上命令驻扎在高邮的应廷吉所部明军赶到南京浦口对付左良玉部叛军；中午又下令：你们不要去浦口了，赶紧回扬州来听从调遣；到了下午，命令又变了：盱眙告急，你们不要来扬州了，赶快到天长去打策应。

谁都看得出来，史可法方寸已乱。一天三次调遣，路途相差千里，现在开车都要累得够呛，你让士兵们靠两条腿跑，怎么跑？

主帅乱了，底下人更乱。

1645 年，四月十九日，原高杰部下、提督李本深率领手下总兵杨承祖等向豫亲王多铎投降；随后四镇之一的广昌伯刘良佐率部投降；二十一日，总兵张天禄、张天福带领部下兵马投降。

并且，这些降兵降将，有一部分直接就地参加了随后的扬州之战。

率领几百孤军增援扬州的刘肇基，也值得说两句。

刘肇基是辽东人，原本一直在辽东作战，隶属山海关总兵尤世威麾下。到了崇祯八年（1635 年），刘肇基已累功升为辽东副总兵，相当于军区副司令员；又打了四年仗，刘肇基已升为辽东总兵。

刘肇基和吴三桂还是老熟人。宁锦之战中，吴三桂被清军包围在松山和杏山之间，无法突围。刘肇基亲率所部，击破清军包围圈，以自己损失一千多人的代价将吴三桂救出。

在弘光朝，刘肇基被封为左都督，加太子太保衔。刘肇基军人出身，不想待在南京跟那帮文官搞事情，于是在史可法出督淮扬后，自己要求外出驻守。但刘肇基自己的辽东部下已经在之前历次战役中损失殆尽，所以他几乎是个光杆司令，要兵没兵，要钱没钱，手底下只有几百人。

刘肇基就带着这几百人，义无反顾地进入了扬州城。

多铎率领的清军，在四月十八日就兵临扬州城下，他手下的清军原部加上投降的明军，总数已接近十万。扬州城内，此刻只有史可法、刘肇基、何刚等人驻守，兵力不过区区数千。不过，多铎却按兵不动，始终不发兵攻城，这是为何，他是在等什么黄道吉日吗？

其实有两个原因。

一是多铎希望能招降史可法。

他一路东下，明朝守军成建制地投降，把多铎心里乐开了花。手里有兵的将领们尚且如此，势单力孤的扬州城难道就敢螳臂当车？史可法是弘光政权巨星级别的人物，如果能招降他，意义将会大于十个刘良佐、刘泽清之流，对自己更是大功一件，要攻破扬州城，只是旦夕之事，又何必急在一时。

二是扬州城高墙厚，防御完备。

凭城内的几千守军，当然不可能守住城池。不过，如果城内军民抵抗之心坚决，依托城墙的防守，还是能给清军造成不少杀伤。清军的征服战争才刚刚开始，兵力已然捉襟见肘，无谓的伤亡，自然是能免则免。

清军会就此不攻城吗？当然不会，多铎在等红衣大炮。之前在潼关，他就是凭借红衣大炮的威力轰得李自成焦头烂额，即使再厚的城墙也无济于事。大炮威力虽大，但运输实在太慢，远远落后于步骑，此时还在路上。

多铎不攻城，就是利用等待红衣大炮的时间，同时对史可法进行劝降，却遭到了严词拒绝。

史可法要坚守，城内的军队跟他却不是一条心。二十一日，甘肃镇总兵李棲凤和监军道高歧凤带领部下四千兵马入城，史可法以为终于等来了援军。

谁知来的却是当头一棒。

李、高二人，只是想把史可法作为投名状，劫持他，将扬州城献给清军，以作为安身立命的根本。

这两个人几乎就是亮明身份的叛徒，要在平常，得凌迟处死。

话说回来，谁给他们这么大的胆量，竟敢大摇大摆地进扬州城行此图谋不轨之事。

当然是因为他们手底下有兵。

虽然只有四千兵力，但问题是此时扬州城内也就只有几千兵力。如果采取强硬措施，两方火并，看笑话的只能是城外的清军。

史可法选择了息事宁人，他对两人说："此吾死所也，公等何为，如欲富贵，请各自便。"这也是无奈之举，既不可能跟着他们投降清军，也不能在城里自相残杀，只能下逐客令了。

李棲凤、高歧凤见无机可乘，也不敢明目张胆地在城内动手，第二天率领部下出城投降了多铎。不过，他们也没有那么听话，临走之时，勾结城内的四川将领胡尚友、韩尚良一道出门降了清。

扬州城内的明军，力量更弱了。

等到了四月二十四日，招降失败的多铎终于等来了红衣大炮。

不再等了，他即刻下令攻城。

势单力薄的明军没能坚持多久，清军还是老套路，红衣大炮轰塌城墙，随后发动冲锋。在猛烈炮火之下，扬州仅仅坚守了一天，即告陷落。城破之时，刘肇基率部下与突入的清军短兵相接，格杀数百人后全部殉国。扬州知府任民育、江都知县周志畏、原任兵部侍郎张伯鲸、都督兵部右侍郎卫胤文、监纪主事何刚等文武官员先后殉难。

史可法没有食言，他以身殉国，兑现了自己的承诺。

只此一条，就足以使他流芳千古，被奉为"民族英雄"。

他之前确实犯下许多低级错误，能力也难称出色，在还有回旋余地的几个关键节点，他都做出了错误的选择。但他一心“扶明”的志向，同于谦无异。他努力了，奋斗了，可惜由于当时的环境和自身的能力，他终究失败了。

不过，这也并不能抹杀史可法，可见他确实是位当之无愧的英雄。

即使是敌人，也对他由衷钦佩。

多铎进入南京后，下令建史可法祠，优恤其家。多铎完全不必这么做，要收买人心，不缺一个史可法，可见他确实是尊敬史可法的。

如果人人都有史可法的忠义之心，哪怕能力牵强，众人拧成一股绳，或许奇迹就能出现。

可惜，弘光政权只有一个史可法。

史可法虽然殉国了，但是清军的目标却绝不仅是扬州。多铎一路南下，未曾遭遇大规模的抵抗，却在扬州这座仅有几千兵力的城池遭到坚决反抗。他意识到，江南的民心还远未收服，抵抗力量还十分顽强，有必要给予震慑，瓦解敌方的斗志。

多铎决定屠城，这就是“扬州十日”。

对于“扬州十日”的暴行，存在真伪之辩。

反对者说，“扬州十日”是杜撰出来的，依据是它主要源自明末一个叫王秀楚的人写的一本《扬州十日记》。这个人身份不明，来历不清不楚，是否存在值得怀疑。而且，这本书直到清末才从日本传回国内，作者的真实性更无从保证，内容则更加离奇，记载得过于详尽，细节写得栩栩如生，如同小说一般。作者作为一个死中求活的人，还有如此真实的记忆，心理素质实在过于强悍。

同时，书里面的记载也不清晰，比如一会儿提到史可法通缉兴平伯高杰，一会儿提到靖南侯黄得功要派援兵来。实际上，此时高杰早已遇害，黄得功也远在安徽，正与左梦庚叛军交战。又如，记载作者从清军刀下逃脱的一段“忽心动，若有神助，潜身一遁，复至后厅，而五十余人不知也”。交代得有些不清不楚，无法自圆其说。

因此，《扬州十日记》的来历与记载，确实有些糊涂，难怪会被人质疑。

但是话说回来，有记载扬州屠城的，并非仅仅一部《扬州十日记》。在戴名世的《乙酉扬州城守纪略》、计六奇的《明季南略》等史料中，对扬州屠杀的记载虽然并不详细，但都提到“屠杀甚惨”。顾炎武也有诗云：“愁看京口三军溃，痛说扬州十日围。”

要说扬州反抗入侵的历史，那倒是自古就有的。南宋时期元朝右丞相阿术长期围困扬州，遭到激烈抵抗，没有成功，不过城中粮食已尽，死尸枕藉；明初，朱元璋派大将缪大亨攻克扬州后，城内抵抗之坚决，只剩下了十八户居民。说明扬州这座城市，并不会轻易在压力下低头。

从客观角度来说，扬州攻防战在一天之内就宣告结束，如此短的时间，城内有限的守军难以给清军造成太大杀伤，也没有记载清军在这场战役中有多少伤亡，可见清军的损失微小。多铎出于报复心理下令屠城，似乎难以成立。

不过，考虑到史可法的拒绝招降，扬州从坚守到城破，志在南京的多铎拿扬州开刀，杀鸡儆猴的动机，确实存在。

以上列举的一些史料中的记载，也佐证了这点。

清军在扬州屠戮，应该确有其事，不过有可能事实却被夸大了。从当时的人口来说，扬州城的户籍人数才只有八十几万人，如果真如王秀楚所记载死难八十余万，那全城就是被屠尽，这有些难以想象。

此外，就当时冷兵器的杀人效率来说，就算清军攻破扬州之后什么都不干，专注捕杀，也难以做到这么高的效率。何况，清军不久之后就要继续进攻南京，当时的武器、士兵、尸体处理能力、人口的宝贵价值，在理论上都不允许清军展开如此大范围的屠杀。

当然，这并不等于清军在扬州没有杀戮。近代，扬州本地的文化学者表示，清军屠城的时间，实际上只有五天。每年的5月20日，扬州都要举办纪念史可法的系列活动，来铭记那场大屠杀给扬州人带来的伤害。

弘光朝的覆灭

多铎领兵东下的时候，手里不过七八万人马。明朝的兵马有多少呢，不算左良玉部下的好几十万人和南京的好几万京营，仅仅“江北四镇”的兵力，就达到了四十多万人，就算被抽调了不少去抵挡左梦庚，也还有二十几万人。这些兵力，不谈进攻，拿来防御，就算战斗力不够，节节败退，也能拼掉不少敌人。

现实却是，江北的明军望风而降。多铎的兵力，非但没有受到多少损失，反而像滚雪球一样越滚越大。

简略统计一下：

高杰之子高元照，带着提督李本深、总兵李成栋和手下官兵整体降清。东平侯刘泽清、总兵柏永馥、山东总督王永吉、总漕都御史田仰带部下整体降清。广昌伯刘良佐率部投降。

先后投降的明朝总兵共有二十三人，副将四十七人，兵力总共达到二十四万人之多。

如果算上随后投降的左良玉之子左梦庚麾下的十五位总兵和几十万兵力，则更加惊人。

数倍多于多铎清军的明军，就这样一箭不发地投降了。其中不少人还成为随后对南明作战的急先锋，比如李成栋。

触目惊心，触目惊心啊！

是他们没有战斗力吗？

非也。虽然明军整体战斗力确实不如清军，但其中并非没有能征惯战之将，悍不畏死之兵，比如李成栋、李本深、金声桓、李国英、田雄、马得功、徐勇等人都拥有相当强的战斗力，此后效力清军，表现之勇猛，战斗力之强，甚至超过了八旗军。

扬州失守，史可法殉国，江北防线不攻自破，转眼间，多铎已逼近镇江，离南京近在咫尺。

南京的弘光朝廷很热闹，不热闹也不行，事情都到这份儿上了，总得商量一下怎么处理。

这一切，同一年前李自成兵临北京前，崇祯朝廷的惊惶无措何其相似。

朱由崧也面临着跟朱由检类似的选择，不过，他还多了一个选项：逃跑。

明面上，大臣们的建议无非是拼死抵抗和迁都两种。不过，谁都知道，无论是抵抗还是迁都，这时的可操作性都不大，所以许多人心里都暗自想到了投降这个选择。

投降吧，统兵的武将们都投降了，我们这些文官就非得要一死了之吗？你既然投降，那我也可以投降，无非换个主子而已。

心里这么想，话是绝对不能说出来的。谁要敢在朝堂之上提出投降的提议，肯定会被众人活活喷死，哪怕大家都有心投降，但谁也不敢做出头的椽子，这是官场潜规则。

也有不想投降的，比如朱由崧。

大臣们可以投降，投降了官照做。可他这个皇帝不能投降，自古以来，投降的皇帝中没几个是有好下场的，而且自己还是个不被清廷承认的“伪皇帝”，投降的结果可想而知。

不能投降又无法抵抗，那就只有逃跑了。

逃跑只是个想法，朱由崧也不能说出口。

事到如今，南京的官员们投降已是大势所趋，只是没人敢捅破这层窗户纸，朱由崧也看得出来。

逃跑这个主意，如果自己提出来，不但不会得到支持，还可能起到相反的效果，导致他失去人身自由，被当作投效清军的投名状。

非但不能表露出逃跑的想法，还得做足表面功夫以掩饰。

朱由崧发布戒严令，关闭所有城门，官员和家属一个都不准出城。同时，他表示自己将效仿崇祯皇帝朱由检，死守南京，与城池共存亡。

好一个大义凛然，实则暗度陈仓。

朱由崧连最亲信的大臣马士英都没告诉，就在一个月黑风高、伸手不见五指的夜晚，带着少数几个随从，偷偷出城，仓皇逃跑。

第二天，群臣上朝了，左等右等也等不来皇上，向太监们打听，谁都不知道万岁爷在哪儿。大家这才反应过来，皇帝逃跑了！

马士英由于有接近皇帝的权力，比众人发现得更早，也更狡猾，跟谁都没打招呼，自己收拾收拾，后脚也跟着跑路，直奔杭州而去了。

皇帝和内阁首辅都跑了，南京顿时乱作一团，有追随他们脚步出城开溜的；有趁乱抢东西的；甚至还有人把监狱里的假太子拉了出来，像模像样地搞了一出登基，想仿效马士英，再得一份拥立之功的。

不过，到这时，已经没人理他们了。

混乱没有持续太久，主持大局的人终于冒了出来，他就是南京守备勋臣、忻城伯赵之龙。

赵之龙不负众望，毅然受命于危难之间，当即力挽狂澜，向全城宣布："此土已致大清国大帅！"

终于有人说出了众人的心声！

到这份儿上，皇帝、内阁首辅都跑了，没什么好怕的了，摊牌吧。

赵之龙的决定，得到了大家的一致同意。

1645 年五月十四日，清军抵达南京，赵之龙率钱谦益、张孙振等大臣出城请降，连同南京城的十几万守军，就此被清军笑纳。

投降的官员有多少呢？仅列部分达官权贵如下：

除了忻城伯赵之龙，还有魏国公徐允爵、保国公张国弼、隆平侯张拱日、临淮侯李祖述、怀宁侯孙维城、灵璧侯汤国祚、安远侯柳祚昌、永昌侯徐宏爵、定远侯邓文囿、项城伯常应俊、大兴伯邹存义、宁晋伯刘允极、南和伯方一元、东宁伯焦梦熊、安城伯张国才、洛中伯黄九鼎、成安伯郭祚永、驸马齐赞元、大学士王铎、尚书钱谦益、侍郎朱之臣、梁云构、李绰等。

从公爵到伯爵，从大学士到各部侍郎，一套政府官员和权贵，基本齐活了。至于其中最出名的，可能就是因为有个巾帼英雄的老婆柳如是和"水太凉"段子而闻名后世的钱谦益。

当然不是全部官员都投降了，也有殉节的，比如刑部尚书高倬、户部郎中刘成治、江宁武举黄金玺、礼部主事王端伯、钦天监壶正陈于阶等。

南明的京师虽然失陷了，但政权还依然存在，因为朱由崧还在逃跑的路上。要说朱由崧也是个逃跑的高手，在洛阳被李自成攻破后，朱由崧和父亲老福王朱常洵都被农民军抓获，他竟然能找机会逃脱，并且缒城而下，逃出了洛阳，一口气跑到了江北。可以看出，在逃跑这件事上，他还有点天赋。

这次，朱由崧选择的路线是安徽。

朱由崧先是跑到了一百多里外的太平府，想要投奔在此驻扎的诚意伯刘孔昭。首任诚意伯是大名鼎鼎的刘伯温，所以，刘孔昭这个伯爵已经从明初传承了两百六十多年，这叫世袭罔替。

刘孔昭闭门不纳。

大家可能觉得很过分，刘伯温的子孙就这德行吗，世受皇恩，临了不管逃难的皇帝？

后世可能是误会刘孔昭了。这位诚意伯虽然能力也一般，但也不愧对他的爵位，抗清还是有诚意的。之前，他积极参与备战，与张煌言的水师配合得颇为默契。不过，在明兵明将成批成批地投降后，区区一个诚意伯能起到的作用只是杯水车薪。

在南京失陷后，刘孔昭没有随大流投降，而是南下依附了抗清领袖张名振，多次乘水师战船北上与清军作战，他的儿子刘永锡也在同清军作战中阵亡。

张名振失势后，刘孔昭还在坚持，又投奔了隆武帝、鲁王等政权，继续抵抗，奈何先后失败。到最后，实在是大势已去，恢复无望，刘孔昭干脆驾船入海，从此不知所终，到了既没让清军抓住，更没主动投降。相比大明众多开国功臣的后人，他是坚持得最久的一位，也是最聪明的一位。

刘孔昭不管，朱由崧能去的地方还多得很，他还能左挑右选。选来选去，他选中了此时驻扎在芜湖的黄得功。

为什么选中黄得功呢？因为此时黄得功已经是“江北四镇”中硕果仅

存没有投降的唯一一镇，而且他手底下还有十几万之多的兵力。

还有一个重要原因，黄得功离得近啊，他驻扎的芜湖离太平府只有几十里地，快马加鞭就能到。

黄得功的驻地在扬州一带，怎么跑到芜湖去了呢，当然是打左梦庚去了。这时，他好不容易刚刚打退左梦庚，将他赶回九江。江北吃紧，他当然也知道，史可法催促他回军救援扬州的信，已叠得老高。

不过，黄得功确实是抽不出手来，自己和左部叛军正在对垒，根本撤不下来。

刚刚击退左梦庚的黄得功，还没来得及好好休整，就见到了灰头土脸逃难的朱由崧。

黄得功有点蒙，此时他并不了解南京发生了什么事，皇上这是劳军来了？看这架势也不像啊。等弄明白事情原委，黄得功大怒，劈头盖脸地先把朱由崧骂了一顿："陛下死守京城，以片纸召臣，臣犹可率士卒以得一当。奈何听奸人之言，轻弃社稷乎！今进退无据，臣营单薄，其何以处陛下？"

骂得好，但是并没有什么用。

城也弃了，皇帝也逃了，恶果已经种下，就算再把他送回去，也无济于事。

名义上，朱由崧还是皇帝，黄得功还是臣子，骂几句已经是以下犯上了。尽管他已经意识到朱由崧张皇失措、无可救药，但仍然决定效忠到底，把这位昏聩的皇帝迎接进自己的军营。

南京这边，多铎进行接收后，当然不会忘了朱由崧。他命令刚刚投降的刘良佐率领部卒充当向导，派多罗贝勒尼堪、护军统领图赖、固山额真阿山、固山贝子吞齐、和讬等领兵一路追到芜湖，必欲得朱由崧而后快。

刘良佐率兵攻打芜湖，黄得功引兵出战，两人也算是老熟人。刘良佐亲自到阵前招降黄得功，被黄得功痛骂一顿，表示绝不投降。

没想到的是，黄得功不肯投降，却无法阻止手下投降的打算。黄得功的部将田雄、马得功决意降清，趁他引兵出战之时，在背后暗发一箭，射中黄得功咽喉。重伤之下，黄得功知道大势已去，为了避免受辱，毅然抽刀自尽。弘光朝最后一位忠于王事的藩镇重臣，就此撒手人寰。

黄得功一死，部下大乱，田雄、马得功等叛军活捉了朱由崧，献给清军。根据记载，田雄亲自将朱由崧背在背上，马得功在后面拎住他两只脚防止挣扎。弘光帝大哭哀求两人，得到的回答是：我们的功名都在你身上，怎么能放你呢？朱由崧甚至用上了牙齿，咬得田雄满脖子都是血，最终还是无济于事。

随后，朱由崧被刘良佐押送回南京；九月，被押送到北京。第二年（1646 年）五月，多尔衮随便找了个借口，将在北京居住的明朝宗室藩王，包括弘光帝朱由崧、秦王朱存熥、晋王朱审烜、潞王朱常淓、荆王朱慈烾、德王朱由栎、衡王朱由棷和“太子”王之明等十七人，一起斩首于菜市口。朱由崧终年四十岁。

天下大乱之时，延续明朝正朔的南京弘光朝本来大有机会，谁知摊上朱由崧这么个昏君，也是天意，哀其不幸，怒其不争，实在是懒得去说他。

一年不到，占据天下大半壁江山的弘光朝就宣告覆灭。不过，南明的历史，可还长着呢。

潞王朱常淓

黄得功殉国了，朱由崧被抓了，“钱谦益们”投降了，南明离玩儿完却还远得很。

大学士马士英，跟朱由崧前脚后脚地逃出南京，他的运气却比朱由崧好得多。

马士英一路南逃，直接就奔着杭州去了。在杭州，也有个明朝宗室——潞王朱常淓。

朱常淓在前面出过场，那还是在拥立之时，他曾经作为帝位候选人之一被提了出来，进入到前三甲，后来因为血缘远于福王、桂王，终被淘汰。

有多远呢，其实也不算太远。

他是明穆宗朱载垕之孙，明神宗朱翊钧之侄，明光宗朱常洛之堂弟，潞简王朱翊镠之子，是崇祯皇帝朱由检的堂叔。

在父死子继、兄终弟及的继承规则下，他确实竞争不过与朱由检同辈的福王、桂王等。

问题是，现在朱由崧已经不在了。

马士英到杭州没几天就传来了消息，黄得功兵败殉国，弘光帝被俘。

这时，南京逃出的其他一些文武官员，阮大铖、朱大典和总兵方国安等也都陆续到了杭州，再挑挑拣拣，一套班子又出来了。

但是，还缺个皇帝。

国不可一日无君，要立君，人选还有很多。虽然大顺、大西、清朝都很喜欢捕杀明朝宗室，架不住老朱家的生育能力太强，不要说旁支，朱由检同辈的藩王中，也至少还有好几个有资格继承帝位。

不过，他们现在都离得太远。

近在咫尺的，就是杭州的潞王朱常淓。

作为大学士、内阁首辅，马士英仍然是最高官员，并且他还有个后台——由他护送到杭州的邹太后，就是朱由崧的母亲。于是，马士英召集官员们开会，决定请朱常淓出任监国。

直接拥立朱常淓为帝，步子有点大，但杭州城的文武百官又不能没有个名义上的领袖，那就降低一格，来个监国吧。

这可把朱常淓给吓坏了。

这位潞王，是位“音乐家”。

历史上“艺术家”当上皇帝的，都没什么好结果。比如，南唐后主李煜、宋徽宗赵佶，或许还可以算上朱常淓的堂侄，天启皇帝朱由校。

朱常淓明白，这时候当皇帝，就是众矢之的，是个高危职业，就算只是监国，也同样是要掉脑袋的。

朱常淓生就喜好古琴，不光弹得好，还会做琴。他制作的古琴被称为

"潞琴"，选料极为讲究，制作方法复杂，精工细作，驰名于世。

现在，"潞琴"还有二十几张留存于世，被精心收藏，价值当然更是不菲。

除了音乐，朱常淓还是个围棋大师，有《潞藩辑纂万汇仙机棋谱》流传于世。

一生沉醉于艺术的朱常淓，对继承大统没什么兴趣，尤其是在这个时候，那简直是把他放到火上烤。

不过没有用，邹太后一道懿旨："尔亲为叔父，贤冠诸藩。昔宣庙东征，襄、郑监国，祖宪俱在，今可遵行。"

这指的是明宣宗朱瞻基亲统大军往山东平定汉王朱高煦的叛乱，由亲王监国的故事。

这事祖宗有先例可循，邹太后的儿子朱由崧，也是先任监国，再继帝位的。悲催的朱常淓，在太后、大臣们的反复劝说下，不接受也只能接受了。

值此国破家亡之际，谁又能独善其身呢。

六月初八，朱常淓就任监国。

他任命浙江巡抚张秉贞为兵部尚书，以嘉湖道吴克孝接任巡抚，以潞府曾长史为监军御史前往方国安营，"令发兵分守千秋岭、独松关、四安镇等处"，"翰林简讨屠象美兼兵科监阁部兵往苏州同总兵王之仁堵遏；又令御马监太监李国翰、司礼监太监高起潜扼防平望"。

好一番雷霆手段。

却只是表面文章。

实则，就任监国的第二天，朱常淓就派出了陈洪范。

这位陈洪范，是个什么人呢？他是个讲和专业户，绰号叫"活秦桧"。

死了的秦桧就已经够可恨了，何况是活的？

要说起陈洪范，还得扯上张献忠。

陈洪范是万历四十六年（1618 年）武举出身，胆小怕事却善于钻营。

要说他的职业生涯，就好比是坐电梯，上上下下是常事，但最多也就是被降职、革职，几次都凭借拍马屁的功夫复出，官还越当越大，崇祯皇帝还送了个太子少师的荣誉头衔给他。

张献忠还是明军一个小兵的时候，曾在总兵王威部下效力，因为在一次兵变里闹腾得很起劲，触犯了军法，按律当斩。当时陈洪范是个参将，他看张献忠长得相貌堂堂，生出了爱惜人才之心，于是向总兵王威求情。王威给他面子，将张献忠免于处斩，重责一百军棍后让他卷铺盖滚蛋。张献忠很感念陈洪范的恩情，造反后专门在军中刻陈洪范像，称之父母。

福王朱由崧继位后，陈洪范得到马士英的推荐，任提督沿海五镇水师。

陈洪范被称为“活秦桧”，源自他的出使北京。

弘光朝廷要“联虏平寇”，于是派出使团同清廷联手就成了当务之急。陈洪范自告奋勇，奏请北使，弘光帝加其太子太傅，命来南京陛见。左懋第、马绍愉、陈洪范组成了北使团三人组。

弘光朝廷派陈洪范为北使重臣，本意是考虑到他久历戎行，同吴三桂等人有交情，便于联络，却没有料到他的主动请行包藏祸心。清廷派出已降清的明朝参将唐虞时之子唐起龙（陈洪范的女婿）勾连陈洪范。很快，陈洪范就被策反，成了使团中的清廷奸细。

出使的经过及结果，前文已介绍过，左懋第、马绍愉被扣押，最后左懋第不屈就义，马绍愉降清。只有陈洪范被释放南返，因为他已经是清朝的自己人。

秦桧也曾经在北宋亡国之际，被金人掳往北方，屈服于威逼利诱，见风使舵，最后获宠南归。

秦桧早已死去，陈洪范却还活着，他成为一枚棋子，南明最大的一个内奸。

陈洪范第一次出使归来，竟然还写了篇文章《北使纪略》，宣扬自己忠于明朝、出使不屈，以掩人耳目。因为他是马士英的亲信，在马士英的建议下，又得到了这份差事。

朱常淓被强扶上监国的位子，根本无心抗清，对黄道周等大臣提出的抵抗方案视而不见，一门心思地搞议和。

在拥立这件事上，马士英等人一错再错。

之前拥立朱由崧，已经被证明是南明的一个历史性错误，错过了北京失陷、清军入关后最好的机会。

这次立朱常淓，又是一次大错。

清军占领南京以后，浙江、江西各地官绅如原任戎政尚书张国维、右庶子杨廷麟、赣州巡抚李永茂等人纷纷招募义兵，民心仍然可用。清军没有占领的地方还相当之大，如果能立一位明君，比如唐王朱聿键，大事尚有可为。

无心治国的朱常淓被强拉上位，还是马士英等人从自身利益出发的考量。

可是，你又如何叫得醒一个装睡的人呢？

朱常淓交给陈洪范的条件，是割让江南四郡，来换取同清朝讲和。

这个条件，真是可笑之极。

陈洪范在弘光朝第一次出使，带去的条件比这个优厚得多。朱由崧又是送钱，又是送地，还要同多尔衮叔侄相称，换来的却是清军南下。这次，朱常淓手里的牌还不如上一次，清军已消灭了李自成，又夺取了南京，这和能议得成吗？可想而知。

对陈洪范来说，正好借此机会，乘坐悬挂着“奉使清朝”旗帜的船只，堂而皇之地去跟多铎商量，如何将卖国进行得更彻底。

清朝虚与委蛇，边议和边增加南下兵力。朱常淓六月初八就任监国，仅仅三天以后，由贝勒博洛、固山额真摆因兔阿山等率领的八旗军就已直趋杭州。更要命的是，八旗军的重炮营——“乌真超哈”也全营出动，随军抵达。

还没在杭州安顿几天的马士英早有准备，他故技重演，把内阁的印信一丢，跑到了江里郑鸿逵的兵船上。清军强于骑射，这时还没有水师，水里还是明军的天下，跑到船上再安全不过。

阮大铖、朱大典等其他官员纷纷效仿，从水路逃遁。

朱常淓本来也可以逃跑，不过陈洪范及时地赶了回来。

他回到杭州，向朱常淓描述，清军有多强，统帅又极其开明，并举了弘光帝朱由崧和其他几个藩王的例子，说他们都受到礼遇，好吃好喝，待遇不减。现在杭州必定守不住，朱常淓如果逃跑，清军必定会追击到天涯海角；如果就地降清，不但可以免去颠沛流离、担惊受怕之苦，还能享受王爵的待遇，何乐而不为呢？

朱常淓的监国本来就是被硬拉上位，这时，当初求着他监国的那些人却一个个脚底抹油，溜之大吉，丢下自己在杭州城里当出头鸟，本来就一肚子不爽。陈洪范又把清军夸上了天，于是他决定投降清朝。

朱常淓决定投降了，却并不是人人都想投降，比如总兵方国安。

在弘光朝，方国安依附马士英，混到了一枚镇南将军的印信。在左良玉和“江北四镇”分崩离析后，原本不起眼的方国安部俨然已成为明军主力。方国安和其他几个军阀一样，军纪很差，纵兵劫掠，百姓深受其害。不过这时候，方国安手底下还有一万余兵马，还想和清军碰一碰。于是，他率军与清军前锋激战于涌金门下。

方国安在前面杀得正热闹，冷不丁地回头一看，朱常淓竟然正带人从城墙上放下了美酒和食物。

方国安一阵感动，监国到底还是挂念咱们啊。

定睛再一看，吊下的酒食却并不是送给自己的部下，而是远远绕开自己，送到了清军那里。

方国安气得几乎倒撞下马，自己带着部下在城下拼命，城上的朱常淓却犒赏敌军，这打的是哪门子仗？

方国安心灰意冷，带着部下东渡钱塘江，再也不管朱常淓了。

博洛大军名正言顺地开进杭州，接受了朱常淓的投降。

有了朱常淓这个幌子，博洛顺势摆出一番礼贤下士的模样，招降附近的明朝藩王。当时周边还有好几个宗室——萧山的周王、会稽的惠王、钱塘的崇王、临海的鲁王。除了鲁王以外，周、惠、崇三王都响应号召，来到杭州。博洛把他们“打包”，同朱常淓一起发往南京，在南京中转后，又跟朱由崧会合，送往北京。当然，在那里，等待着他们的是杀头的命运。

皇帝、监国、藩王，被抓的被抓，投降的投降，明军也是或降或逃，江南的州官纳表降清，江浙一带不战而定，看上去一片和谐。

北京的多尔衮认为江南已经平定，且清军一直长途作战，也需要休整。于是，他下令多铎、博洛班师回朝，由平南大将军、贝勒勒克德浑和固山额真叶臣，会同内院大学士洪承畴接防江南。

同时，南京不能再叫南京，更不能叫应天，因为那是明朝的叫法，清廷将南京改称江宁府，寓意江南安宁。

剃发易服

从1645年四月初到六月中旬，清军仅仅用了两个多月的时间，从黄河杀到钱塘江，一路摧枯拉朽，顺利摧毁了弘光政权。想到此，多尔衮不禁有些飘飘然起来。

事实证明，当一个人忘乎所以的时候，失误就将接踵而来，也就是我们常说的被胜利冲昏了头脑。

得意忘形的多尔衮，在孙之獬等人的建议下，颁布了一道重要法令——剃发令。

有必要介绍一下清朝的发型。

我们现在熟知的清朝发型，多半是通过清宫戏得来的印象。

电视里的发型，是剃掉头发的前半部分，再把后半部分编成长长的辫子，俗称“阴阳头”。

其实，“阴阳头”是清末的发型。而清军入关之初的发型，可不是那样的。

清初，八旗子弟的发型有个很形象的称谓“金钱鼠尾”，即将四周的头发全部剃光，仅在头顶正中的位置留下一片铜钱大小的头发。如此稀少的发量，编出来的辫子就像老鼠尾巴一样细。

中原奉儒家文化为独尊，从皇帝到平民，遵守的都是儒家的一套文化礼仪。上千年以来，这已经深入骨子里，成为不可分割的一部分。

清军南下后，底层百姓对统治者的更换其实没有上层权贵那样敏感，最重要的是能过上好日子。

可是剃发令一出，原本已经不战而定的江南顿时炸了锅。

道理很简单，儒家文化提倡的是“身体发肤，受之父母”，中原并不是没有被游牧民族统治过，不过无论是“五胡”还是蒙古人，即使汉人地位低下，也从来没有颁布过强制改变发型的命令。用现在的话来说，这就是侵犯了我的基本人权。

除了剃发，还有易服。

汉服在我们的视野中已消失了数百年之久，我们逐渐忘记了自己曾经拥有的华美衣裳，成了世界上唯一没有自己民族服装的古老民族。今天人们看到的“唐装”、旗袍、长衫、马褂都不是汉族的民族服饰，而是其他民族的服饰或改良。

直到近些年，在一些汉服爱好者的努力下，汉服才逐渐有了一些复兴的迹象，我们开始或多或少地能看到一些汉服的影子。

剃发这件事，多尔衮其实早就在盘算。进入北京后，他就颁布过剃发令，下令百姓按照满族传统，剃发易服。

没想到，剃发令遭到民众的强烈反对。清军初来乍到，还没有完全站稳脚跟，为了防止叛乱，不被赶回关外，多尔衮只得宣布取消剃发令。他还发了一道谕令，承诺：自兹以后，天下臣民照旧束发，悉从其便。

清军如此顺利地灭亡了弘光朝，兵不血刃地拿下江南，多尔衮又改主意了。

顺治二年（1645 年）六月十五日，多尔衮以顺治皇帝福临的名义颁布剃发令：京城内外，限十日；各省自诏令到达之日算起，亦限十日，官军民一律剃发，迟疑者按逆贼论，斩！

这就是所谓的“留头不留发，留发不留头。”

这事儿还跟一位著名的“汉奸”——孙之獬有关。

孙之獬，山东淄川县人，天启二年（1622年）进士，清军入关后降清，授官礼部右侍郎。

孙之獬曾高中进士，学问应该不会太差，不过他的人品可算是差到了极点。

明末投降的官员不计其数，有许多人还数次反复，但都不如这位孙之獬被后世口诛笔伐。

因为孙之獬跪舔新主子的吃相，实在是太难看了。

对于剃发这件事，许多汉人大臣都持反对态度，包括早早降清的吴三桂也不认可剃发。

所以，清朝刚进北京时，因天下未定，允许明朝的降臣上朝时仍穿明朝服饰，只是满、汉大臣各站一班。孙之獬为讨得欢心，有心“标异而示亲”。

一日上朝时，他变得“焕然一新”，不但剃了发、留了辫，还改穿了满族官吏的服装。当大臣们步入朝堂站班时，他很亲切地走进了满族大臣的行列。满族大臣都自谓高人一等，哪能容忍属下的汉臣孙之獬与之同班，七嘴八舌又你推我拉地把他逐出班外。

孙之獬自讨没趣，悻悻然地走回汉班。汉臣恨他过于逢迎求宠，一个紧挨一个毫不松动，亦不让他入班。徘徊于两班之间的孙之獬进退不得，狼狈万状。

孙之獬不光自己主动剃发，还上疏提出要让天下汉人都换成跟他一样的发型。这个建议，当然被多尔衮顺利采纳，就此颁布剃发令。

就算没有孙之獬的上疏，多尔衮颁布剃发令，也是势在必行。孙之獬的上疏并没有为他换来额外的荣华富贵，反而让他就此被钉在历史的耻辱柱上。

成为众矢之的的孙之獬下场很惨。由于他干不出什么实际的成绩，群臣又都看不起他，终于被革职。回到老家淄川后，正好碰到当地谢迁起义反清，义军攻入县城，将他和全家七口人斩尽杀绝。

孙之獬临死前遭受的酷刑，可以说是史无前例。

义军先拔光了他的头发，用钢针在他头上密密麻麻地戳了无数个洞，每个洞里插上猪鬃。这样，孙之獬又重新“长”出了一头头发。

为了不让孙之獬喊叫，义军又用针线把他的嘴缝上，然后游街示众了两天。等他奄奄一息之际，义军才将他大卸八块，暴尸通衢。

孙之獬的死讯传到京城后，清廷却没有给予任何的表彰和抚恤。

与剃发令有关的，除了孙之獬，还有另一个人——金之俊。

金之俊，吴江人，万历四十七年（1619年）进士，在万历朝官至兵部侍郎，多尔衮入京后降清。

同样是进士，金之俊与孙之獬相比，完全是两种类型。

清初贰臣不少，如果要分一下类，大约有三种。

第一种，是像祖大寿一样，在大势面前为了自己和族人的性命，不得不归附。这些人降清之后，不愿再出力，甘于闲散，只求得了此生，保个后代平平安安。

第二种，是像祖大寿的外甥吴三桂一样，重于自身利益，无视节操，为了荣华富贵而甘愿手举屠刀砍向自己人，卖力表现以求认可。上面说的孙之獬，也可以归于此类。

第三种，是像洪承畴一样，爱惜羽毛而降清。投降之后，他们还能才尽其用，上疏建言，针砭时弊。从客观上来看，这类降臣起到了两方面的作用，一来是帮助清廷强化了统治，稳固了天下；二来是为天下黎民百姓争取到了一定的权益，也避免了不少杀戮。

这类降臣，争议最大。从气节上看，他们有亏，最后还都被清帝归入《贰臣传》。从贡献上看，则很难定论，一方面，清朝能如此迅速地一统天下，“洪承畴们”功不可没；另一方面，他们的建议许多是出于民众角度考虑，则又让人难以界定。

金之俊就属于这一类。他最后官至中和殿大学士兼吏部尚书加太傅，一直工作到六十九岁，康熙皇帝才允许他告老还乡，于康熙九年（1670年）在家乡逝世。

降清后，金之俊就此全心全意地为清朝效力，提出了不少建议，比如减租、收纳乱兵、安抚民众、举荐人才、恢复漕运、弹劾有罪官员等。多尔衮很重视他的意见，全部予以采纳。

到了多尔衮准备颁布剃发令，推行剃发、易服，进行文化输入的时候，金之俊又提出了自己的意见，就是“十从十不从”。

内容是：

男从女不从，生从死不从，阳从阴不从，官从隶不从，老从少不从，儒从而释道不从，娼从而优伶不从，仕宦从而婚姻不从，国号从而官号不从，役税从而语言文字不从。

这里面包括了多方面的解释：

男从女不从，是指发型。男子剃头梳辫子，女子仍旧梳原来的发髻，不跟满族妇女学梳“两把儿头”或者“燕尾”。

生从死不从，是指服饰。是说人活着时穿满族服饰，死了则穿汉族服装。所以人死入殓，还是用汉族的服装。

阳从阴不从，是对“生从死不从”的补充说明。人死之后，阴世的事，像做佛事超度等，都仍按汉族传统佛道教习俗办理，不从满族习俗，所以叫作“阳从阴不从”。

官从隶不从，是指对官员的规定。做官老爷的，吃皇粮、办公事，观瞻所系，自然须顶戴花翎，身穿朝珠、补褂、马蹄袖的清朝官服。但隶役依旧是明朝“红黑帽”的打扮，这就是“官从隶不从”。

老从少不从，也是指服饰方面。孩子百无禁忌，穿什么都可以，但一旦长成，还是要按满族的规矩办。

儒从而释道不从，也称作“在家人降，出家人不降”。在家人必须改穿满族的服装，并剃发留辫。出家人不变，仍可穿汉族服装，因此和尚、僧人至今仍保持着汉服。现在汉族服饰变成僧人的制服，只有“出家人”才穿了。

娼从而优伶不从，是指娼妓从，唱戏演员不从。因为戏台上演的戏必然是前朝旧事，不穿前朝的服饰怎么演，这无话可说。

仕宦从而婚姻不从，这也是对服饰的规定。男子出仕，必须穿满装。男女婚嫁则不同，新郎穿的是满族的礼服，新娘则依旧穿明朝汉族的礼服，即所谓“凤冠霞帔”。

国号从而官号不从，是对官制的规定。改朝换代了，国号大清，叫大明当然不行。但官号就不必再另起炉灶，照抄大明的六部九卿，总督巡抚等省却许多麻烦。

役税从而文字语言不从，是指文化方面。差役税捐，悉从满制。但文字语言不改，不须使用满文满语。清入鼎中土后，最初是用满族自创的语言文字，后来具有许多优点的汉语终于战胜了满语，成了“国语”，连旗人也不得不用起汉文，说起汉语了。

这“十从十不从”，可以看作清廷的一种妥协，允许有一些变通，以有利于统治的迅速确立。

不过，这些并不影响剃发，从第一条“男从女不从”就可以看出，对于剃发，多尔衮是下了决心的。

他没想到的是，自己点燃了一座火山。

江南的反抗

南京城破后，清军下一步自然是顺势挥师江南富庶之地。投降的文人周荃，口才了得，想要立功，他前去拜谒清帅豫亲王多铎，说道：吴下民风柔软，无力抵抗，只需飞檄可定，无烦用兵。

多铎大喜，命降臣黄家鼐同周荃一起收抚苏州。两人到处，沿路望风而降，直抵苏州，收没印信，果然没有遭遇抵抗。

事情太顺利并不见得就是好事。几天过后，明监军道杨文骢所率退守下来的明军数百人撤入苏州，将黄家鼐逮捕斩首于市，又将库银搬空而去，周荃因藏匿在民间未被抓获。

消息传来，多铎下令发兵入吴。三吴之祸，从此开始。

1645年七月初八，李成栋属下偏将梁得胜率步骑两千余进驻吴淞。这时嘉定城内的明军已撤离，清朝官员又重新接收了嘉定，局势还算稳定，居民生活与平时无异。除了梁得胜的骑兵在经过新泾镇时大行了一番淫虐之事外，看上去朝代更替对百姓并未产生什么太大影响。

表面的平静下涌动着暗流，这一切在七月十二日剃发令传来时候开始爆发了。

嘉定城内外民心恐惧，人心思变。加上又有流言，说义兵和明军余部已将清军包围在府内，明军吴志葵所部已直入嘉定，且有令牌为证。

嘉定虽举旗归附大清，只是不得已而为之，心思故国的大有人在，得到这个消息，又有令牌为证，顷刻即聚集了无数想举事的百姓。谣言一波接着一波，先说吴志葵大军已过外冈，又说已到青冈墩，随后又说今晚暂时在察院扎营。谣言说得有鼻子有眼，不由得人不信，城内不明情况的居民甚至以为明军已入城。

随着远近的乡兵越聚越多，再也按捺不住，群情激奋下，战斗力最强的王家宅乡兵率先首击清军，打得有声有色。其余聚集的乡兵不明情况，以为吴志葵部已发起攻击，胆气大增，也一拥而上，焚烧了数艘清军停泊在岸边的得胜船。

清军所部是李成栋手下梁得胜部，遭遇袭击后，表现出了军人的战斗素质，立即将士兵分作小队，占据高地，居高临下地以弓箭反击乡军。乡军毕竟不是正规军，只凭一口气撑着，在清军凌厉的弓箭下纷纷应弦而倒，余者不敢再上前，开始溃散。到这时候，众乡兵才知道吴之葵军自始至终没有出现过，泄气之下，只敢围着鼓噪，不敢再主动攻击。天亮后，乡兵统计战果，共计击杀清军八十四人，梁得胜率余部出奔吴淞去了。

清军已杀，苦盼的明军又没有来，举事的乡兵没有了头绪。明都察院观政进士黄淳耀和弟弟黄渊耀以及侯峒曾等乡绅倡议守城，得到了支持。众人全靠一腔热血，城中并无知兵之人主事，又只有乡兵和百姓，战术素养、战斗经验、衣甲兵器全无，如何抵挡李成栋麾下从北方一路杀来身经百战的正规军。嘉定的悲剧，在此刻就已不可避免。

七月十八日，李成栋已发兵攻陷嘉定外围的罗店，肃清了城外的乡兵，屯兵于马桥，谋划攻取嘉定。李成栋其人，外号“虎子”，本是高杰部下将领，后降清。同吴三桂、尚可喜、耿仲明等人一样，降清后成为攻明的急先锋，急于立功。对这样的职业军人，小小嘉定城在他眼中，就如螳臂当车一般。

再说嘉定城内，此时也已做好了守城的准备，南北四门都分配了守城人选，门口用大石堵塞，城门内外都用横梁、乱石截断道路，以遏兵锋。其实，这时城里的情况也相当艰难，清军势大，城中兵饷两缺，小小嘉定实难守住。守军自己心知肚明，但出于对剃发令的抵制和对诸缙绅的信任，还有对虚幻的明军吴志葵部的期盼，还是有不少已逃走的百姓又返回了城里。

城内派人到乡间散布流言，说道：清军逼百姓剃发后，即会用刀威逼他杀死自己的家人，然后入籍为兵，被派在前队消耗敌军的矢石，早晚必死。与其客死他乡，不如现在就进行抵抗，或许还可以有条生路。流言的力量是巨大的，农民们自发编成乡兵，开始小股袭扰清军。

流言越传越广，乡兵也越聚越多，乃至三五户人家聚集起来，就能组成一小股乡兵。城内发动城外乡兵，自然是为了帮助守城，既有兵就要发饷，但城中看乡兵人数实在太多，也感到害怕起来，于是下令将意志不坚的遣散回家，其余乡兵集中到护国、留皇、光庆等几座寺中，只允许派一名代表进城领取粮饷。这样，城内外逐渐集中了一些尚能一战的乡兵。而同时，李成栋也已做好了进攻的准备，嘉定城即将遭受战火的洗礼。

到了七月初三，李成栋等来了娄东来的援兵，随同而来的还有红衣大炮。伴随着隆隆的炮声，清军开始攻城。城内的状况如今可以说是窘迫万分，先前县令钱默逃跑时，将府库开放，任凭人自取。除了财物，兵器、火器也全被取走。之前还剩城内四门城楼的锁没被打开，里面存放了一些武器，不过随后又全部被乡兵取走。

如今乡兵被击溃，吴志葵部更不可能来援救，城里的守城军民除了一些自备武器外，基本只能徒手抗敌。城内百姓号哭之声不断，知道大难就要临头，连主事的侯峒曾、黄淳耀等也心怀恐惧，只得安抚众人说：我们全家都在城里，如果城破，我等定与百姓共存亡。这才得以稍稍安定人心。

嘉定城原本是座土城，在明朝嘉靖、隆庆年间倭乱时候，曾经被进攻数次，都没被攻破。后来的县令杨旦将城墙包砖，使之成为砖城，防御更加坚固。

在清军的大炮轰击下，城墙仅有数处破损，并未坍塌。清军见大炮不能奏效，改用地道战术，以数十人为一队，顶着木板、棉被防御城上矢石；每人腰里都系着长绳，如果有人阵亡，后面就拉绳把尸体拖回去，再派人填补空缺；到了城墙脚下，撑起木板，在城下挖地道。这样反复数个来回，终于有地道打穿了城墙。守城的马元调、侯元演、侯元洁等急调民夫在地道出口浇下滚油、石灰，又用大木头把出口堵塞。清军又佯攻东门，暗中却派兵来到北门，想要从水下潜入城中，被城上发现，被接连投下大石击退。

虽然一时挡住了清军的攻势，但清军源源不绝，进攻更加猛烈，炮声隆隆不绝于耳，落下的炮灰铅屑掉到城中百姓屋顶，淅淅沥沥如同下雨一般。守到第二天，天降暴雨，城头的守城军民已筋疲力尽，渐渐不支，城头开始有人逃跑，纵然主事者全力劝阻也无法禁止。

城下的清军看到城头开始涣散，加紧了攻势，抬来了云梯。清军中一名勇将，手举一张大桌子覆盖住头面，蹑梯而上，城上投下的砖石都被桌子挡掉，无法伤及其人。清将到了城头一跃登城，守城百姓不敌，一哄而散。清将抽斧斩断东关绳索，城下清军一拥而入，嘉定是再也无法守住了。

城中主事的侯峒曾此时还端坐在城楼上指挥，他的两个儿子侍立在旁，看见城破，大叫："事急矣！现在如何？"峒曾回答："最多一死罢了，还有什么好说？可惜的是满城的百姓陪我同死。"

侯峒曾将两个儿子赶走，自己想在宣家池投水自尽，会水的他没能成功，又命令亲兵强按自己的头入水想溺死自己，又没成功，还想尝试，已经来不及了。清军赶到，将侯峒曾拉出大街斩首，将首级献与李成栋请功。侯峒曾的两个儿子也没能逃出，在孩儿桥附近被杀。李成栋下令将侯峒曾首级高悬于大门旗杆之上，上面用大字写着“逆官侯峒曾首级示众”。

城破之时，西门还没有清军杀入，把守西门的是黄淳耀。西门之前已被守兵用巨木大石堵塞，只留容一人通过的缺口。顷刻间，清军已经杀到，逃跑的难民拥挤在城门，互相践踏，只跑出数十人；来不及逃跑的很多都投河而死，人数之多，甚至河水都为之堵塞。

黄淳耀兄弟缒下城去，跑到城外一个庙内，再也不肯跑了。两兄弟喝完最后一口茶，留下遗书，曰：“遗臣黄淳耀于弘光元年七月初四日自裁于西城僧舍。呜呼！进不能宣力皇朝，退不能洁身自隐。读书寡益，学道无成，耿耿不灭，此心而已。异日寇气复靖，中华士庶，再见天日；论其世者，尚知予心！”随后两人在梁上自缢而亡。

除了侯峒曾、黄淳耀，把守南门的是明孝廉张锡眉，他已知嘉定必破，早在六月二十六日已写好了绝命词：“我生不辰，侨居兹里；路远宗亲，邈隔同气。与城存亡，死亦为义；后之君子，不我遐弃！”城破后，张锡眉先将妻妾赶入水中，以免被清军侮辱，随后亦自溺身亡。

侯峒曾父子、黄淳耀兄弟，以及张锡眉、龚用圆、龚用广等守城的众多生员，虽然都是一介书生，不知军事，却以嘉定区区一城之力力阻李成栋麾下精锐清军，明知不可为而为之，最终死节，脊梁犹存，比之自言吴下民风软弱的钱谦益，却又不知强了多少。

嘉定满城百姓，虽恐惧清军，但犹能大节不失，无人献城，比之清军锋芒所至，举城投降之处，也不知强了多少。嘉定城虽被攻破，但嘉定的劫难却才刚刚开始。

攻城之时，李成栋在东关外小武当庙内坐镇指挥。嘉定城既破，李成栋入城，即下令屠城。一声炮响，清军开始了杀戮。每家每户都逃不了搜捕，小街僻巷也不放过，遇到茂密的草丛谷堆，清军就用长枪乱刺，确定其中有无藏人。每抓到一个人，就大呼：“蛮子献宝！”如果身上带有财物双手奉上，清军满意了就将人释放；如果奉上财物不多，则刀砍后继续勒索，必然等到将全部勒索干净后再将人杀死。所以，路上倒伏的尸体，都是伤痕遍体，这都是先砍后杀的结果。

嘉定城已然成了人间地狱。三天以后，从西关乘船到葛隆镇，河面上还到处都是尸体，船夫都无处下篙。

到了七月十四日，又传来流言，说明朝大将左良玉已经光复南京，李成栋已逃到扬州，昆山、嘉定一带的清军已被解散。到了七月二十三日，江东人朱瑛自称游击将军，率五十人进入城内，再次下令百姓守城。但此时经过清军杀戮，已无人肯听其号令。

恰好有个诸生叫作张有光，剃发后从南京归来，被朱瑛派人捉拿，以剃头为罪，拉到大街上杀死。经此杀人立威，民间传开明军已到的消息，百姓的抵抗意志重新被点燃。明军已光复嘉定的流言传出，城外各村镇的乡兵又重新开始聚集。不过，针对的对象不是清军，而是乡间已经剃发之人，已剃头的百姓被乱杀一气，趁火打劫的事也时有发生。远近百姓听到风声，对剃头更加抗拒，不剃头被清军杀，剃头被乡兵杀，现在清军已走，自然更加不肯剃头。

嘉定复叛的消息传到李成栋处，他大怒，派遣降将万国昌等率兵屯于城外葛隆镇织女庙。镇上人刘敖、王宪等聚集乡兵千余人，宰牛盟誓，义无反顾，会合了外冈镇乡兵于薛市门桥扎营与清军交战。乡民之前被清军蹂躏，多有丧失亲人，对清军切齿痛恨；前来的清军又是降兵降将，战斗力比李成栋本部大有不如。双方激战之下，清军不敌退却，乡兵乘胜追击，共计斩首七十二级。

这次战斗，乡兵占了上风，击退了清军，大家欢声雷动，以为从此清军不敢再窥视葛隆镇。胜利之下，乡兵放松了戒备。谁知到了七月二十六日五更时分，李成栋亲自率领清军精锐乘夜杀到，乡兵多数还在睡梦中，连集结整队都来不及。清军一阵屠戮，杀得血流满地，有的地方积血甚至淹没脚踝。

清军乘胜又屠了外冈镇、葛隆镇。手下又劝李成栋，嘉定前日虽已被屠，仍有幸存者，现在听说嘉定又叛，如果不乘势剿灭，恐怕又留后患。李成栋听从了意见，连夜率兵直入嘉定，城内回归的百姓和朱瑛等全被屠戮，嘉定惨遭第二次屠城。

嘉定原本是江南富庶之地，士商如云、人口稠密，经此二屠，不论城内、乡间已是一片凋敝，财物、人口为之一空。消息传出，江南百姓人人自危，但也激怒了有志抵抗之士。

原任南明江南陆营把总的吴之蕃是军旅世家，其父亲吴斗南就在崇祯朝死于征讨“流寇”的战争中，吴之蕃也常常以此激励自己。但南明内斗不止，清军南下即分崩离析，吴之蕃一个小小的把总，自然独木难支，连手下的百户哈伯章也投降了清军。听到嘉定再次被屠，吴之蕃大哭，决意起兵。

八月十六日，吴之蕃在江东重举义旗，聚集了数千人，由水路从吴项桥登岸，意图恢复嘉定。

此时李成栋已离开，嘉定城内留守的是降清的明朝武举人冯嘉猷，手下统率数百李成栋老营精兵。冯嘉猷自知如果落到吴之蕃手中，凌迟都算轻的，他召集兵卒进行动员：“吴之蕃对我们切齿痛恨，扬言要将我们挖眼剖腹、抽筋扒皮，如果战事不利，我们都死无葬身之地！”

鼓舞起了士气，冯嘉猷率众出战，并暗中派人烧毁吴之蕃的船队。吴之蕃手下部队只有少部分是正规军，其余都是临时招募的乡民，战力本来就不如李成栋老营精兵，看到后方火气，士气大衰，开始溃散。吴之蕃连杀数人都不能阻止手下逃跑，向天大哭，想要挺枪冲阵，但求一死。旁边有个叫作汪三的手下，好言将其劝回。两人退到水边，汪三忽然将吴之蕃推落水中，将他擒拿，献给了清军。

清军生擒了吴之蕃，将他陷入囚车，把战斗中斩获的他手下的首级挂在其胸口，对其百般凌辱。吴之蕃大骂不止，清军又用大粪塞住他口，解入城中，将其杀害。战斗后，清军纷纷杀良冒功，城内外远近又有两万多人死于战乱，“二屠”后侥幸逃生的人们几乎又被杀戮一空，是为“嘉定三屠。”

相比嘉定，真正强硬的反抗在江阴。

江阴位于苏南，现在以富庶出名，在1645年，它只是长江边上的一处小县城，隶属常州府，并没有什么名气。或许是由于常年靠长江吃饭的缘故，生活在这里的人们民风刚硬，见谁都不㞞。

在明末大变局里，江阴起初看上去并没有什么不同。弘光帝朱由崧继位没多久，多铎就东下攻取南京，俘虏朱由崧后，即派出使者到南直隶各府县招抚。

这时各地虽然也有零星的抵抗，却已经有心无力，因为南明弘光政权已经被一锅端了，军队降的降，逃的逃，地方义兵显然不是如狼似虎的清军的对手。

慑于兵威，大部分地区都接受了清朝派来的官员。清军给江阴安排的一位知县方亨也走马上任。

恰好这时，北京的多尔衮见形势一片大好，趁机颁布了著名的剃发令，命令大家剃发易服接受统治。

方亨原本是明朝进士，早早地就投降了清军，他是“空降”而来的官员，只带着几个家丁上任。方亨初到江阴，屁股还没坐热，想烧把火立威，于是张贴布告，大力推行剃发令。为了帮忙，常州知府宗灏又派来了四名满兵来监督执行。方亨满以为，在清军摧枯拉朽之下，江阴既已易帜，剃发易服的事也是顺理成章。

百姓们却不这么看。改朝换代或许有其大势，但对底层百姓来说，剃发易服这件事却让人无法接受。

“身体发肤，受之父母，不敢毁伤。”出自《孝经》的这句话绝不是随便说说，千百年来早已深入人心。

对当时的百姓来说，要他们剃发就好比如今让人上街裸奔，从上到下都是拒绝的。

方亨下令县中小吏书写文书布告，写到其中“留头不留发，留发不留头”时，书吏连自己的饭碗都不顾了，把笔一丢大喊：“就死也罢！”

江阴的士民几次请愿，向方亨请求暂缓执行。

方亨不晓得江阴民风悍勇，反而认为小县刁民故意为难自己这个外来的官员，鼻孔朝天，一概拒绝。

民众自发组织起来到县衙闹事，不满的情绪迅速蔓延。

眼看城中人心思变，方亨秘密派出手下前往常州府送信，请上司派兵“多杀树威”。

这封信在半路被义民截获，瞬间消息传遍全城，江阴这座火山被点燃了。

大家推举典史陈明遇为首，擒杀满兵，把方亨下狱，打出“大明中兴”的旗号，正式反清。

义兵打开兵器库，武装起了自己，决心固守江阴。消息很快传到常州，太守宗灏并不以为然，只是派了三百人前来镇压。这时义军已经聚集起上万之众，三百人还不够砍的，还没进江阴就被包围全歼。

此后几天，又陆续有小股清军前来镇压，都被击退。义军与清军已势同水火，被下狱的方亨也被拖出来杀掉祭旗。

虽然形势看上去不错，但是陈明遇明白自己能力有限，清军吃了亏，必定派大队人马前来报复，到时候以自己的统帅才干，恐怕对付不了这么大的阵仗。

他想起了一个人，他的前任——现在正住在城外砂山的阎应元。

阎应元是通州人，原来已经升任广东英德县主簿，还没来得及赴任，南京已失陷，于是滞留在江阴。阎应元有军事才干，在江阴任上曾带领大家抵抗海盗进犯，是个实干家，大家都对他很服气。

阎应元二话不说，立马赶到城内接手防御。

他首先分兵把守四方城门，并用巨木加固，派人日夜把守，防止被冲车攻破。

他又重新编组了义军，按照小队、大队的配置，做到井井有条，方便指挥。

同时加固城防，用上了裹着铁叶的门板、塞满泥土的空棺材等，就地取材，什么能用用什么。

除了城防，守城还需要武器。在这方面江阴很匮乏，弓矢有限，仅有少量火器，基本是什么都缺。

这些没有难倒阎应元，百姓的力量是无穷的，大家利用一切可以利用的资源自造守城装备。

木头、铁块、砖石，甚至粪水、油脂，这些东西到了义军手上被重新组合一下，都成了守城的好武器。

这里还要提到一个人，前江阴守备陈瑞之之子，他原本受到父亲牵连被关押在狱中。但他有个特长，善于制造火器。阎应元下令把他放出，为义军制造火器。虽然父亲陈瑞之给清朝为官，他却心向明朝，干活非常卖力。他就地取材制造了火砖、木铳等守城器具，果然十分精巧。

火砖有三四寸大小，扔到人身上能着火；木铳不是火枪，是类似手雷一样的武器，中间塞满铁菱角和火药，从城上居高临下地扔下去威力加倍，爆发后铁菱角乱飞，杀伤力巨大，对蚁附攻城尤为有效。

义军还制造了挝弩、火球、火箭之类的武器，这些东西在正规军野战里用处不大，却非常适合守城，效果很好。

江阴在行动，清军也没闲着，在派小股军队镇压失败后，南京的豫亲王多铎整出了大动作，派出数万兵马前来进攻。

这些兵并不是八旗军，满兵是清朝的立国之本，舍不得拿来随便消耗。奉命进攻江阴的正是已投降多铎的原明朝贰臣，“江北四镇”之一的广昌伯刘良佐和他的旧部。

六月下旬，刘良佐率兵抵达，肃清外围义兵后把江阴城包围，下令攻城。

刚一开打，清军就哭了，因为被打得太疼了。

攻打江阴的清军发现，头顶的江阴城墙上扔下的东西超越了他们的想象，江阴城墙下简直是一大片高空抛物的受灾现场。

弓箭、火枪、土炮乃至石头、砖块这些还算正常操作，还有莫名其妙的铁疙瘩、飞舞的火板砖、一炸一片的“手雷”、能把人拖上去的挝弩，还有恐怖的粪水——烧得滚烫，表层还“贴心”地添加油脂保温，唯恐烫不死你。被这种粪水淋上非死即伤，因为即使不死，伤口发炎也会要了半条命。

刘良佐的军队本来战斗力就不高，平时干的都是欺负老百姓的事，哪见过这些套路，一下子倒了一大片，更多的士兵则哭起了鼻子，“兵一攻城，无不流涕”。

刘良佐屡攻不利，就想劝降阎应元。他一再派使者用弓箭射书信入城招降，甚至亲自来到城下现身说法，要阎应元投降。

阎应元站在城头，送给他八个大字：“有降将军，无降典史！”一句话说得刘良佐无言以对。

多铎听说江阴战事不利，又派恭顺王孔有德带兵来帮忙。孔有德是老资格降将，能力比刘良佐强很多，但面对江阴也无可奈何，只能把江阴团团包围，却还是啃不下来。

南京的多铎坐不住了，自己从关外杀到关内，南京、杭州这样的重镇都不战而降，小小的江阴竟敢螳臂当车，只好用大招了。

大招就是八旗军，这时八旗军正处于战力巅峰时期，横扫东亚，确实不是盖的。多铎认为汉军实力实在不济，只好调出八旗军，并派出名将博洛、尼堪，带着红衣大炮前往江阴。

这两人都是清朝宗室重臣，后来分别晋封端重亲王、敬谨亲王，南征北战，十分强悍。

博洛来到江阴城下，先做了一件事——打了刘良佐一顿板子。

没说的，统帅大军却攻不下小小的江阴，反而损兵折将，刘良佐这顿板子挨得一点不冤，没把他撸掉已经是客气。

刘良佐虽然没脸没皮，这时也感觉到了害臊，于是督促部下拼命攻城。博洛也派出八旗士兵，又摆开红衣大炮发炮助阵。

不得不说，八旗军的战斗力确实强悍，他们以重甲步兵起家，能身披几层甲胄仍然行动自如。八旗军一上场，城头的防御开始有些吃紧，威力弱一些的弓弩、土枪无法穿透重甲，火器也难以伤到隐藏在坚盾后面的士兵。

有一员清军勇将，干脆披挂三层重铠，手举一张桌子，一马当先，从云梯攀缘而上，登上城垛，试图斩将夺旗。

义军先后被他砍倒数人，最后在合力围攻下，众人才刺穿防护较弱的颈脖将他杀死。

艰难抵抗下，城池还是没被攻破。这时江阴已经顽强抵抗了两个半月，虽然给清军造成重大杀伤，但城内也已经难以为继，物资、人手都已告罄，很难再坚守更长的时间了。

在此期间，江阴不是没有做过其他努力，已派人向四方求援，希望能把各地的抵抗力量联合起来，打破包围圈。

求援也并不是没有收到响应，明朝总兵黄蜚、吴志葵、义军义阳王、秀才金矿都领兵来救援江阴，甚至海盗顾三麻子也因敬慕阎应元的为人，率舟师来援。可惜，无一例外，都在外围被击败，无法打破包围圈。

这也就是当时的问题，虽然抗清力量风起云涌，但是因为南京弘光朝廷的覆灭，失去了统一的指挥和调度，又没有人站出来统领大局，各自为战的结果只能是被各个击破。

博洛久攻不下，也开始心急，他开出投降条件，只要拔去“大明中兴”的旗号，四门悬挂大清旗号四面，只斩首事者数人，其余一概不论，即使不剃发，也会撤兵。

这种缓兵之计瞒不过阎应元，他回复博洛：“愿受炮打，宁死不降！”

即使如此，江阴城破也只在旦夕之间。到了六月二十一日，博洛集中起红衣大炮，轰击残破的东北城墙，城墙被轰破后，潜渡的清军一拥而攻入城内。

城破之时，阎应元和城内所有人都已经知道无法幸免，也早已做好了准备。阎应元端坐于东城敌楼之上，要了一支笔，在城门上题道：“八十日带发效忠，表太祖十七朝人物，十万人同心死义，留大明三百里江山。”

写罢，他投笔于地，带人巷战。义军已是强弩之末，再也无力把清军赶出城去。阎应元反复冲杀也已经无法突围，他试图投湖自尽却没有成功，被清军俘虏后送到博洛那里。

博洛得意扬扬，满以为可以羞辱阎应元一番。阎应元却挺立不屈，连正脸都不肯给博洛，骂不绝口。一个小兵要讨好博洛，一枪刺穿阎应元的小腿，阎应元终于不支倒地。第二天，阎应元终于遇害。

城里其他人，陈明遇等也都在巷战中力尽殉国，义军全军覆没，无一人投降。

恼羞成怒的博洛下令屠城三日。全城十万人或战死，或遭屠杀，仅五十三人幸免于难。

江阴的抵抗让清军胆战心惊，军中流传："吾兵南下，所不易拔者，江阴、泾县及舟山而三耳。"

隆武帝朱聿键在福州继位后，听说各地义军的抵抗，感慨道："吾家子孙即遇此二县之人，虽三尺童子亦当怜而敬之。"

江阴之战有许多传说，所谓清朝"七王""翼王""十王"都阵亡于城下，皆是野史的杜撰，并不是事实。但江阴，包括嘉定、泾县等地的抵抗不在于杀伤了多少敌军，而是以阎应元、陈明遇这样的微末下吏所代表的抵抗精神。

相比于之前在扬州殉国的史可法，他们的地位微不足道，江阴也不是扬州那样的大城，扬州一日被攻破，南京不战而降，而小小的江阴却阻挡了满汉数万大军八十一天。

这说明一个问题，素来被称为民风软弱的江南也能有这样的强力抵抗，只要组织得当、策略有效，民间的力量并不像想象中那样弱小，百姓中也不缺少明朝的支持者。只是其时既无明君，又无能臣，更无良将，白白浪费了江阴的努力。

即便如此，江阴还是值得后人铭记。时至今日，江阴城里还有祭祀阎应元、陈明遇、冯厚敦的抗清三公祠，并且自2005年起每年举行公祭以祭奠殉节士民。历史并不曾忘却他们，也不曾忘记江阴这段血色的历史。

说到这里，抛开明清之争，站在当时历史的角度来看，不管是一座城，还是一个人，在国破之际的抗争，都值得后人尊敬。

经过血腥的镇压，远近无人再敢违抗剃发令，从此只敢自称大清顺民。从嘉定到江阴，死难民众不少于二十万人。在其前后，还有扬州屠城、常熟屠城等，清军从1645年杀到1646年春天，这时的江南，已几乎没有抵抗了，曾经繁华似锦的大好江南，如今凄风冷雨、人迹寥寥、萧索不堪。

只有随处可见的满汉军勇，带着剃头匠，在城镇与乡村间游荡……

不管后世对清朝如何评价，在剃发易服这件事上是公认的一致，它超越了战争中的杀戮，对清朝造成极其恶劣的负面影响。多尔衮如果知道后果，不知道会不会后悔。

当时朝中大臣反对剃发的官员也始终存在，只是慑于"留发不留头"的法令而不得不执行。不过一找到机会，总有大臣或明或暗地表达不满。

顺治十一年（1654年）的陈名夏案可以算个代表。

陈名夏，崇祯十六年（1643年）探花，授翰林修撰，兼户兵二科都给事中，顺治二年（1645年）降清。陈名夏文名满天下，很快被擢升，累官吏部尚书、内院大学士。

陈名夏先后受到多尔衮和福临的信任，但他的性格也为自己树立了许多政敌，狂放的举动又授人以柄。

顺治十一年（1645年），大学士宁完我抓住陈名夏私下说过的留头发、复衣冠说事，向他发起了致命一击，他向顺治皇帝告密：

名夏推帽摩其首云："只须留头发、复衣冠，天下即太平矣！"臣笑曰："天下太平不太平，不专在剃头不剃头。崇祯年间并未剃头，因何至于亡国？为治之要，惟在法度严明，使官吏有廉耻，乡绅不害人，兵马众强，民心悦服，天下自致太平。"名夏曰："此言虽然，只留头发、复衣冠，是第一要紧事。"臣思我国臣民之众，不敌明朝十分之一，而能统一天下者，以衣服便于骑射，士马精强故也。今名夏欲宽衣博带，变清为明，是计弱我国也。

这份奏疏里，陈名夏的许多罪状都是捏造的，唯独“留头发、复衣冠”是陈名夏一贯的政治主张。陈名夏已经降清十年，并做到了大学士，他是有意反清吗？当然不是。相反，陈名夏对清廷是一片忠心，他之所以主张恢复汉人衣冠，正是他看到了剃发易服的负面影响极大。他曾私下对人说“要天下太平，只依我一两事，立就太平”，所指的正是“留头发、复衣冠”这件事。

陈名夏的主张并不是想要推翻清朝，这点顺治皇帝也心知肚明，他会勘群臣说：“名夏辩诸款皆虚，惟留发、复衣冠所言属实。”但他还是勃然大怒，吏部顺势判陈名夏斩首，最后改为从宽处理，判绞刑。

陈名夏只是个代表而已。多尔衮在剃发这件事上挑战的是汉人的底线。虽然剃发令最终执行了下去并且延续到清末，但是它也因此成为清朝被反对的“原罪”，以后但凡生变，没有一个不拿剃发易服说事的。多尔衮也算是一代强人，在这件事上却是实实在在的失策无比。

第八章
隆武帝继位

唐王朱聿键

民间的抗清不止发生在江南，皖南还有徽州府的金声和江天、宁国的邱祖德，陕西还有贺珍、武大定、孙守法等部。

看上去轰轰烈烈、烈火燎原。

实则力量分散，各自为战。

自清军入关以来，清朝已经迅速发展成拥有完善治国方针和强大军事力量的政权，不再是努尔哈赤时代满足于在关外“打草谷”的地方割据势力，各自为战的民间抵抗力量根本无法抵挡正规军的清剿。

好笑的是，原先的大一统王朝大明帝国，此时却成了流亡割据政权。甚至连政权都算不上，因为在监国朱常涝投降后，它连个最高领导都没了。

迫切需要有个皇帝，来起到领导作用。

这时站出来的，是唐王朱聿键。

朱聿键是朱元璋第二十三子唐王朱桱的八世孙。

朱聿键是个苦命人，说他苦命，是因为他悲惨的少年经历。

虽然出生在金枝玉叶的藩王家庭，朱聿键却没过上好日子。他的父亲朱器墭是祖父老唐王朱硕熿的世子，老唐王却由于宠信妾室生的儿子，想废掉朱器墭的世子之位。他把朱器墭父子俩都关了起来，不闻不问，想活活饿死他们，这时朱聿键还只是个十多岁的孩子。

幸好有个小吏看不下去，暗中给他们父子送些粗食，父子二人才不至于饿死。这一关，就是十六年。也就是说，朱聿键的少年时期和青年时期，都是在囚室中度过的。

看来生在豪门也未必是好事，对自己的儿子和孙子下这样的毒手，就是老百姓也无论如何干不出来。

世子朱器墭苦熬了十六年，好不容易眼看要熬出头，等来的却是要命的毒药。在崇祯二年（1629 年）他被自己的弟弟毒死，为的是要夺取他的世子之位。

世子既然死了，老唐王就打算顺水推舟，封朱聿键的叔叔为世子。如果事情这样发展下去，朱聿键能平安了却余生，已经算是幸运。

关键时刻，朱聿键中了“超级大奖”。明末名臣陈奇瑜吊唁时对世子之死起疑，警告老唐王，不得擅自改封世子，一切等朝廷查明原因再作定夺。

老唐王做贼心虚，不敢再改封世子，只得立朱聿键为世孙。不久，老唐王去世，大起大落的朱聿键终于继承唐王之位，封地南阳，正式成为一位藩王。此时是崇祯五年（1632 年），朱聿键三十岁。

但凡遭遇这样的悲惨身世，谁也不会无动于衷。四年后，朱聿键将毒死自己父亲的两个叔叔福山王朱器塽和安阳王朱器埈杖责，一死一伤，惹来不少非议。然而杀父之仇不共戴天，况且是亲兄弟下毒手，没有把两个都杖死就不错了。

由此已可以看出朱聿键性格刚烈的一面。

1636 年八月，清军入关，阿济格挥军直抵北京，京师戒严。朱聿键兴奋异常，跟打了鸡血一样，自告奋勇要出兵剿贼，请命勤王。

但是，明朝有个祖制“藩王不掌兵”。这是朱棣夺取天下后，吸取了分封的弊病，恐怕自己的子孙们再来一出“靖难”，而对藩王们采取的制约措施。

朱聿键手底下当然没兵，崇祯皇帝也拒绝了他勤王的提议。祖制不能违，万一你带兵后没安好心呢？

偏偏朱聿键一根筋，朝廷不同意，他就擅自行动，在当地招募了数千兵勇，北上勤王。

勤王路上，没遇到清军，却碰到几拨儿“流贼”，朱聿键既无作战经验，手下又是一群乌合之众，很快被打得稀里哗啦。

崇祯皇帝一看发火了，你朱聿键是要干什么，私自募兵，还大败而归，牢房没蹲够是不是？这回“赏”你个高级监狱！

于是，朱聿键被撸掉王爵，投入凤阳的皇家监狱，一蹲又是七年。直到崇祯皇帝上吊，他还在大牢里蹲着。

朱由崧继位后，大赦天下，朱聿键这才被放出。朱常淓降清后，朱聿键得到了镇江总兵官、靖虏伯郑鸿逵的拥戴，被护送到福建。

这时，首先需要解决的又是帝位问题。当时朱由检的叔父和兄弟辈只剩下在广西的桂王，远水解不了近渴，东南抗清迫切需要解决正统性问题。

而且客观地说，朱聿键是个靠谱的选择。两次蹲大狱的经历，让他既没有朱由崧的荒淫骄奢，又远远比朱常淓要胸有大志，确实是个鹤立鸡群的人选。

还有一点，朱聿键的封地在南阳，南阳这个地方是东汉开国皇帝刘秀的故乡。

刘秀起兵之时，境况比朱聿键还要恶劣得多，谁知这个毛头小子却是个天纵奇才，光复汉室，万世流芳。这一点，又跟朱聿键有些相似。众大臣希望讨个好彩头，光复大明，从朱聿键开始。大臣杨廷麟在诗中就写道“中兴自古旧南阳”。这些，可以看作美好的愿望。

1645 年（清顺治二年、南明弘光元年）六月二十八日，朱聿键在南安伯郑芝龙、靖虏伯郑鸿逵、巡抚都御史张肯堂和礼部尚书黄道周等拥戴下，在福建建宁称监国。随后，他来到福州，以南安伯府为行宫。二十天后，朱聿键于福州正式称帝，改元隆武，宣布从七月初一起改弘光年号为隆武元年；改福建布政司称福京，改福州行在为天兴府，改布政司为行殿，建行在太庙、社稷及唐国宗庙。

朱聿键升郑芝龙为平虏侯、郑鸿逵为定虏侯，封郑芝豹为澄济伯、郑彩为永胜伯；以黄道周为吏部尚书、武英殿大学士，蒋德璟为户部尚书、文渊阁大学士，朱继祚为礼部尚书、东阁大学士，曾樱为工部尚书、东阁大学士，黄鸣俊、李光春、苏观生等人为礼、兵各部左右侍郎兼东阁大学士。

南明隆武政权，就此成立。

明朝最牛“海归”

南明第二个皇帝，隆武帝朱聿键，他的年号也大有来头。

弘光帝朱由崧的年号“弘光”，包含着“恢复大明，光复故土”的意思。当然，这个年号，对朱由崧而言只是个笑话。

隆武帝朱聿键的年号“隆武”，同样如此。

弘光朝武备的崩坏，实在是让人大跌眼镜，百万大军转瞬就土崩瓦解。

在乱世中，武力才是第一要素。

所以，朱聿键要“隆武”，武隆了，一切就都好办了。这跟“枪杆子里出政权”是一个道理。

同时，“隆武”还暗合“光武”，唐王朱聿键的封地，正是东汉光武帝刘秀的故乡，希望能讨到一个“位面之子”刘秀的好彩头，中兴明室。

朱聿键也确实是位胸有大志的皇帝，在南明这些个皇帝、监国里，他算得上是出类拔萃，一心所想的就是恢复大明江山。

这时候的天下，清军已经占领了江南，弘光朝的千员战将和百万大军大部分已经倒戈降清。

虽然如此，但还有浙东、福建、两广、赣南、湖南、四川、贵州、云南等省份没有沦陷。与多铎进军前相比，南明丢失的只是江南的大部；从地图上看，人口、疆域依旧不小，隆武帝还有中兴的资本。

可实际上，这种资本并不存在。

从隆武帝封赏的大臣们就看得出来，明末武将军阀化的趋势，在隆武朝不但没有消退，反而愈演愈烈。

平虏侯郑芝龙、定虏侯郑鸿逵、澄济伯郑芝豹、永胜伯郑彩。

这几位侯爵、伯爵，都姓一个姓：郑。

确切地说，他们都是一家人。

这家人，原先都是海盗，首领是郑芝龙。郑芝龙有个儿子，叫郑森，后来叫作郑成功。

郑芝龙是个明朝人，却也是个大“海归”。

郑芝龙出生在福建南安，南安这块地方，在明末出了不少风云人物。郑家世代以海为生，十七岁时，郑芝龙去澳门跟舅父学做生意、讨生活，从此一飞冲天，一发不可收。没过几年，他就靠灵活的头脑和精明的手腕，通过与日本的海上贸易成为巨富，往来于中国和日本，成为华侨的领袖。

郑芝龙精通日语和葡萄牙语，还有个洋气的名字，叫作尼古拉。放到今天，以他这样的能力，也足以在外企混个高官当当。

郑芝龙不想帮外国人打工，他要让外国人帮自己打工。

郑芝龙有多牛呢，牛到日本退休的幕府将军德川秀忠亲自接见他，还以礼相待。在日本，他出门都由日本高官陪同，用今天的话来说，俨然是政商领袖的派头。

郑芝龙在日本很吃得开，干脆娶了个日本老婆——平户藩之家臣田川昱皇之女田川松，日后称为田川氏。

田川氏生二子，长子郑森，就是以后大名鼎鼎的郑成功。

在那个年头，光会做生意是不够的，如果没有后台，生意做得再大，一小队士兵或者海盗就能要了你的命。

一般而言，商人们会选择依附一个势力。对郑芝龙来说，他可以选择依靠日本或者明朝，两者都有军队可以保证他的安全。

郑芝龙偏偏是个不认命的主，他说，我谁都不靠，就靠自己。

怎么靠自己呢，他依靠巨大的声望和财力，发展出了一支自己的军队。

郑芝龙集团是明末最强大的私人海上武装，强大到朝廷无力剿灭。他不来主动进攻官军，已经是谢天谢地。

不光是明朝，连强大的荷兰殖民者也对他没办法，反而经常被郑氏集团欺负，船只常常被其截获。

既然硬的不行，那就来软的。天启七年（1627 年），朝廷开始尝试招安郑芝龙，没有成功。第二年（1628 年），崇祯元年，福建巡抚熊文灿终于成功招安郑芝龙。郑氏率部众三万余人，船只千余艘来投，朝廷任命他为总兵，仍然率领部下在沿海守备。

这时，郑芝龙手下有三万多人，船只千余艘，仍然归他自己统领，依旧是最强大的海上力量。

得到了明朝的支持，郑芝龙更是牛气冲天。1633 年，始终与荷兰摩擦不断的郑氏集团在金门海战中击败荷兰东印度公司舰队，将他们逐出东南沿海。此战过后，郑芝龙的商业版图再次大大扩充，东洋、南洋无处不是他的势力范围。

他的兵力，此时已经发展成了“国际联军”，包括汉人、日本人、朝鲜人，甚至非洲黑人等各色民族，军力高达二十万人，拥有超过三千艘大、小船只的船队，成为华东与华南海洋世界的唯一强权。

如此实力的郑芝龙，几乎成为独立王国，明朝对他无可奈何，既命令不动他，更没有实力消灭他。虽然郑芝龙名义上是大明臣子，实际上，在福建这块地盘上都是他说了算。

在明末的天下大乱中，郑芝龙置身事外做自己的生意，实力未受丝毫影响，反正天高皇帝远，谁做皇帝跟自己也没有太大的关系，只要不来动我就好。

等到朱由崧在南京称帝后，福建这块地方变得重要起来。弘光帝册封郑芝龙为南安伯、福建总镇，负责福建全省的抗清军务。

然后，就到了隆武朝。

郑芝龙的表现，还要慢慢才表露出来。在隆武帝登基之初，他多少还要给朱聿键一些面子。

对于朱聿键来说，当时形势有两大利好。

一个是外部形势趋缓。

相比弘光朝，这时候朱聿键失去了南直隶的大部分和浙江的一部分，损失的确很大。四川又在张献忠手里，朱聿键能控制的地盘比朱由崧缩水了不少。

然而此时清军却停止了进军，原因是——入夏了。

入夏也能算原因？莫不是多尔衮还要给清军放“暑假”不成？

别说，还真是这么回事。北方军队长久在寒冷地区生活和作战，没有体验过南方的盛夏。全国历来有几个被称为“火炉”的城市，其中三个就在清军的占领区：杭州、南京和武汉。

光是温度太高，或许还能忍受，驻扎在城里，每天大喘气也就是了。

温度又高，还要行军打仗，就吃不消了，这是要出人命的。

军队要上战场，必然要披挂甲胄，当时军官和精锐部队的甲胄以明清交替之际流行的布面甲为主。也就是外层是经过捶打处理后的棉布，内衬甲片，以泡钉连接。

这种甲在天寒地冻的辽东很适用，不只能抵御冷兵器，还能防御热兵器的伤害。但到了盛夏的南方，可就要了命了。它会变得分量沉重、密不透风、散热性能不佳。

清军主力都来自北方，虽然士兵未必要披挂这么沉重的甲胄，但是军官和将领们吃不消啊。不适应南方高温的军官很可能会中暑，军官倒了，军队也就失去一半战斗力了。

与天斗是斗不过的，要跟老天爷“硬杠”结果只能是形神俱灭，更何况除了高温，还有水土不服、传染病等诸多威胁。这些主力对多尔衮来说是极其宝贵的，得省着用。所以，在入关之初，清军就有放“暑假”的传统，往往一到盛夏往南方的攻势就会大为减弱。

从六月到八月，武昌的阿济格、南京的多铎、杭州的准塔先后率兵班师，只留下部分兵力防守长江和钱塘江一线。对朱聿键来说，这无疑是个利好。

另一个是清朝内部不稳显现。

这与多尔衮的剃发令直接有关。剃发令下，诸多降地复叛，即使清军到处镇压，按下葫芦浮起瓢，星星之火到处燃烧，这又牵制了清朝的留守兵力，既要防御要地，又要镇压当地，难免捉襟见肘。

对清朝来说，除了剃发令引起的反抗，还有一系列政策起到的反作用。

最主要的还是土地问题。

在入关之初，多尔衮一副慈眉善目的模样，像和蔼的老大爷，前朝官员，不管你曾经投降过几次，都跟没看见一样，一概既往不咎。对富商、地主、百姓们也同样好言好语，一点看不出之前数次入关抢掠的形象。对民众来说，务实最重要，气节不气节的，远没有吃饱饭重要，只要战争与我无关，不影响到我的生活，谁来当皇帝都一样。

虽说稳定了局势，但多尔衮还是面临着棘手的问题。既然定都北京了，将来满族统治者工作的重心必然放在关内了，那就必须把关外的大部分人口给迁进来，这样才能稳固统治。

那问题就来了，人口进来了，得给人家土地啊。在农业社会没有什么比土地更重要，地总共就那么多，能分的早就给人分完了，再要满足内迁的几十万满族居民的需要，就得另想办法。

办法其实很简单，历朝历代都屡试不爽，就是土地的再分配。

多尔衮比李自成精明得多，他发布圈地令，下令“近京各州县无主荒田分给东来诸王、勋臣、兵丁人等”，圈走八旗看中的地，再用其他地进行补偿。

无主荒田可能会有一些，却是远远不够分的，说穿了其实也就是掠夺，但打着“圈地”的名号就有一定迷惑性，比直接动刀动枪硬抢要冠冕堂皇得多。大部分百姓开始是看不清这里面的猫腻的，等事到临头了，才知道实情，因为说是有补偿，其实大部分是无法兑现的。

圈地有多严重，以几个地方为例。

顺治二年（1645 年）十一月，通州乡民郝通贤等三十人联名上奏：“去年十二月奉旨分地东兵圈种，约去三千余顷。虽有拨补，率皆名偿实无，更赔纳租赋……忽今月初四日，有差艾大人将通地尽圈牧马，计通地不过五千余顷，前圈种三千余顷，兹再圈二千四百余顷，而通地尽圈，而通民无地播种矣。”

也就是说，通州能耕种的五千余顷地差不多都被圈完了。

河北雄县，“凡圈民地请旨，户部遣满官同有司率笔帖式、拨式库、甲丁等员役，所至村庄相度畎亩，两骑前后牵部颁绳索以记周四围而总积之。每圈共得几百十晌，每壮丁分给六晌，晌六亩。……圈则倍占，退仅虚名，以致丁男流离，城郭为空”。

除了圈地，还有一招叫“投充”。

“投充”其实就是圈地的补充。原住民的地都被圈完了，补偿又无法兑现，一家人总得吃饭吧，没地种就意味着要饿死。

多尔衮是不会让人没地种的。

你不是没地吗，我给你，当然不是白给，你投到八旗下干活，就能拿到地种。八旗是实行奴隶制的，“投充”到旗下也就是给八旗为奴。这还不如原来的租户、佃户，原来的长工、短工至少还有人身自由，“投充”了倒好，直接为奴了。

但没办法，不“投充”，你要是等着拿补偿，补偿能不能拿到还不知道，补偿就算到了那时自己也早就饿死了。

那就只能“投充”了吗？不对啊，大不了我什么地都不要了，三十六计走为上计，一走了之还不行吗？

不行，走是走不了的。战乱时期，人口就是最宝贵的资产，哪能随便让你跑路，想走？还有“逃人法”等着你！

要是轻轻松松就能逃离清朝控制区，那大清还怎么立国，人不得都跑光了，八旗是要用来打仗的，不是让他们种地的。但在圈地与“投充”双重政策下，逃亡的百姓越来越多。在顺治三年（1646 年）五月，多尔衮在颁谕兵部时说:“只此数月之间，逃人已几数万。”

“捉拿逃人一款，乃清朝第一急务”——“缉捕逃人法”立即推出。

不只清廷专门设立兵部督捕侍郎负责追捕审理，地方官也以缉捕逃人作为政绩考核标准。

“逃人法”的特点是薄惩逃人，重治窝主。对逃人的处罚是一次、二次逃亡处以鞭笞，三次逃亡后处以绞刑。这个特点很人性化，因为逃人抓回来还是可以继续干活的，要是都给治死了，奴隶主还怎么玩。

逃人不可能一夜逃出境，谁要是敢收留或者窝藏逃人，那就对不起了，一律处斩，并且还要连坐。“有隐匿逃人者斩，其邻佑及十家长、百家长不行举首，地方官不能觉察者，俱为连坐”。

这么重的处罚，没人敢收留逃人，哪怕跟陌生人打个招呼都得担心对方是不是逃人。多尔衮时期的“逃人法”是最严厉的，直到顺治十四年（1657年）以后才有所放宽。

多尔衮这几招，一环套一环，都替人考虑好了，不怕你不就范。

缉捕逃人给百姓造成了巨大灾难。史料记载:“国初最重逃人。逃人，旗下逃避四方者也。一丁缉获，必牵一二十家，甚则五六十人。所获之家固倾家而荡产矣;其经过之处，或不过一餐，或止留一宿，必逐日追究明白，又必牵连地方四邻。故获解逃人，必有无数无辜者受其累。凡地方获逃人，先解典史录供，然后解县。县官视逃人如长上，不敢稍加呵叱;惟严讯株连之人，夹者夹，桚者桚，监禁者监禁。逃人亦暂寄监，奉之惟恐不至。蠹吏狱卒，更导之扳害殷实有家者，于中攫取货财。逃人高坐狱中，而破家者不知其几矣。”

在种种军事压力和社会矛盾之下，清朝的统治开始并不那么稳固。这对朱聿键来说，也是个利好消息。

隆武帝的困境

对南明诸帝的评价，得分最高的就是隆武帝朱聿键。

朱聿键干出了什么惊天动地的大事吗？其实并没有。相反，他的成就乏善可陈。

成就往往是评价一个历史人物的标准，但不是唯一的标准。如果要拿成就来说，宋末文天祥其实也没有什么成就，还是被万世景仰；明末的史可法，非但没有成就，还给自己挖了许多坑，也不妨碍后世对他的正面评价。

朱聿键也是如此。

朱聿键被高度评价，在于他的觉悟很不一般。

前面说过，弘光朝定下了基本战略，就是“联虏平寇”，团结清朝打击农民军。理想很丰满，在现实面前却像鸡蛋一样脆弱得不堪一击，因此朱由崧和臣子们遗憾地错过了一次次可以收复失地的机会，最终被多铎一锅端。

“联虏平寇”显然行不通了，这是每个人都看得出来的，因此战略必须要调整。

怎么调整，有讲究。

李自成灭了崇祯皇帝，多尔衮灭了弘光皇帝，现在两家都是敌人了，怎么处理？

朱聿键眼光很独到，他主张“联寇抗清”，这个决定现在看来不算什么，在当时可是相当不容易。

宋明理学在思想上深刻地影响了士大夫们，大家都像一个模子里刻出来的。君父就是天，就是理，和灭了天理的“流贼”一笑泯恩仇，属于大逆不道。

朱聿键能作出这样的决定，是超越时代的，“联寇抗清”从此被确定下来。

“联寇抗清”显然是个无比正确的选择，如果要和农民军、清朝同时开战，那实在是不自量力。

怎么处理从北方来归附的士民，也是对朱聿键的考验。

由于圈地、“投充”的折腾，大批百姓和官绅南逃而来投奔隆武朝。

民心所向啊，大家看着汹涌的人潮，心里乐开了花。

等等，这人群里怎么混杂着清朝的“时尚发型”？

这并不奇怪，因为剃发令已经执行，从清朝占领区逃过来的不少人已经剃发了。

那就产生了问题，有大臣认为，剃发的这些人从名义上说就是叛徒，他们已经投降了清朝，应该砍了他们的脑袋。

朱聿键白了他们一眼：弘光朝也发生过类似这样的事情，那时北方来投的人还没剃头，只是因为投降过李自成，就要被抓被杀，结果吓跑了一大批人，结果如何，大家都看见了。

如果对剃头者一杀了之，谁还敢再南逃，高兴的只能是清朝。

但毕竟，发型问题在当时是个天大的问题，它代表着政治正确，万一里面确实藏着奸细，对自己也不利。

如何对待逃民的身份是个问题，朱聿键给出了完美的解决方案——“有发为顺民，无发为难民”。

简单一句话，破解了这个僵局。大家都是民，没有谁天生是叛徒，有头发的比没头发的好，是顺民；没头发的也不用害怕掉脑袋，你们是逼不得已，是难民。

朱聿键坐牢半生，大起大落，他对造成明朝晚期局势崩坏的原因看得很清楚。

他首先要着手解决党争问题。

党争是一大痼疾，不是像解决难民问题那样一句话就行的。在这方面，朱聿键的行动有些类似多尔衮。

他敞开大门，吸纳一切可以吸纳的人才，不管这些人以前是否犯过政治错误，只要确定有才干，都能任用，前提是要坚决反清。

举例来说，马士英虽然犯过错误，但他是坚决反清的，也有一定才干，隆武帝打算吸纳他入阁。由于马士英得罪的人有点多，遭到强烈反对才作罢，但还是任用他到江浙一带去领导抗清。

如此励精图治、策略得当，朱聿键只要再能解决一个问题，就能彻底甩开膀子，大干一场。

这个问题，我们放到后面再说，朱聿键这时还有个麻烦——鲁王朱以海。

朱以海是第十一代鲁王，是鲁肃王朱寿镛之子，鲁安王朱以派之弟，朱元璋的十世孙。

从他的封号可以看出，朱以海的封地在山东。崇祯十五年（1642年），清军入关劫掠，兖州被清军攻破，朱以海的哥哥鲁安王朱以派自缢而亡，他躲在死人堆里才逃过清军的屠杀。

死里逃生后的朱以海在崇祯十七年（1644年）二月承袭鲁王之位。但仅一个月后，李自成攻占北京，并计划向山东用兵，朱以海只能南逃，于是来到了浙江台州。

福王朱由崧于南京继位后，命朱以海驻守台州。第二年（1645年）清军攻破南京，东南大乱，钱肃乐、张煌言等起兵浙东，郑遵谦、张国维等迎朱以海于绍兴。七月十八日，朱以海正式出任监国，并任命张国维、朱大典和宋之普为东阁大学士，不久又起用旧辅臣方逢年入阁为首辅。

以上经历没什么问题，除了一点，在朱以海称监国前，朱聿键已经在福州称帝。

得知这个消息，朱以海有点尴尬。朱聿键称帝比他早，并且得到了除了自己以外各地力量的认可。朱以海却只占有浙东一隅之地，无论从哪方面看，给朱聿键让位都是应该的。

很快，朱聿键派使者来绍兴，要求朱以海退位归藩，朱以海手下不少大臣也主张承认隆武帝的地位。朱以海也很识时务，宣布退位归藩，于九月十三日返回台州。

本来事情到这里就算圆满解决了，谁知又横生枝节。

朱以海都回台州去了，朱聿键派来的使者在十月初一抵达绍兴，宣读诏书，准备接收浙东。谁知，有人不乐意了，朱以海的两位内阁首辅——张国维和熊汝霖。

这两位在历史上都是忠良的形象，至死都在抗清。然而，历史人物脸谱化本来就是种错觉，因为他们往往是多面的。

抗清并不影响张国维、熊汝霖对朱聿键的态度，他们拒不奉诏。在两人的带领下，绍兴政权竟然又接回了朱以海，谈判宣告破裂。

原因嘛，还是不外乎名利，他们在朱以海这里是内阁首辅，到了朱聿键那里，说不定就成了被排挤的对象。虽然朱聿键已经作出了极大让步，许诺鲁王监国的官员官职不变，但还是无法得到浙东官员的信任。

如果再往深处追究，那就要讲到前面提到的问题，那个朱聿键还没能解决的问题。

朱聿键的实力

这个问题跟他的年号有关。

隆武、隆武，没有武，怎么也隆不起来。

朱聿键在军队问题上碰得头破血流。

政策再好，没有枪杆子也无法得到保证，朱聿键偏偏没有枪杆子。

就军队来说，朱聿键虽然不如朱由崧时期的几十万上百万大军，但在名义上的兵力也不少。

朱聿键手下，大致有这么些个统兵重臣。

五省总督何腾蛟。

何腾蛟在明末也是个重量级人物，他主要的贡献都在湖广。

在崇祯年间，何腾蛟只是湖北巡抚。马士英掌权后，由于两人是老乡又是旧识，都是贵州黎平府人，所以马士英推荐他担任了湖广总督。

当然这里面还有另一层意思，何腾蛟在马士英看来，是自己人。马士英在湖广任用自己人，是因为当时湖广盘踞着另一个风云人物——左良玉。

左良玉视马士英为死对头，何腾蛟就是马士英安插在湖广的一枚棋子，目的就是牵制左良玉。何腾蛟这个总督的位置异常尴尬，一边是坐拥数十万大军，时刻想要马士英脑袋的左良玉；一边是自己的乡党，希望借自己的力量掣肘左良玉的马士英，哪一边都不好得罪。

两手都要抓，两手都要硬。老于官场的何腾蛟，竟然在湖广总督这个位置上坐得很稳，马士英和左良玉都对他敬重有加，算得上是个能员。

能把最大军阀左良玉和最高级文官马士英都伺候好的人，注定不是个简单的人物。

随后，左良玉起兵东下“清君侧”，也没忘了何腾蛟，千方百计地要拉着他一起入伙。左良玉起兵这事，名既不正，言又不顺，大明忠臣何腾蛟大摇其头，直说“干不了，干不了”。

左良玉管不了那么多，手里有兵就是王道，派人硬是将何腾蛟“请”上自己的战船，实际上就是绑架。谁知何腾蛟极为硬气，趁看管不严，一头扎入长江，偏偏还大难不死，为人所救，保住了一条性命。

何腾蛟老于世故又忠贞不屈，到这儿已显露得无比分明。他的余生，就是对他性格的一再重复展现。

确实，不跟着左良玉走是明智的，否则，何腾蛟恐怕会跟袁继咸是同一个结局——提前落幕。

何腾蛟的抗清之志确实不是吹的，他返回长沙，在一穷二白的局面下，靠着旧部和民心的支持，硬是拉出了一支十数万人的军队。

此时弘光帝已被俘，隆武帝在福州登基，对这位既忠心，手里又有兵，还在自己原来的封地南阳当过知县的何大人，朱聿键自然要极力拉拢。他立马将何腾蛟擢升为豫、楚、滇、黔、湘五省总督，总督五省军务。此时何腾蛟势力达到极盛，手下一度拥兵达三十多万，号为“楚军”，名义上的实力甚至要强于隆武朝的另一位大军阀郑芝龙。

我们说到明末，总说武将军阀化，比如弘光朝的“江北四镇”和左良玉等。

实际上，这种说法不对。

至少不全面。

成为强藩的何腾蛟，虽然不是军人出身，也成为事实上的军阀。

福建的最强势力无疑是郑芝龙，隆武帝命令不动他，于是想要拉拢何腾蛟，借助他的兵马来实现自己的复明大计。

隆武帝只看到了何腾蛟的一面。

何腾蛟确实是矢志抗清，直到生命终点。这一点，他大大强于郑芝龙。

除此之外，他与郑芝龙并无二致。

也就是说，隆武帝同样命令不动何腾蛟。这位何总督，把湖广和贵州视为自己的地盘，不许任何外人插手。隆武帝的命令，水泼不进，想要借助何腾蛟力量的念头，毫无疑问是落空了。

除了何腾蛟，还有广西巡抚瞿式耜。

瞿式耜也是位名臣，他的名气更大于何腾蛟。

瞿式耜是常熟人，钱谦益的弟子，为官颇早，万历四十四年（1616年）就中了进士，随后当上了江西永丰知县，当时还是天启年间。

瞿式耜的思想还相当新潮，他竟然接受洗礼加入了基督教，还取了个教名叫作 Thomas。既是进士又是基督徒的瞿式耜，在以后还曾借助自身这个优势，请来葡萄牙雇佣军助阵。这是后话，以后再说。

钱谦益的弟子，在崇祯皇帝料理掉魏忠贤后当然会受到重用。不过，朝堂风云变幻，没多久，瞿式耜就跟老师钱谦益一起被贬回老家种地去了。

朱由崧在南京登基后，瞿式耜又被起用，很快出任广西巡抚。

弘光朝很快遭遇失败，潞王朱常淓降清后，帝位又出现了空缺。空缺又迅速被填补，出现了隆武帝和鲁王监国并立的局面。

瞿式耜并不支持这二位中的任何一位，在他心里，有个执念，就是要立当初老师钱谦益和史可法议定的桂王朱由榔。所以，他既不承认鲁王监国的地位，也不去福建就任朱聿键封的职位。也就是说，广西省虽然在名义上承认隆武帝，但朱聿键想要调动广西的兵力也难以做到。

这时，瞿式耜手下有十来万的广西军队，人数虽然不算太多，但是战斗力颇为强悍。桂军的悍不畏死，古已有之。

这样算下来，湖广和广西的四五十万军队，隆武帝都无法调动。那么他能调得动的，还有哪些军队呢？

南明隆武帝朱聿键的版图内，除了何腾蛟和瞿式耜，就得数到福建本地势力——郑芝龙。

郑芝龙是个大海盗出身，在前面已经讲过。郑芝龙固然是郑氏集团的首领，不过隆武帝被拥立，其实与他并没有直接的关系。当时郑芝龙盘踞福建，主要精力还是在自己的家族事业上，参与拥立朱聿键的，是郑家的另一位大佬——郑鸿逵。

郑鸿逵是郑芝龙的亲弟弟，这点在名字上似乎看不出来，这是因为郑鸿逵是他进入官场后的名字，他的本名叫作郑芝凤。

郑芝凤就是郑芝龙安插在官场的郑氏“代言人”。与大哥郑芝龙相比，他在集团内的业务主要是负责官场的对接。于是，他长期待在南京，并得到了个镇江总兵的官职。

弘光帝被俘，潞王朱常淓降清后，大家迫切需要再选个皇帝出来。这时郑氏在福建势力虽大，但是还远远没到可以一手操纵帝位的地步，于是众文武大臣纷纷来到福建开会，商量帝位人选。

这个可选之人其实已经不多。从血统上来说，唐王朱聿键已经是离太祖血脉较近的一个，加上他在之前给总兵郑鸿逵、户部主事苏观生、右副都御史路振飞、礼部尚书黄道周等人的印象都不错，认为他是贤王。几位大佬一合计，就打算立朱聿键。

在立朱聿键这件事上，郑芝龙一开始就不热心。根据记载，他是“意犹豫，而以鸿逵所迎，勉就约”。也就是说，看在郑鸿逵的面子上，才半推半就，欲拒还迎，从心底里，郑芝龙并不看好朱聿键。

朱聿键就任监国后，接下来就面临要不要称帝的问题。在这件事上，郑芝龙再次表明了他的态度：“芝龙亦固争以为不可；惟鸿逵曰：不正位无以厌众心以杜后起。”

还是靠着郑鸿逵，郑芝龙才不好坚持。可见郑氏集团内部，在拥立上的意见也并不统一。从后续事态的发展来看，郑鸿逵和郑芝龙的不同态度，意味着郑氏集团的分裂在此时就已埋下隐患。

还有个小小的故事，这里可以说一下。众所周知，郑成功被称为“国姓爷”，源于他被隆武帝赐姓。不过，郑氏集团最早被赐“国姓”的，并不是郑成功，而是他的堂弟，郑鸿逵的儿子郑肇基。

事情是这样的：郑鸿逵拥立隆武帝后，越发感觉自己定的人选无比正确。想要进一步同朱聿键紧密联系，所以把自己的儿子郑肇基介绍给了朱聿键。朱聿键也感激郑鸿逵的拥立之功，一看就明白了意思，那就这么着吧，赐你“国姓”，以感念支持。

赐“国姓”，现在看来，就是随手一指，你从此跟我姓吧。不过事实上，可没这么随意。因为皇帝们行事，并不是随心所欲，不管干什么，都有祖制礼法，还有大臣们进行约束，皇帝代表的不是自己，而是整个政府班子。

明成祖时期，“三宝太监”本姓马，因为在“靖难之役”里表现出众，是太监中的战斗机，朱棣一高兴，给他赐了姓。但赐的并不是国姓，而是“郑”姓，这就是郑和。可见，“国姓”不是随便赐的，连有战功也不行，赐给郑肇基“国姓”，代表着对郑鸿逵莫大的信任。

大家族之间的关系，几乎就是一个社会的翻版，时时刻刻充满着明争暗斗，更不要说郑家这样富可敌国的超级家族。

郑芝龙一瞅，好嘛，你朱聿键赐给郑鸿逵儿子“国姓”，那就是不把我这个郑家老大放眼里了。不行，我再把我儿子领来，看你怎么处理。

郑芝龙不赞成朱聿键继位称帝，但他是郑家的老大，朱聿键得罪不起，于是给了郑芝龙之子郑森同样的待遇——赐“国姓”。郑森，就是日后的郑成功。

从这些事上，其实可以看出，郑家内部也并非铁板一块。实际上，这也很正常，家业大了，大家就很难再像小作坊起步时候那么团结了。这也是各自的利益驱使，从武将军阀集团到如今的跨国公司，垄断财阀们，莫不如是。

郑芝龙、郑鸿逵，可以说是郑氏的两个代表。相比郑芝龙，郑鸿逵无疑更加支持也更加尊重隆武帝。或者可以假设，郑鸿逵有借着隆武帝的支持，向家族老大权威发起挑战的打算。

不管郑鸿逵到底怎么想，郑家内部有多少矛盾，在对外方面，郑家必须表现得像一家人，因为对面那帮读书人，个个都不是吃素的。武英殿大学士兼兵部尚书黄道周、户部尚书何楷等文臣领袖对郑氏并不买账，虽然手里没兵，但文人的骨气还是有的。

时间不长，不论是郑芝龙还是郑鸿逵就都被弹劾了好几次。郑芝龙本来就看隆武帝不顺眼，就连原来偏向隆武帝的郑鸿逵也有点犯嘀咕，这帮文官就知道过河拆桥，芝麻大点的小事就上一奏折，一点儿也不顾及老子在拥立时的莫大功劳。

这时，郑氏集团手里掌握的兵力是二十多万，全部在隆武帝的驻地福建。这支兵力，是仅次于何腾蛟“楚军”的隆武朝第二大军事集团，并且人数多于瞿式耜的桂军，战斗力又远强于何腾蛟的“楚军”。这三支军队的共同点是，都不听隆武帝的调遣。

另外，在赣南还有一部分明军，统帅是兵部右侍郎兼右副都御史万元吉。但这支兵不能动，因为赣南的位置十分重要，赣南丢失，福建和湖广的联系就被切断，清军的直接军事威胁就更严重了。

非但不能动，江西的兵力还不足，朱聿键又派张同敞带着征发来的云南兵进入江西帮助防守。

云南也有军队，西南土司兵向来是明朝军事力量中一个重要的存在。但这时除了被张同敞带出去的军队，云南已经自顾不暇，没有余力再出兵省外。这事我们回头再讲。

这么一计算，朱聿键手里就基本没了可以调动的部队。

这个弱点，朱以海那头也看在眼里。

朱以海是外藩，在浙江人生地不熟，但他的情况比朱聿键要好，他有能用的军队，由方国安和王之仁统率。

于是，就出现了奇怪的现象。在账面上，奉朱聿键为正统的地盘上有多达六七十万的军队，可是他却调动不了；朱以海偏居浙东一隅，手下的兵不满十万，却可以全权指挥。

鲁王监国君臣就有了其他想法，你朱聿键名义上是皇帝，实际上是个光杆司令，我有兵的竟要向你没兵的俯首称臣，大家都是老朱家的子孙，谁的血缘也不比谁近，我干吗要听你的？今天我一旦称臣了，拱手交出兵权，以后再要有什么想法，那就无能为力了。

出于如此私心，以大学士张国维、督师熊汝霖、大将王之仁、国舅张国俊等为首的大臣决定不奉诏，又把朱以海接了回来，甚至还有人说：“凭借浙江的数十万兵力，杀回北京又有何难？”

在如此时局之下，还抱着这样的想法，这些人实在是该抽。张国维、熊汝霖被后世称为名臣，其实也跟史可法一样，在气节上，他们不亏；不过在决策上，可以说是一塌糊涂。这正是“平日袖手谈心性，临事一死报君王”。

闽浙联合的最好机会就这样被葬送了。

话说回来，鲁王监国也并不是一无是处，除了没有和朱聿键联合，在实现复兴大业上也颇值得称道。

朱以海的首要目标，是拿下杭州。

1645 年八月，方国安部就曾经进攻过杭州，但被清军击退，方国安之子方士衍阵亡。

十一月，朱以海加封方国安为越国公，王之仁为兴国公，并亲自到钱塘江边犒军。二十四日，明军两万多人过江，再次攻打杭州。

遗憾的是，朱以海手下的将领与博洛相比差了一个档次，又被清军轻松地击败。这次败仗，明军光是被俘的副将就有十一人，其他低级军官和士兵的损失更是巨大。

这次重大失利终于让朱以海看清自己手下的军队与清军战斗力的差距，从此只敢扼江据守，再也不敢过江进攻。

实际上，不听隆武帝号令的还不止朱以海，广西桂林的靖江王朱亨嘉僭位，太湖流域的宗室朱盛澂自称通城王行大将军事，以及自称监国的益阳王朱慈炲等，全都争着给朱聿键添堵。朱聿键花费了好些功夫才一一平定下来。

第九章 云南的形势

云南烽烟

该说说云南了。

在何腾蛟、瞿式耜、郑芝龙等人之外，隆武帝朱聿键的版图上还有一个特别的地方——云南。

讲到云南，则必须提到明朝开国大将沐英。

沐英的出身比朱元璋还惨，没过上一天好日子，在乱世中，这个流浪的孤儿随时可能在路边冻饿而亡。不过，沐英遇到了他生命中的贵人——朱元璋。

八岁的沐英被朱元璋收为义子。这时的朱元璋已经是群雄之一，他对于沐英而言，是主公、皇帝，也是慈父。

一句话可以概括，沐英的一切都是朱元璋给的。而朱元璋对于沐英，也意味着一切。

至正二十二年（1362 年），年仅十八岁的沐英就开始担当军事重任。先是被朱元璋封为帐前都尉，参与镇守镇江；后被提拔为指挥使，镇守江西重镇广信。

朱元璋称帝后，沐英被封为镇国将军、大都督府佥事。随着军功的累积，沐英的官也越封越大，最后被封为西平侯，赐丹书铁券。

多说两句，许多人以为云南黔国公的爵位是传承自沐英，这其实不对。朱元璋封赏开国功臣，活着受封公爵的只有这几位，他们分别是：韩国公李善长、魏国公徐达、曹国公李文忠、宋国公冯胜、卫国公邓愈、信国公汤和、郑国公常茂（常遇春之子）、颍国公傅友德，此后还有蓝玉被封为凉国公。

其中并没有沐英。沐英最后的官职，就是西平侯，并有世袭的权力，这点在《明史》中也有明确的记载：

明年充征西副将军，从卫国公邓愈讨吐番，西略川、藏，耀兵昆仑。功多，封开国辅运推诚宣力武臣、荣禄大夫、柱国、西平侯，食禄二千五百石，予世券。

沐英这么能打，又是朱元璋的义子，为何连个公爵都没混到呢？因为明朝开国时期，能打的大将实在太多了，沐英这个级别的，一抓一大把，要是都封了公爵，那这公爵就太不值钱了。所以，沐英虽然是朱元璋的义子，也只好委屈点。当然还有一个原因，即沐英虽然征战一生，不过在云南独当一面之前，大部分时间还是给徐达、邓愈、傅友德等将领当副手。

沐英最大的功劳，是与傅友德、蓝玉一起，平定了仍处于元末代梁王巴匝剌瓦尔密统治下的云南，将西南边陲纳入了明朝的势力范围。

此后，沐英被留在云南镇守，这一守，沐家就在云南待了二百八十年，真正是“世守云南”。

洪武二十五年（1392 年），沐英病逝，年仅四十八岁，朱元璋追封沐英为黔宁王。这是追赠的荣誉，活着的时候，除了朱元璋的儿子们，没有一个功臣得以封王。

沐英死后，他的爵位传给了长子沐春。沐春同样早死，洪武三十一年（1398 年），年仅三十六岁时就病逝了。这样，西平侯的爵位就传到了沐英的次子沐晟身上。

永乐四年（1406 年），明朝兵发交趾，沐晟与张辅配合作战，平定了交趾的叛乱。沐晟因功进封黔国公，并可以世袭，这才是云南初代的黔国公。

黔国公就此传承到明末，传到 1645 这一年，是第十三代黔国公沐天波。同时，沐天波还是袭爵时间最长的一位黔国公，达到了三十四年。

世守云南二百八十年的黔国公沐家，为何从崇祯末年到隆武帝登基，都没什么存在感呢？因为沐家手里，并没有多少军队。

沐府并不是藩王，没有亲藩们那样允许设有护卫甲兵的编制，只能自己养一些家兵家将，数目也不会太大。人数多了，引起朝廷注意，那可不是开玩笑的。

不过，沐家二百八十年下来，威望甚隆，势力根深蒂固。金庸先生在《鹿鼎记》中将云南沐王府描写成一个藏龙卧虎的地方，刘、白、方、苏四家将，世代相随，倒也不是全无凭据。

但要说沐家有多少直属的正规军，在正史上没有明确记载，很难考证。云南世代被当地土司势力盘踞，直到清朝都是如此。明朝击败元朝末代梁王后，大部分出征的明军被调回。随后，明军在云南建立了数十个卫所，但时兴时废。以临安卫为例，共有驻屯军 2228 名，其中马步军 387 名，七分屯军 1841 名，舍丁（眷属）1325 名，军役（预备役）1500 名，合计 5053 名。还有很多卫所其实就是土司辖地，另有一些卫所由于太过偏远，后来逐渐被缅甸等国吞并。

到了明末，理论上明朝在云南还有十万左右军队，但这些军队并不直属于沐家，皇帝如有需要，可以随时调回为己所用。不过，历代黔国公都挂征南将军印，世袭镇守云南总兵官，有权调动辖地明军，并且可以在适当时候征发土司军队作战。所以，黔国公虽然没有什么直属军队，但在云南的地位和作用还是相当大。

沐家世受皇恩，那为什么李自成兵发北京时，沐天波不率兵北上勤王呢？原因有二：一是云南跟北京离得实在太远。在那个年月，走几个月都不一定到得了，何况沿途并不太平，要经过许多人的势力范围。二是走不开。云南这块地，势力最庞大的不是沐家，而是各大土司家族。沐家镇守云南不过二百八十年，土司们可已经盘踞了千年之久。黔国公和明军在时，土司们还有所忌惮，如果都拉走了，云南姓什么就难说了。

即使如此，云南还是派出了几千兵，那还是在崇祯十五年（1642 年）的时候。但除了这么点力量，云南再也无法提供更多的兵力。

讲到这里，有个问题不得不说，土司们势力这么大，为什么几百年下来，政府不想办法把权力收归中央？

其实并不是没有，相反，明朝一直在努力，这就是“改土归流”。

土司制度由唐朝实施的羁縻制度延续而来，到元朝完善为土司制度，它是中央政府在西南边陲进行统治的一种手段。土司们在形式上服从于中央，并承担一定的义务，在当地则相当于一个个独立王国，享有自己的特权。

随着明清时期中央集权的强化，土司制必然与集权制产生冲突。“改土归流”就是废除世袭的土司制，改为中央任命的流官制，从而在西南地区实现真正彻底的统治。

说到“改土归流”，我们知道是在清朝雍正时期大力推行，并且在雍正九年（1731 年）得以实现。

不过，功劳也不全是清朝的。从明朝开始，皇帝们从来没有放弃废除土司制度的努力。

永乐时期，朱棣平定贵州的思州和思南两个宣慰司叛乱后，就没有将其恢复，而是设立了贵州布政使司加以统治。土司世袭制度从此在这里不复存在。

成化十一年（1475 年），云南镇守太监钱能因私自更改安南入贡线路问题引发边境骚乱。此后安南派兵交涉。借此机会，成化二十年（1484 年），明朝在蒙自筑城。弘治十六年（1503 年）设流官；正德八年（1513 年）废除安南长官司，设千户所，蒙自成功“改土归流”。

显然，在条件许可的情况下，明朝也不忘“改土归流”，加强统治。

到了万历二十四年（1596 年），播州土司杨应龙叛乱，万历皇帝派兵征讨，这就是“万历三大征”里的“播州之役”。

播州地处贵州、四川、湖南之间，山高地险，从唐末开始，它就一直处于杨氏家族的实际控制下。明洪武五年（1372 年），土司杨铿降明，此后被封为播州宣慰司使。前后历经二十九代，杨氏世代接受明朝任命，统治此地。到万历十四年（1586 年），杨应龙被封都指挥使，后封播州宣慰司使。

然而杨应龙是个骄横跋扈、作恶多端之人，逐渐与明中央政府关系恶化，遂公开反叛，挑起战端。明朝出兵二十四万，耗银二百余万两，最终平定杨氏叛乱。

播州杨应龙叛乱被剿灭后，明朝改变了政策，不再在原地设立土司，而是直接把播州拆解，并入自己直接控制的省份。

播州土司被事实上消灭了。

对于明朝的这一招，土司们相当不满意。

站在土司们的立场上来考虑，这其实并不难理解。都是世代统治的世袭制，其他土司看到播州杨氏的结局，难免会兔死狐悲，谁也说不准继杨氏之后，朝廷的下一刀要砍到谁的头上。

在奢崇明看来，下一刀很可能就会落到自己头上。

奢崇明是永宁宣抚使司，万历十四年（1586 年）袭此职。他不满明中央的“改土归流”，久有反明割据之心。天启元年（1621 年），他与贵州水西宣慰司安位的叔父安邦彦先后发动叛乱，史称“奢安之乱”。

明朝经过长达十七年的出兵，“奢安之乱”最终才被镇压下去。这场战役，明朝耗费了极大的兵力和财力。

《明熹宗实录》有过统计：

除去战争间隙，平均计，镇压奢安事件，十年间应耗兵五百六十万人次，运夫四百五十万人次，日用银一万二千两，日用米七千二百万石；集中大将、偏稗将、抚按司道印官上千员。

花费这么多精力，好不容易平定奢、安。看上去，应该和播州一样，借战争机会，把奢氏和安氏土司辖地也“改土归流”。

但是，明朝并没有这么做，因为明朝也有苦衷。

上文已经说过，在播州“改土归流”后，开始是赞誉一片。但随着时间的推移，质疑这个政策的人越来越多，因为收不到实际的利益，反而耗费兵力和钱粮。

例如，朱燮元就上疏称：

蜀自遵义郡县以来，不以得土为利，翻以养兵为累。故谈及改流，辄多蹙额。

福建御史余文火曹也说：

尝见遵义郡县其地，近者三十年，则壤所赋几何？有无补于公家？而城郭宫室官僚守卫之费，先已不资，安在广地之不荒，而远略之足勤也？

地方官的意见很实在，播州“改土归流”以后，收益没见到多少，还要派兵镇守，靡费粮饷而所获不多，成本倒挂。

考虑到实际情况，在奢、安被击败后，如果再坚持“改土归流”，以崇祯时期的国力，恐怕是难以为继。

并且，在“改土归流”的刺激下，难保其他土司不再叛乱。在朱燮元等人的建议下，朝廷权衡之后，还是决定延续土司政策，把水西和永宁的土地分给当地土司和有功将领治理，“酋长及有功汉人，咸俾世守”。

在保持土司政策的前提下，朱燮元也提出了自己的看法，他举了番州土司的例子：

（定番）止弹丸小州耳，为长官司者一十有七，乃二三百年未闻有反者。非他司好逆，而定番忠顺也，盖地大者跋扈之资，而势弱者保世之策也。

总结起来，就是“分而治之”的意思。大土司势力强大，一旦叛乱容易裹挟众多小土司，现在把大土司的土地拆解成若干小块，分给不同的小土司，他们就没有力量掀起大的叛乱。

朝廷予以采纳，贵州和四川最强大的土司也消失了。

这场长期的战争，严重耗费了明朝的国力，对辽东战局的恶化起到了进一步推波助澜的作用。

平灭奢、安后，朝廷也意识到此时自己无力再推行“改土归流”，只能暂时延续土司制度，以换回西南边境的片刻安定。

土司的力量如此强大，云南邻近川、贵，情形也差不多。看到自己的地位受到威胁和明朝的衰弱，土司们也会蠢蠢欲动，因此云南的军队是难以调动的。

在1645年，云南也不太平，时任黔国公沐天波二十七岁，他已袭爵十七年。这时候，沐天波迫在眉睫的是应对席卷四川的张献忠大西军的军事威胁。虽然张献忠席卷四川，但隔壁的云南也乱了套。为啥，因为云南和四川近在咫尺，哪天张献忠一高兴或者一不高兴，就可能发兵云南。作为世镇云南的黔国公沐天波，当然不能坐视不理。

于是，他派出参将李大赘率两千人驻守金沙江，防备大西军入滇。李大赘屯兵的地方在会川，这里正是元谋土司吾必奎的地盘。

要说这两千人，与当时大西军的数十万大军相比，人数上聊胜于无，但意义却比较重大。沐天波派出这支兵马，本意上并不是指望他们能抵挡大西军，而是意在用他们来节制当地的土司。

明末，黔国公在云南土司们中间的威望，已不像明朝强盛时期那样如日中天，万一大西军勾结边境的土司，那么云南将不攻自破。所以，派出李大赘这一支兵马，还是比较有必要，它实际上起到的是一个监管作用。

前文说到过，沐天波作为云南总兵官，挂镇南将军印，有权节制云南军队，其中也包括一众土司。

明军在云南大约有十万人，看上去不少，不过这十万人分散驻守在各地，每个卫所至多也就几千人。

这点兵力只能作为威慑，要是众土司真有二心，完全不够用。土司们势力庞大，如果需要，可以做到全民皆兵。

沐王府在云南能镇守二百八十年，并不是自己的实力有多厉害，而是依靠中央政府的威慑力。大明强大的时候，众土司不但不敢反叛，反而争相归附。谁敢造反，明朝立马就能派兵灭了你；就算云南土司全部造反，大明照样能从外省调兵，再来一次傅友德、蓝玉式的南征。

所以，在云南设立一些卫所，驻守一些士兵，就可以震慑住土司。但到了明末，就不是这么回事了。

因为大明的江山已经丧失过半，连皇帝也上了吊。

虽然随后朱由崧继位，不过有些土司已经不打算承认这个皇帝了。

元谋土司吾必奎，就是最先冒出来的那个刺头。

沐家能世代安坐云南，靠的不是武力，而是对云南各方势力的安抚与牵制。因为各家土司之间永远不是一条心，他们以宗族为纽带，各据一方，彼此关系复杂，有合作也有冲突，所以历代黔国公的主要任务，是安抚好他们之间的关系，不能让哪家觉得中央政府亏待了他们，也不能让哪家特别坐大。这叫羁縻政策，历代中央王朝对难以控制的边陲势力都用得很溜，当然前提是中央政府要强大，瞪瞪眼土司就害怕。

沐天波就任黔国公时只有十岁，显然没有能力独当重任，好在王府有个大管家，叫作阮呈麟，是个能人，善于处理各土司之间的关系。在他的帮助下，十余年间云南各族相安无事。不过，由于沐王府的另一位要员于锡朋要与阮呈麟争权，向沐天波献了谗言，沐天波竟然杀死了阮呈麟，于锡朋开始在沐王府掌权。唯一有足够能力处理土司关系的人就这样被断送了。

参将李大赉屯兵于会川，与当地土司吾必奎多有冲突。加之吾必奎眼见大明势微，遂起造反割据一方的野心。

1645 年，吾必奎终于发动叛乱。对于这样有组织有预谋的叛乱，明军根本无法抵挡，一个多月间，定远、湄潭、武定、禄丰、姚安等县都被攻克。沐天波派人给他带话，希望能和平解决。

吾必奎的回复非常狂妄：“已无朱皇帝，何有沐国公？”

事实证明，就算没有皇帝，沐国公还是有的。云南明军无力平定吾必奎叛乱，外省也没有援兵可调，不过云南境内还有其他土司势力。沐天波调集石屏土司龙在田、嶍峨土司王扬祖、蒙自土司沙定洲、宁州土司禄永命、景东土司刁勋等部进剿。

吾必奎再强，也只有一家之力，无法抵挡这么多土司的联军，迅速被击败，全家都被活捉。

吾必奎叛乱，如此轻易地被平定，看上去，沐王府在云南的号召力依然强大。实际上，却并非如此。各土司听从沐天波的号令，出兵平定吾必奎，只是为了自己的利益。

吾必奎一家叛乱，必定无法抵挡各大土司的兵马，其势必败。吾必奎一败，则他的土地、百姓、财富等必将遭受巨大损失，损失去哪儿了呢，当然是被其他各家瓜分了。所以，这时候出兵，是一门稳赚不赔的生意。

别的土司们，等到吾必奎兵败身死后，捞到了好处，自然也就退兵了。不过，其中有一位土司并不甘心于这一点好处，他所觊觎的，是整个云南全境。

他就是蒙自土司——沙定洲。

昆明之变

云南省蒙自市，现在出名的是米线。不过在明末，那里出过一个凶悍的土司——沙定洲。

沙定洲的土司是世袭来的，传自他的父亲沙源。自沙定洲娶了阿迷州土司普名声的遗孀万氏后，两家土司合二为一，力量大增。在明末的时局下，翅膀硬了的沙定洲开始有了其他想法。

看到武定土司吾必奎发动叛乱，明军却无力镇压，还要依靠各家土司的力量来平叛，沙定洲对黔国公和明军更加轻视。再加上在沙氏夫妇身边，还有一位汉人参谋——临安府生员汤嘉宾。汤嘉宾虽然功名不高，不过在云南这个地方，在沙定洲手下，已经能成为谋主级的人物。

吾必奎造反，蒙自土司沙定洲也在黔国公沐天波的传檄出兵之列。沙定洲很狡猾，他出兵最晚，等他的军队到达后，吾必奎早已被其他土司联军剿灭了。

别家土司剿完吾必奎，把好处一分，该干吗干吗去了，只有少部分兵力留在附近确保省城昆明的安全。唯独沙定洲，却屯兵于省城昆明城外，迟迟不撤兵。

沙定洲的父亲沙源，对沐王府十分忠心。沐天波以为沙定洲是想借此机会盘桓几日叙旧，非但没有怀疑，还热情地款待沙定洲，三天两头地请他到王府赴宴。

沐天波没有想到，沙定洲是头白眼儿狼。

前面说过，沐府原来的管家阮呈麟颇有能力，不过在王府的权力斗争中，被于锡朋构陷身死，沐王府里许多人都为他打抱不平。

都司阮韵嘉，是阮呈麟的养子。阮呈麟死后，阮韵嘉深感自身难保，于是与参将袁士弘、张国用等谋划，串通沙定洲，密谋发动叛乱。

这听上去似乎有点不可思议，不是说沐家在云南声望无二吗，明军将领怎么会勾结土司造自己人的反呢？

其实，在云南这块地方明朝的力量从来就不是铁板一块。

沐家镇守云南，但云南有巡抚，还有三司官，有一套完整的政府班子。沐家同云南地方政府之间，是彼此牵制和监视的关系。云南的一应重大事务，沐氏需要与云南巡抚等官员协同处分。

历史上不少位黔国公，也都受到过云南地方官员的弹劾，比如嘉靖年间的黔国公沐朝弼，就受到云南巡按御史王铮的弹劾，被嘉靖皇帝下诏责骂。到了隆庆年间，沐朝弼又被弹劾。这次，朝廷直接命令沐朝弼闲住，权力移交给他儿子沐昌祚。最后，沐朝弼被押送到南京，幽禁至死。

对于朝廷来说，地方官的任期尚且有限制，怕的就是在一个地方当官当久了，发展出自己的势力。何况一个镇守云南几百年的家族，如果不加约束，难免尾大不掉。如果不凑巧，出了个想造反的黔国公，那就麻烦大了。所以，沐家声望固然很高，权力也不小，但还是要受到多方制约。

有约束就有摩擦，摩擦多了就会产生冲突。到了这个时候，南明小朝廷尚且自顾不暇，哪还有精力来管偏远云南的这摊子事儿。所以，这几个人就动起了脑筋，看上了沐王府中累积了几百年的巨额财富。

沙定洲屯兵于城外，本来就没安好心，两下一拍即合。

隆武元年（1645 年）十二月初一日，沙定洲部署已定，以告辞为名，率部冲入沐府。因事起仓促，沐天波根本毫无准备，于锡朋劝他逃跑，参谋周鼎建议："公一走，大事去矣，何不令府兵拒贼？"

于锡朋手指周鼎，指认他是内应。沐天波此时已六神无主，只想着保命，竟然斩杀了周鼎。逃到西门，守门参谋陈大经听说兵变，已经集合好了军队来见沐天波，他恳求沐天波："您何必要逃跑，城外众土司的兵马和明军，合起来还有数万，只要下令调集到一起讨贼，沙定洲如同釜底之鱼；一旦逃出城去，则众人无主，军队一旦散去，再要聚集起来，那就困难万分，大经愿意身先士卒，去诸营召集人马。"

沐天波还是不听，只想出城。陈大经拉住他的马头痛哭："如果战而不胜，到时候再逃出城，为时未晚。"

陈大经的话义正词严、有理有据，按说沐天波作为黔国公，遇到叛乱时首先想到的应是如何召集兵力平叛，而不是直接逃跑，有周鼎和陈大经这样忠心的部下，正好发挥作用。然而，结果是沐天波在于锡朋的不断使眼色示意下，竟然又斩杀了陈大经，强行夺门而去，背后留下一片痛哭的明军。

此时，城里的沐府军队正与沙定洲展开巷战，听说沐天波已经逃走，顿时一哄而散，再也无法召集。沐天波只得由楚雄西奔永昌，连自己的老母和妻子也没来得及带上，两人为了避免受辱，在城北举火自焚而死。

沙定洲就这样轻松地拿下了昆明，沐王府积累了二百八十年的财富全数归他所有。有多少财宝呢，据说以重量计算，不算银两，黄金、宝石等就重达两千五百多斤，沙定洲搬了一个月都没搬完。

不过，对沙定洲来说，沐王府的财富只是一笔横财，他真正的目标是取代沐家在云南的地位。

沙定洲攻占昆明，黔国公沐天波一跑了之。昆明是云南省城，里面不止住着黔国公，云南巡抚也驻节于此。

时任云南巡抚，是吴兆元。

吴兆元大器晚成，在万历四十一年（1613年）才中了进士，当时他已四十二岁。吴兆元做官以廉洁著称，崇祯十二年（1639年）以右副都御史的职务巡抚云南。朱由检在平台亲自召见吴兆元，赐给他银币和御果，给他打气："朕以酬万里劳臣也！"

这一别就是永别，吴兆元和朱由检再也未能相见。崇祯皇帝自缢时，吴兆元已是七十四岁高龄的老人，他痛哭一场，派出一支云南军队到达南京，想要为崇祯皇帝报仇，最后当然是无果。这支兵马是唯一的地方督抚派到南京的军队，吴兆元之忠于大明，令其他人汗颜。

"昆明之变"发生时，吴兆元被沙定洲劫持。对沙定洲来说，吴兆元是个极好的筹码。他想要取代沐氏在云南的地位却名不正言不顺，正好在吴兆元身上动动脑筋。

沙定洲要吴兆元向隆武帝上疏，把沐天波诬陷成叛臣贼子，自己则化身为正义使者，出兵平叛，功劳卓著，建议由自己取代沐氏镇守云南。

吴兆元当然不干。不过，这也难不倒沙定洲，你不写没关系，有的是会写字的人，有你的巡抚大印就行。

沙定洲伪作公文，盖上抢来的大印，派人送往福建。他担心被人看出破绽，还在奏疏上盖上了大学士王锡兖的印信，来了个双保险。

由于云南与福建之间距离太过遥远，消息闭塞，加上朱聿键此时自身也处于朝不保夕的境地之中，既没有能力也没有兴趣来明察秋毫，隆武朝廷没有仔细核对消息，竟然同意了沙定洲的要求，发出谕旨"扫除沐天波"。

这样，在名义上，沙定洲已经得到了想要的结果，这也是沐天波一跑了之造成的结果。

接下来，沙定洲还有两件大事要做：

一是掌控云南全境。

二是追杀沐天波。

沐天波这一逃，逃到了不远的楚雄，这里镇守着金沧兵备道杨畏知。

杨畏知，万历三十六年（1608年）生，陕西人，自幼父母双亡，家境贫寒，没有读过书，更没有中过举，约等于文盲。

这样的出身，这样的条件，在当时的局势下，杨畏知响应农民军号召，投身到推翻大明的造反事业中去，再正常不过。

然而并没有。

杨畏知非但没有跟着老乡们造反，反而帮助官军，参加了乡勇，在宝鸡击退了流民大军的进犯，由此逐渐打响了名声。

随后，他投入名将孙传庭麾下，多次与“闯军”战斗。

凭借战功，一无背景，二无文化的杨畏知被特别保举，成为军官。

崇祯十三年（1640年），他任云南副使，分巡金沧道。

由此可见，造反并不是唯一的出路。

杨畏知的驻地，并不在楚雄。吾必奎叛乱时，楚雄已经被叛军占据，杨畏知带着手下兵马从大理杀过来，攻克了楚雄。

谁知，这一来，就走不了了。

楚雄的百姓难得盼来一个好官，于是在杨畏知打算回军时，自发地堵塞了交通，恳请他留驻楚雄。

杨畏知一瞅这情况，想走也走不了啊，自己驻哪儿不是驻，楚雄离昆明还挺近，在这兵荒马乱的时局下，万一省城出点什么状况，还方便接应，于是就答应在楚雄驻扎下来。

留驻楚雄的杨畏知，果然等来了“昆明之变”。

沐天波逃到的楚雄，位于云南中部，是个交通要道。但它是座小城，就是现在的市区人口也还不到百万，想想四百多年前，又能有多大规模、多少人口？

而且，杨畏知手下虽然有军队，但是人数却不多，只有区区几千人。这时沙定洲占据昆明后，俨然以新一代“云南王”自居，许多不明真相的土司和明军，要么按兵不动，要么归附沙定洲，他的势力像滚雪球一样膨胀起来。

要凭几千人马和一座小小的楚雄城拒沙定洲于城外，杨畏知实在没有把握。自己殉国事小，要是黔国公也跟着自己陪葬，那云南就真的成为土司的天下了。

杨畏知深感责任重大，劝说沐天波：“楚雄元气未复，如沙定洲凭借昆明精锐来攻，很难固守；永昌关隘重重，安全无虞。”

沐天波在“昆明之变”时，表现出的智商是负数，跑到楚雄歇了口气，智商又恢复了正常，明白杨畏知的话在理，于是投奔永昌而去。

可见这个富家公子爷，缺乏的是临机应变的能力，这与他的成长环境有关。经验固然可以积累，却要付出无数条人命的代价。

杨畏知送走沐天波，积极整兵备战，准备迎接即将兵临城下的沙定洲大军。

沙定洲占据昆明，自称“总府”。“总府”是明朝黔国公的专用称呼，沙定洲如此自称，是已经把沐天波当作瓮中之鳖，觉得自己取代他的地位已经十拿九稳。

虽然这样，但沐天波不死，沙定洲还是不放心。

听说沐天波逃到了楚雄，沙定洲亲自统率兵马追杀过来。

杨畏知虽然没读过多少书，但是不代表他的智商不行，相反，他极其聪明。

沙定洲兵临城下，楚雄却只有几千人马，又是座小城，硬拼是拼不过的。杨畏知亲自到城头与沙定洲答话，告诉他：“沐天波确实来过啦，不过我没放他进来，他现在跑到永昌去了。您说朝廷下令扫除沐天波，不过呢，我这里暂时还没接到消息，情况不明，也不便开城接纳您。要不这样，您先去永昌看看，如果沐天波躲在那里，这么多人马，一定能把他捉住，到时候估计朝廷的旨意也该到我这里了。您得胜归来，我准备好礼品为您犒军。”

看着笑眯眯的杨畏知，沙定洲有点愣，说好要来大杀一场的呢，怎么碰到这么个人物。俗话说，伸手不打笑脸人，杨畏知这么客气，讲的话也在情在理，自己要是强攻，倒显得不太地道。

沙定洲想想，小小的楚雄，就算暂时放过它，也在自己的掌握之中，不如给杨畏知个面子，先去永昌，捉住了沐天波，也好回头来笼络他。

于是，沙定洲绕过楚雄，直奔永昌。

云南永昌府，大致在今天的云南保山市范围，它的特点就是山多。当然，云南到处山都多，不过永昌特别多，百分之九十九以上都是山区，抗日战争时期著名的松山战役就发生在这里。

山多带来的好处是易守难攻。虽然沙定洲手下也都是云南的当地部队，但毕竟人生地不熟，这里的山区他们并不熟悉。永昌的军队也不多，但仗着地形方便，沙定洲愣是围攻不下。其实也不难理解，沙定洲手下的军队多是土司兵，战斗力与正规军不能相比，只是人多势众而已，碰到守军意志坚定，他们就没辙了。

杨畏知使了一出缓兵之计，支走了沙定洲，目的只是争取时间。沙定洲一走，他立刻加固城防，坚壁清野，又飞调军队来楚雄帮助防守。这一闹，闹出了不小的动静。沙定洲这才明白中计，楚雄在自己的后方，万一杨畏知从后面出兵，和永昌守军前后夹攻，自己就得吃不了兜着走了。

无奈之下，沙定洲只好撤军，打算回头先端掉楚雄，再来慢慢对付永昌。这时候，他的补给已经不足，在回军路上，他顺手屠了大理、蒙化，给军队补充给养。

这样，沙定洲和杨畏知又在楚雄见了面。

这次见面，杨畏知可没这么客气，关闭城门，坚守不出。沙定洲以重兵围城，又用大炮轰城，急切之间，还是打不下楚雄。这时，楚雄以西的各府县接到杨畏知的调令，纷纷派兵增援。沙定洲担心老家有失，只得解围东去。

智勇双全的杨畏知，靠着不多的兵力守住了楚雄，避免了一城生灵涂炭。

沙定洲当然不会这么轻易地放过杨畏知，他回兵解决了后方的威胁后，再次包围了楚雄。这次他带来了更多的兵力，分兵七十二营，把楚雄城围得水泄不通。

眼看杨畏知和手下将士就算能守住楚雄，也得被活活饿死在城里。

这时，突然出现了一支奇兵。

大西军入滇

他们是消失已久的大西军余部。

好久没有提到大西军了，张献忠死后，他们去了哪里，为什么这时候又会突然出现呢？我们还得倒回去捋一捋。

1647 年十一月二十七日，张献忠在凤凰山遭到清军突袭，中箭身亡。

大西军残部突围，击败了拦路的明将曾英，渡过长江，进入贵州，在遵义召开军事会议，纠正了左丞相汪兆麟的错误，并将他诛杀。由张献忠最年长的养子张可望统领三军，四位养子也都恢复了本姓：张可望原姓孙，如今自称东平王；张定国原姓李，称安西王；张文秀原姓刘，称抚南王；张能奇原姓艾，称定北王。四兄弟中，孙可望的地位和威望最高，年龄也稍大，又读书识字，被拥戴为“盟主”，主持大西军军政重务。

张献忠死得很突然，谁也没想到，堂堂的大西皇帝会被清军几支暗箭射杀。中箭之后，张献忠迅速身亡，没能留下只言片语，但他在之前就已留下了遗嘱。

还没上凤凰山时，他就叮嘱养子张可望：“明朝三百年正统，未必遽绝，亦天意也。我死，尔急归明，毋为不义。”

张献忠活着的时候，没干啥好事，用“杀人如麻”来形容他一点也不冤枉。或许是杀人太多，良心发现，张献忠临死不久前说的这几句话却颇有分量，几乎让人不相信是出自他口。

左丞相汪兆麟虽然被杀，但是张献忠的遗言无人敢不听。与明朝作战了半生的大西军将士们，却戏剧性地开始寻求与明军合作的机会。

在乱世中，今天是朋友，明天可能就成了敌人。这样的故事，还将反复上演。

大西军余部击败曾英，进入贵州，占领贵阳。

那清军去哪儿了呢？班师了。

击杀张献忠后，清军尾随追击大西军余部，想彻底击溃他们，甚至前锋已经攻占了遵义。

到了贵州，他们发现，这里风景确实很好。

问题是，这里实在是太穷了。

贫困等于饥饿，尤其是战争年代。

贵州先是明军驻扎，随后又被大西军刮了一遍，哪里还经得起几支大军轮番过境。等到清军再来，挖地三尺都已经找不到几粒粮食。千里迢迢，靠后方运也不现实，多铎只得下令班师，不跟你玩了，先填饱肚子要紧。

大西军在贵州立足下来，整顿当地军政，打算以贵州为根据地，再图谋发展。

这时传来消息，云南沙定洲叛乱，黔国公逃跑，大半个云南已被叛军占据。

大西军立足未稳，亟须休整，不过听到这个消息，孙可望等人立刻作出决定：挥师南下，直取云南。

孙可望等人作出这个决定，有张献忠遗言的影响所致。不过，最关键的还是一个人——龙在田。

龙在田是云南石屏人，是老资格的军人，天启二年（1622 年）就已擢升为副总兵。崇祯年间，他在兵部尚书熊文灿手下效力。熊文灿招降张献忠，命令龙在田监视。张献忠不久重新反叛，熊文灿和龙在田都受到牵连，龙在田被罢官回原籍。

所以，龙在田和孙可望、李定国等人都是老相识。不只是认识，张献忠蛰伏时，为了取得龙在田的信任，还曾经拜龙在田为义父。从辈分上说，孙可望等人还是龙在田的义孙。

张献忠很会来事，跟龙在田和他的部下们混得很熟，他的养子们当然也不例外。龙在田的部下以云南人居多，平时喝酒、吹牛，难免提到老家，时间长了，大西军的这些将领也就熟悉了云南。

沙定洲叛乱时，龙在田年事已高，并早就归隐在家，已经无力再起兵讨伐沙定洲，只得逃到大理躲避兵锋。这时，传来了大西军已占据贵阳的消息。

龙在田立刻派人来到贵阳，向孙可望等人陈述了云南的情况，并请求大西军立刻出军平定叛乱。

对大西军来说，出兵云南的选择并不难作出。

一是贵州这地方实在太穷，很难养活十几万军队，饭都吃不饱，哪里还谈得上东山再起；如果能占据云南，则辖二省之地，从经济上和兵员上都能得到保证。

二是龙在田跟他们私交不错，是个可以信任的人。有龙在田在云南接应，事情要好办得多。

三是张献忠遗命要他们“尔急归明，毋为不义”。但在突围的道路上，为了自己的生存，大西军已经击溃了不少拦路的明军，甚至名将杨展都被李定国射死，双方梁子结得不小。现在云南局势动荡，明军损失惨重，自己出兵替沐天波报仇，他必定要感恩，这样归明的事儿就好办了。

出兵的决定作出了，以什么名义却成了问题。

这时候，大西军的身份还是“流贼”，是明军和清军共同的敌人，云南的老百姓不会欢迎他们，如果以大西军的名义出兵，无法得到百姓拥护。孙可望想了个主意，他打出了已经殉节的沐天波妻子焦氏夫人娘家的旗号，因为焦氏的娘家就在贵州。

孙可望是个很聪明的人，他先派出间谍到云南散布消息，号称黔国公焦夫人的弟弟率兵前来复仇。云南官绅、百姓被沙定洲折腾得正苦，听说黔国公这块金字招牌，那还有啥说的，开门迎接呗。于是，大西军从贵州进入云南，一路长驱直入，畅通无阻。

明将蒋懋勋、蒋世勋、张英、陈允济都是世袭的武职，剿灭“流贼”也是他们的工作。四人听说为黔国公报仇的大军来了，率领手下迎接，一看就傻了眼，这既不是官军，也不是民军，分明是“流寇”。可是来都来了，已轮不到他们做主，只好加入。许多官军，就这样不明不白地被裹挟着，跟着大西军走了。

1647年三月二十五日，大西军进入云南，占领平彝；二十八日攻克交水；二十九日，与沙定洲部下发生了第一次交锋，不费吹灰之力，就歼灭了沙定洲在曲靖的五百多名守军。

占领曲靖后，再往西进，就可以直接进攻省会昆明，这是最直接的做法。

在用兵上，孙可望再次表现出了他的老到。

他并没有这么简单粗暴，而是先带兵南下，直趋阿迷州。

这是一手疑兵之计，因为阿迷州正是沙定洲的老巢。昆明城高墙厚，大西军又没有红衣大炮，攻城势必要费一番手脚。老巢被攻，沙定洲必定要回军救援，则昆明不攻自破。

孙可望是个优秀的将领，结果正像他预料的那样。

沙定洲不明真相，看到对手这么熟悉自己的情况，以为真的是焦家的救兵来了，于是火速放弃昆明，撤兵回到老家布置防御。

就这样，大西军不费一兵一卒就进占了毫无防御的昆明。

大西军入滇，兵不厌诈，收复昆明。这时的大西军与张献忠领导下的大西军，完全是两支军队。史书记载他们进入昆明：“二十四日，孙、李诸军入城，秋毫无犯。”

战争年代，古时候的军队约等于土匪，不杀百姓已经是阿弥陀佛，何况秋毫无犯。大西军迅速取得了昆明的民心支持，至于是不是焦氏娘家的救兵已不再重要。

大西军的主要兵员是陕西人，他们以客军的身份，又不是名正言顺的官军，想要统辖云南，需要付出巨大的努力。

首要任务，就是彻底肃清沙定洲叛军。

孙可望派出最能打的将军——李定国，率领一支精兵讨伐沙定洲。

此时沙定洲重点布防的地点在临安府，府治在建水县。这里是进入沙定洲老家阿迷州的必经之路，他布置了重兵防御。

李定国在明末被称为“战神”，这时，他虽然屈居于孙可望之下，但在军事上早已表现出了过人的才干。

区区一个沙定洲，都不够李定国打的。

李定国兵临城下，并不急于进攻，只是扎下营寨，城里的土司兵搞不清楚他葫芦里卖的是什么药。

没见过世面的土司兵哪里知道，李定国早已有了破城之策——“放进法”。

“放进法”其实说出来很简单，就是挖掘地道到城墙下，塞入火药，然后——轰！

这也是农民军作战的常用战术，重庆城墙就是被张献忠用“放进法”炸飞的。

城里的土司兵毫无准备，等到他们随着城墙一起飞上天，才明白李定国是个“煞星”。

重兵防御的建水县，被轻易占领，通往沙定洲老巢阿迷州的大门已经打开。

李定国正准备挥师东进，毕其功于一役，攻占阿迷州，后方传来消息——昆阳和晋宁发生了“叛乱”。

所谓“叛乱”，是对于大西军而言。其实，发动“叛乱”的是明军的正规军，由昆阳知州冷阳春和晋宁举人段伯美率领。

大西军入滇，又不是王师，在许多人心目中，他们还是那支残暴的“流寇”，特别是在明朝官员心中，不服他们的大有人在。

大西军把沙定洲势力称为“叛”，把不服从的明朝势力称为“顽”，两者都是他们要打击的对象。

得知后方有变，李定国只得放弃进军阿迷州，星夜回兵。论打仗，这些明军将领谁也不是李定国的对手。不到一个月，两州“叛乱”已被平定，却因此给了沙定洲苟延残喘的机会。

大西军不是兵力颇为雄厚吗？为什么非要李定国回师呢？因为孙可望和刘文秀都亲自出征去了。

孙可望派出李定国讨伐沙定洲，又派刘文秀统兵由昆明北上，收取武定一线的滇西北州县，自己则亲自率军出征。

他要对付一个大人物——黔国公沐天波。

杨畏知本来被沙定洲的七十二营兵马团团包围在楚雄，已经弹尽粮绝，眼看就要城破，却得知大西军入滇，吓跑了沙定洲，楚雄得以平安保全。

但对于明朝在云南的代表人物——沐天波和杨畏知来说，要他们承认大西军的合法地位，则没有那么容易。十几年间，他们打的就是农民军，虽说敌人的敌人就是朋友，现在突然要做朋友，心理上还是无法接受。

他们就是大西军所说的"顽"。

孙可望明白沐天波的分量，他率兵亲征，就是想要平定这股最顽固的势力。

孙可望兵指滇西。杨畏知率军在狮子口与大西军作战，他虽然忠勇，军队的战斗力就在那里摆着，凭借士气与城墙，还能跟土司军打一打，但是对上以打仗为生的大西军，明军毫无悬念地被击败，杨畏知本人也被生擒。

如果是以前的大西军，杨畏知必定被酷刑处死，好在现在他们已经纠正了路线。

杨畏知抵抗沙定洲叛乱，在云南官绅中获得了极高的声望，地位已仅次于沐天波。聪明的孙可望明白他的分量，活杨畏知比死杨畏知要有用一百倍。

他亲自劝降，杨畏知坚持不肯和大西军合作，这早在孙可望的意料之中。此时杨畏知对大西军的认识，还停留在张献忠阶段。

耐心细致是孙可望工作的法宝，能把困难的工作做得出彩，是由于对职业的热爱。孙可望以自己的敬业精神，用自己的实际行动，树立了新大西军的良好形象，经过再三解释，终于打动了杨畏知。

宾主双方通过谈判，达成了以下协议：

一、不用大西年号；

二、不妄杀人；

三、不焚庐舍、淫妇女。

孙可望表示全盘接受，大西军与明朝的合作时代就要到来了。

杨畏知与孙可望达成合作协议，实际也就相当于沐天波势力同意与大西军合作。1647 年九月，孙可望率军进抵永昌，以“共扶明后，恢复江山”为原则，与据守滇西的沐天波达成和解协议。

混乱已久的云南，终于尘埃落定。

孙沐结盟，在明末意义之重大，甚至远远超过了南明皇帝的废立。在乱世里，没有军队，一切都是空谈。这个盟约的存在，才是保证南明此后得以立足的根本。

至于沙定洲，他还想有好果子吃吗？

1648 年初，李定国再次领军出征。这次，他没有再给沙定洲苟延残喘的机会。数月后，沙定洲不敌，率众出降。

沙定洲连同他的老婆万氏、参谋汤嘉宾等骨干，被押解回昆明处死。延续数百年的沙普土司，在沙定洲和万氏手中归于灭亡。

大西军的余部总算得到了一块难得的根据地，可以休养生息。而另一支农民军的余部，运气却比他们差了十万八千里。

第十章
湖广之变局

大顺东路军

李自成的大顺军，强盛时占据大明将近一半的省份，比张献忠的大西军强势得多，“八大王”张献忠也不得不避开李自成的风头，转而入川寻求发展。

李自成和张献忠两个枭雄，在清军手下先后身死，他们的部下不约而同地选择了继续抗清，并且都想“洗白”身份，归顺明朝，不过他们却命运迥异。

李自成在九宫山身亡后，各地的大顺军余部加起来还有数十万之众。光是跟着李自成南逃的，就有他手下泽侯田见秀、绵侯袁宗第、磁侯刘芳亮、光山伯刘体纯、太平伯吴汝义，还有郝摇旗、王进才、牛万才等将领，这些人手下各有部曲。

这批大顺军残部继续南下，进入了湖南浏阳地区。

这时，湖南已是湖广总督何腾蛟的天下。

何腾蛟此人，在上文已经提过，左良玉、李自成先后死去，湖南第一人成了何腾蛟。

何腾蛟虽然不是武将，甚至没有亲自带兵打过仗，但这并不妨碍他成为新一任湖南军阀。

何腾蛟跟农民军也是老对手，担任南阳知县的时候，他就曾采用“剿抚并用”的策略，甚至单枪匹马前往招降，协助当时的河南巡抚陈必谦平定了暴乱。朝廷很赏识何腾蛟，他被连升几级，调到中央政府任职。

此一时彼一时，当时的何腾蛟只是个小小知县，舍得一身剐单刀赴会，确实令人称道。这时的何腾蛟已经独霸一方，湖南已经被他视为己有，连隆武帝也无法插足，又怎能容忍“流寇”染指。

坐镇长沙的何腾蛟还不了解局势的变化，他以为这伙“流寇”只是过境，那还有啥说的，打呗！

他派出长沙知府周二南、副总兵黄朝轩率领两千兵马，前往剿灭“流寇”。

何腾蛟的情报工作做得一塌糊涂，他对局势变化的后知后觉，成为他的特点之一。

李自成身亡后，大顺军残部没有一个像孙可望那样强有力的领导人，他们群龙无首，各自为政，这样下去，不是被清军歼灭就是被明军剿灭。

泽侯田见秀毕竟年长一些，他提议：联合南明军队，一致抗清，为李自成报仇！

这得到大家一致通过。

跟谁联合呢？近在咫尺的就是湖南，那自然是找何腾蛟了。

1645年六月初，大顺军残部数万人开始向长沙方向运动，希望与何腾蛟取得联系。

一方想要归附，一方想出兵剿灭，这下热闹了。

看到明军气势汹汹，大顺军不愿得罪，主动后撤，希望谈判。周二南得理不让人，以为是自己武功盖世，大顺军不敢交战，在后面穷追猛打。

这下，大顺军怒了，在浏阳渡摆开战场，迎战尾追的何腾蛟“楚军”。

当时的几支主要军队，战斗力排名大致如下：

清军、大西军、大顺军，占据前三位置；其余南明的军队，比如何腾蛟的“楚军”，郑芝龙的“郑家军”，瞿式耜的“桂军”，云南的“滇军”，战斗力基本在同一水平线，得被前三甩开几个段位。

原本大顺军是强于大西军的，不过在与清军交战中损失惨重，精兵强将所剩无几。饶是这样，这批身经百战的农民军残部还是远远强于何腾蛟用金银招募来的乌合之众。

“楚军”被大顺军一顿痛扁，连周二南也丢了性命。

战报传来，何腾蛟才明白这不是过境的“流寇”，而是强悍的大顺军。

以大顺军的实力，如果要直捣长沙，活捉何腾蛟，也不难办到。不过此时此刻，这却不是他们的目的。“秀”了一下肌肉后，大顺军见好就收，主动派人到长沙与何腾蛟议和，表明了想要归附的意愿。

何腾蛟这才松了口气，原来这伙人不是来要自己命的，而是来投靠的，早知如此，周二南也不用白白丧命。

很快，双方就达成了协议，何腾蛟对大顺军余部全盘接纳，把他们招安。

看上去，田见秀他们终于找到了依靠，从此不必再以“流寇”的身份示人，颇具实力的大顺军余部也能增强南明的军事力量，这是一桩双赢的买卖。

实际上，田见秀选错了人。

数十万大顺军加入何腾蛟麾下，“楚军”的战斗力被直线拉高，出现了一个峰值。与此同时，多尔衮却出现了失误。六月，他下令阿济格北撤，湖广一带只留下少量清军。此消彼长，如果何腾蛟能抓住这个机会，由长沙发动北伐，先取空虚的武昌，再顺江而下挥师南京，清军必定手忙脚乱，遭遇极大麻烦。

但在何腾蛟这里，这一切都不可能发生。

他招安大顺军并非出于本心，更不是为了局势着想，而是要为国增添一支生力军。

何腾蛟想的还是自己的“小九九”。

大顺军二十余万，横在自己家门口，打又打不过，赶又赶不走。

那就来一招缓兵之计——招安。

何腾蛟从入仕起就始终面对农民军的威胁，早就把他们当成了不共戴天的敌人。虽然这时候隆武帝已经确定了“联寇抗清”的战略，但在何腾蛟这儿不管用。

既然是敌人，那就得对付他们，何腾蛟打仗不行，小心思还是不少的。

他用了两个办法——“溶贼”和“限贼”。

“溶贼”的意思就是对大顺军进行分化瓦解。经过一路征战，大顺军各部都遭受到很大的损失，而且往往越是高级将领，部下的损失越多。原本资格最老、地位最高的泽侯田见秀、绵侯袁宗第，手下都只剩下几千人。反而一些没有爵位的将领，因为没有承担主要作战任务，实力得以保存，比如郝摇旗手下竟有四万多人；原本地位一般的王进才则更夸张，部下高达七万人。

当你拥有绝对实力的时候，就不会再想着甘居人下，这就是大顺军内部的矛盾。

何腾蛟敏锐地观察到了这些，郝摇旗、王进才就成了他笼络的对象，纷纷加官晋爵。田见秀、袁宗第等大顺军的老将领，则被何腾蛟冷落，别说好脸色，几次三番想要求见他都不得。

何腾蛟深谙官场之道，这条计策抓住了人性的弱点，大顺军内部的裂痕更深了。

“限贼”则是“溶贼”的升级版。对于要分化打击的对象，何腾蛟不只是心里想想、嘴上说说，他还落实了具体的行动。

不给大顺军指定的驻地，不发粮饷。被限制的大顺军既没有庄稼可收，上司又不管饭，总不见得活活饿死，只能自己想办法。对他们来说，最擅长的当然还是抢，这是何腾蛟逼出来的，却又早在他的预料之中。

等大顺军一动手，何腾蛟就派人抓捕头领，定他们掠夺之罪。这正是他的“限贼”之策，其实就是要逼迫这些人离开湖南。

如果大顺军上下一条心，完全不必受何腾蛟掣肘，何腾蛟也不会敢于这样做。关键就在于，进入湖南的大顺军余部，已不像李自成在世时那样齐心协力，实际上只是一个松散的军事联盟。

李自成没有留下遗嘱，更没有指定接班人，如果刘宗敏、李岩还在，或许能将他们约束到一起。而现在，这些人里只有田见秀资历最老，能力却不足，无法服众。对比张献忠的大西军余部，孙可望、李定国都有经世之才，大顺军却失去了这样的人物。如果不能保持团结，在何腾蛟的打击下，大顺军被瓦解分化已成必然。

何腾蛟非但不待见还处处刁难，老兄弟离心离德，田见秀、刘芳亮等人逐渐混不下去了。混不下去，只能另寻出路。出路其实不多，如果不想重新成为"流寇"，只有一条路了——降清！

到了八月，田见秀等人派密使前往清朝湖广总督佟养和的驻地武昌进行联络。佟养和此时兵微将寡，人手不足，对于想要投降的大顺军，当然是热烈欢迎。双方一拍即合，连职位、防区等细节都谈得相当顺利。田见秀等只要领兵北上，佟养和已做好一切接收准备，就差一起开庆功宴了。

在这节骨眼上，却在一个问题上卡了壳——剃发。

剃发这件事，佟养和根本没想到会成为问题。在他想来，既然打算投降，剃发是个前置条件，不用拿出来单独讨论，所以直到最后，他才想起来提了一句。

大顺军表示，这个发型太丑，无法接受。

无法接受，那就继续谈呗。佟养和以为大顺军只是一时转不过弯，考虑清楚后，就会同意，谁知大顺军却是吃了秤砣铁了心，在剃发的事情上没有商量的余地。

那就没法谈了，归降清朝一事，因为发型问题，最终不了了之。

佟养和白高兴一场，被忽悠了一次。这还只是小意思，后面还有大忽悠。

何腾蛟不给好果子吃，清军又是剃头，田见秀等人的这支兵马去意已决，却又不知该投往何处。这时，传来了让他们魂牵梦萦的消息。

阿济格和多铎两路进攻陕西的时候，迫于形势，大顺军分为了两路人马突围，李自成带领着西安的部下逃亡武昌，这是东路大顺军，也就是如今的田见秀等部；另一路，则是在陕北与阿济格交战的李过、高一功等部，他们会合大顺在宁夏、甘肃、青海的驻军，经汉中南下四川，随即又顺江而下挺进到了荆州一带，这就是西路的大顺军。

西路大顺军比东路大顺军的成色更纯，大部分是李自成起家的老人，与田见秀等人有着生死之交。两路人马之中，还有不少人沾亲带故，甚至是父子、叔侄等关系，西路大顺军的生死也始终牵动着东路大顺军的心。

现在听说西路大顺军来到了不远的湖北，几乎不用考虑，田见秀等人立刻决定北渡长江，与李过、高一功会合。

当然，不是所有人。

郝摇旗、王进才等人，虽然浓眉大眼，却已经背叛了大顺军。郝摇旗、王进才这时都已经升任总兵，郝摇旗还被加封为南安伯，这曾经是左良玉的封衔。既有职务，又得实惠的郝摇旗等人，不愿再成为“流寇”，不愿再跟着田见秀出生入死，只想享受现成的富贵。这支人马，田见秀是拉不走了。

其余的东路大顺军，则移营北上，在西路大顺军的接应下进入荆州地区。阔别半多的老兄弟们终于见面，大家抱头痛哭。

这半年来，发生了太多事情。大家一度以为将要接管天下，谁知短短半年时间，又重新沦为“流寇”，无数家庭妻离子散，无数兄弟丢了性命，包括李自成。

东西两路大顺军会师，实力大增，但面临着同样的问题，缺少一位众望所归的大人物来领导。李过，此时已改名为李锦，是李自成的侄儿；高一功是李自成皇后高氏的弟弟，他们共同的特点是只会打仗。东路军的田见秀，威望更不足以领导所有人。大家一度商议，立李自成的三弟为主，图谋东山再起。

李自成的这位三弟，连确切的名字也没有留下，在战场上更没有过战功的记载。后人猜测，他长期躲在李自成老营中，从不抛头露面，也没有任何能力，是否真实存在也无法确定。立主的事情，就这样拖而不决，不了了之。

虽然荆州的大顺军又恢复了数十万之众，但没有领导人的老问题得不到解决，战斗力就要大打折扣。

这时，荆州的清军主力已经北返，对明军和大顺军都构成了威胁。清军也看到了他们的矛盾，想要凭借政治手段加以利用，多次派人招抚大顺军。

大顺军也不傻，既不说同意，也不与湖广清军撕破脸皮，而是以退为进，谈起了条件。他们对清军说："投降我们是想要投降的，不过现在两路人马刚刚会师，还需要做一下大家的思想工作。人现在越来越多了，荆州这块地方实在是待不下了，能否……先给我们点粮食、地盘……这样，大家会感恩戴德，说服工作做起来也更容易……"

有了上次谈判的基础，佟养和信以为真，不但送粮食，还划拨了长江以南的一块地方安置田见秀等部。大顺军动动嘴皮子，就平白地忽悠来了不少好处。

直到三个月后，佟养和即将奉调离任，大顺军还是一点动静都没有，派人去问，得到的答复跟上次一模一样，还是要钱要粮要地盘，至于什么时候归附，不知道。

佟养和是个老实人，还没意识到受骗，他在给接任的梅勒章京的文书中说："我已经招抚'一只虎'李锦六次了，他因为干的坏事太多，恐怕被清算，虽然内心想要归附，却迟迟不敢动作。不过呢，火候到了，事情应该差不多了。你来上任之后，再派人好生同他们接洽，别把他们惹火了，前功尽弃啊。"

不是所有人都像佟养和那么好骗，接任的梅勒章京上任没多久，就看穿了李锦等人的骗局。这帮人太坏了，毫无信誉可言，欺负老实人嘛，根本没有归附的诚意。

李锦等人当然也明白，骗术不可能一直得逞，总有翻脸的那一天，他们早就做好了两手准备。

堵胤锡单刀赴会

堵胤锡是宜兴人，崇祯十年（1637 年）进士。同他的老乡卢象升一样，堵胤锡的爱好是砍人，或者说，时局逼着读书人堵胤锡去砍人。

自从他在崇祯十四年（1641 年）长沙知府任上率领乡兵击破当地山贼，击杀贼首萧相宇后，就和卢象升一样，赢得了“知兵”的名声。

此后，他升任武汉、黄州兵备道。在这个任上，堵胤锡无从发挥，因为当时镇守武汉的是宁南侯左良玉。左良玉手握大军，在大顺军挥师北京之时，却磨磨蹭蹭，整天画图纸、搞计划，就是不出兵。堵胤锡虽然有心报国，奈何兵权都在左良玉手中，只能干瞪眼。

眼看京师危急，堵胤锡再也坐不住了，他来到南京，会见诸位大佬，共商国策。

当时史可法、袁继咸都在南京，正商量着要提兵北上勤王。堵胤锡大为兴奋，三人日夜商议，被共称为“国士”。

谁知北京的崇祯皇帝太不争气，李自成从西安出发，一直打到北京，只花了三个月，北京更是只守了一天就告失陷，搞得南京的一帮人措手不及——实在是太快了，所有人都一脸蒙，出兵勤王成了泡影。

福王朱由崧登基后，堵胤锡回到湖广担任学政，却并未忘记他的老本行，开始训练士卒。经历了有心无力的痛苦后，堵胤锡开始明白，只有手下有兵，才有话语权。文人、士大夫在乱世中还不如一个手里有刀的大兵，史可法、袁继咸就是明证。

此时的局势并没有转机，反而继续恶化。袁继咸殉国了，史可法殉国了，左良玉死了，“江北四镇”死的死，降的降，近百万大军灰飞烟灭，连弘光帝没多久也挂了。

对堵胤锡来说，唯一的好消息或许是逼死崇祯皇帝的李自成终于也死了，多少算是点慰藉。

1645 年，隆武帝在福州继位后，升堵胤锡为右佥都御史，巡抚湖广。

隆武帝很信任堵胤锡，把他视为自己人，所以派他去湖广，因为这里驻扎着何腾蛟。这个填补左良玉真空的何总督，已经尾大不掉，隆武朝廷完全无法调动他的“楚军”，派堵胤锡去，是想看看有没有机会从何腾蛟嘴里捞到一块肉。

机会终于出现了，不过不是何腾蛟给的，而是大顺军给的。

何腾蛟驻扎在长沙，堵胤锡驻扎在常德，两人的关系既不亲密，也不紧张。也就是说，你别来惹我，我也不去惹你。

不过，在对待农民军的态度上，两人截然相反。

何腾蛟想的是保住自己在湖广的力量，能“吃掉”农民军壮大自己最好，“吃不掉”就想办法把他们赶走，这是小富即安的自私自保策略。

堵胤锡的境界远远高于何腾蛟，虽然他也曾同农民军作战，但在这危急的当口，他认识到必须团结一切可以团结的力量，什么自己的地盘、兵力，那都是空谈，国都没有了，湖广焉能独善其身。所以，他一直在密切地观察大顺军和何腾蛟的动向。

等到何腾蛟使出“溶贼”“限贼”的恶毒招数，逼走田见秀等部，大顺东路军和西路军在荆州会师后，堵胤锡意识到自己必须出手了，再不行动，这几十万大顺军不是投降清军，就是重新恢复“流寇”本色。人在被逼到无路可退时，道义什么的就不再那么重要了。

堵胤锡很果断，也很大胆。他亲自赶赴荆州的李锦大营谈判，随身只带了几十名亲兵。这时聚集在荆州地区的大顺军有三十多万，一人吐口唾沫就能把堵胤锡淹死。关云长单刀赴会是假，堵胤锡单骑赴会却是真。

更为难能可贵的是，堵胤锡显然知道此行的风险。他的好友袁继咸在九江孤身出城，拜会兵发南京的左良玉，就此身陷左营，被出卖给清军，最终殉国。这种遭遇，难免不会发生在自己身上。李锦是个独眼龙，绰号“一只虎”，明知山有虎，偏向虎山行，堵胤锡堪称一身是胆。

对于李锦、高一功、田见秀等大顺军来说，此时也已到了做选择的时候，清军那边，骗术已经被看穿，忽悠不下去了。之前，他们只有两个选择，投降清军或是重新成为“流寇”。堵胤锡的到来，为他们提供了第三个选择，就是田见秀曾经选择过的归顺明朝。

征战半生，大顺军的将士们都疲乏了，从“流寇”到大顺官军再到“流寇”，身份的一再转变让他们茫然失措。打了半辈子仗，到头来还是“流寇”，谁愿意甘心一辈子做“流寇”，被官军围剿呢，可曾见过哪个

“流寇”最后有好下场。

在堵胤锡深明大义的劝说下，众人纷纷表态，清军太坏了，占我土地，杀我子民，宁为汉鬼，绝不降清。

盟约就此顺利达成，三十多万大顺军余部接受改编，都听堵胤锡节制，堵胤锡手下终于有了自己的军队。

远在福州的隆武帝也没闲着，他的高兴不亚于堵胤锡，朱聿键亲自写了封信慰劳，晋升他为兵部右侍郎兼佥都御史。隆武朝将大顺军改编为御营，李锦所部为御营前部左军，高一功所部为御营前部右军，都挂龙虎将军印；赐李锦名为“赤心”，赐高一功名为“必正”，将李自成的遗孀高氏封为“一品贞义夫人”。李锦、高一功所部，统称为“忠贞营”。

明末大名鼎鼎的“忠贞营”，就此闪亮登场。

堵胤锡单刀赴会，招安几十万大顺军，隆武帝的“联寇抗清”策略总算实现了。

大顺军反正，湖北的形势立刻发生逆转，堵胤锡和何腾蛟的兵力加起来，已经达到了数十万之众。相比之下，清军在湖北的力量就有点惨了，八旗主力已经北返，只留下相当有限的兵力驻守，而且兵力构成很尴尬，主要由投降的明军和大顺军构成。

有了军队，堵胤锡也就有了话语权，他决定抓住这个机会，收复湖北。

堵胤锡的计划是，自己率“忠贞营”攻克荆州，何腾蛟则出兵由岳州北上威胁武昌。从地图上看，堵胤锡的驻地在常德，“忠贞营”驻扎在荆州以南，离荆州近在咫尺；而长沙一带是何腾蛟老营的势力范围，岳州，也就是今天的岳阳，到武昌只有四百多里地。

何腾蛟部从岳州出兵，并非要他们攻克武昌，只要能牵制住武昌的清军，不让他们增援荆州即可。等“忠贞营”攻下荆州后，两路军队再同时攻击武昌，不愁武昌不破。

荆州，在之前已经被围攻过一次（1645 年七月）。

那还是李锦、高一功等西路大顺军刚刚进入湖北的时候。

荆州的清军守将是郑四维。郑四维同李锦等人很熟，他原本就是大顺军制将军任光荣的部下。大顺军驻扎荆州时，郑四维只是个裨将。等到李自成被清军击败，一路退却时，下令镇守荆州的主将任光荣随他一起东撤。郑四维则被留下协助荆州防御使孟长庚防守荆州。

眼见清军凶猛，大顺朝大势已去，郑四维动起了脑筋，不愿再为大顺陪葬。他设计杀死了荆州守将孟长庚，带着部下投降了阿济格，被委任为荆州总镇，仍然率原部人马防守荆州。

对于这个背叛大顺、卖友求荣的郑四维，大顺将士格外愤怒。李锦、高一功亲自出马，率领李友、贺篮、刘汝魁、马重禧、张能、田虎、杨彦昌等大将，共计九支部队，扎下连营二十里，把荆州围得水泄不通。

虽然人多，大顺东路军却无法很快攻破荆州。荆州历来是兵家必争之地，城墙修了又修，加固了又加固，高度有九米，厚达十米，易守难攻。

并且，大顺军擅长流动作战，攻城不是他们的强项，面对坚城，并没有太好的办法。他们远道而来，人困马乏又缺乏火器，只能“筑垒合围”。

如果镇守荆州的是其他人，情况可能会有所不同，偏偏是郑四维，他是个既不可能投降，也不可能逃跑的人。

并不是说郑四维的意志有多么坚定，多么的誓死不屈，而是现实逼着他只能坚守到底。

郑四维是杀害大顺军自己人当投名状，卖友求荣的，他不存在投降这条路，投降必定会被一心复仇的大顺军杀死。作为降将，他也无法逃跑。弃城逃跑，不会死于大顺军手中，却会死于清军手中，形势逼着他只能死守荆州。

郑四维急得像热锅上的蚂蚁，一边布置防守，一边派人向驻守武昌的佟养和求援。佟养和手里只有总督衙门的少量兵力，哪里有援军派给他，只能再向北京的多尔衮报告。

多尔衮知道，荆州如果一丢，则湖北很可能发生雪崩式溃败。他不惜血本，将阿济格留在湖北的红衣大炮火速调拨给郑四维，帮助其防守荆州。

有了大炮助阵，西路大顺军又已是强弩之末，数次强攻都未奏效，只得撤围而去，分散驻扎在荆州附近的武陵山脉一线。

八旗军的速度

堵胤锡发动湖北战役之前，清朝湖广总督佟养和已经即将调任，在他离任前，发现湖北大事不妙，危如累卵，于是立即向多尔衮报告紧急军情。

多尔衮再次收到武昌急报，这一次比上次更加危急，不派兵是不行了。他不敢稍有怠慢，当下传檄江南，火速调派平南大将军、多罗贝勒勒克德浑率军疾速西进，驰援湖广。

勒克德浑是正红旗人，为礼亲王代善之孙，接替多铎驻节南京、威慑江南的正是他。

清军能够在数十年的统一战争中最终笑到最后，与其人才辈出分不开。如果说多铎、阿济格等是八旗中第二代将领的代表，那么第三代将领的代表，则非勒克德浑莫属。

他初到南京，就击败了马士英和方国安对杭州的进攻，把他们打回钱塘江对岸，随后又在江浙战场节节胜利。监国朱以海的部下，在他的打击下连遭失败，损失惨重。

这样一位年轻有为的将领，将成为明军闻风丧胆的对手。

接到调令，1645年十二月十八日，勒克德浑速调大军登船进发，溯江西进；其本人也束装就道，赶赴武昌。

决定湖北命运的一场战役，就要开始了。

堵胤锡遵照协议，带着“忠贞营”在围攻荆州。郑四维上次吸取了教训，把城防布置得更加坚固，没办法，不坚固他就完了。“忠贞营”一时间强攻不下，只得围城缓攻，寻找机会。

而清军的平南大将军勒克德浑，已经抵达了武昌。他作出部署，派遣护军统领博尔惠领兵一支南下岳州迎击以马进忠、王允成为前锋的何腾蛟、章旷部；自己则统率主力直趋荆州同“忠贞营”决战。

站在清军的角度上，勒克德浑的决定相当正确。站在明军的角度上，这将是一场硬仗，一场决定湖北归属，乃至天下局势走向的硬仗。

看上去，鹿死谁手，犹未可知。

何腾蛟在长沙誓师后，率领大军沿江发动，记载是“兵将蔽江而下”。可以想见，“楚军”的规模也相当庞大。勒克德浑仅派一支偏师阻击“楚军”，不禁让人怀疑，是不是过于托大了？

事实证明，勒克德浑不仅没有托大，而且还高看了“楚军”。

镇守岳州的是马进忠、王允成、卢鼎、王进才四镇，以马进忠为首，他们也是何腾蛟的前锋。

马进忠原来也是农民军，有个绰号叫作“混十万”。崇祯十一年（1638 年），被左良玉击败后投降，归属左良玉麾下。

左良玉倾巢而出东征南京，马进忠自然也在其中。不过，在左良玉死后，左梦庚率众降清时，马进忠却表现出了骨气，他和王允成违抗左梦庚的命令，率部下逃走。不过，他们没跑多久，就被清军追上，只得投降。

阿济格是满族人，比较耿直，他没有料到，对于农民军来说，假投降是家常便饭。这一招对明军管用，对清军更加管用，马进忠用的正是诈降这屡试不爽的一招。

阿济格信以为真，仍然让他统率部下，还分配给他重要任务，运送清军的重要战略物资——大炮。马进忠贼得很，诈降本就是为了跑路，阿济格送来的大炮，他没法带走，也不想留给清军，干脆趁着清军不注意，把船上的大炮全部给推到了长江里，然后潇洒地拍拍屁股，率兵西进岳州，归附于何腾蛟麾下。

在何腾蛟手里，马进忠还立过功，他用计擒杀了进犯常德的清将杨么——这也是左良玉部下降清的叛将。何腾蛟觉得他有勇有谋，是个人才，将他升为总兵官。

照这么看，马进忠干的事还比较靠谱。何腾蛟用他镇守岳州，充当前锋，还算知人善任。

谁知，看上去靠谱的马进忠却干出了最不靠谱的事。

清军派到岳州方向的只是一支偏师，仅有少量八旗军带着部分汉军，人数不要说和何腾蛟的主力比，比之马进忠等四镇的兵力，也要少许多。

坐拥城池便利，又兵力占优的马进忠等人，竟然没有与这一小股清军交战，就直接放弃岳州，仓皇逃窜。岳州城中，只留下副将马蛟麟的少量兵力。马蛟麟也不是傻子，立马就投降了清军，岳州城竟然就此不攻自破。

马进忠逃跑这事，对随后的战局有莫大的影响，用现在的话来说，就是产生了“蝴蝶效应”。

之前表现得有勇有谋的马进忠，为什么会脑子抽风，不战而逃呢？

最大的可能，是他奉了何腾蛟的命令，放弃抵抗，为保存实力而逃。

能够说明问题的，还有何腾蛟的态度。

四镇兵马南逃，正遇上挥师岳州的何腾蛟“楚军”主力。根据记载，何腾蛟听说是清朝大军来了，立即掉转船头，紧跟马进忠，往长沙溜之大吉。这应该很能说明问题。“楚军”出师，不是出来旅游，本来就是要与清军交战的，现在敌人出现，本该寻机决战，何腾蛟却不发一兵一卒就抱头鼠窜，那还出啥兵呢？

看来，出兵本来就是为了应付一下堵胤锡而已，何腾蛟根本没打算真打。这一切，只是马进忠和何腾蛟上演的一出“二人转”而已。

“楚军”并不都是傻子，监军道章旷看苗头不对，向何腾蛟哭求：“大军本来打算长驱直入，直望南京，现在连湖南都没出，就要掉头逃跑，有什么脸再回长沙，我就死在这里不回去！”

然而，在脸皮比铁皮厚的何腾蛟面前，他的苦劝终究还是没有什么用。

“楚军”的溃退，带来灾难性的后果。

在战场的另一头，堵胤锡、李锦等正在率领“忠贞营”猛攻荆州，丝毫没想到自己的侧翼已经被友军出卖。

勒克德浑轻易解除了长沙方向明军的威胁，更加轻松自如。他再次分兵，派出一路人马偷袭“忠贞营”粮草辎重在江南的囤积处，而自己则亲自率领主力奔袭荆州。

讲到明末清初的八旗军，印象往往是悍勇善战、骑射无敌，却忽略了另一个事实——八旗军的速度。

从努尔哈赤到皇太极时期，八旗军在辽东的崇山峻岭之中踏步如飞、转运自如，萨尔浒之战的飘忽用兵，打得五路明军丢盔弃甲，就已经体现了其速度。

从后金到清朝，八旗军的体量并没有突然膨胀，八旗内的兵马也就是几十万人。这样的体量，使得他们经受不起大的失败。如果大败，很可能就此沉沦，在武力下归附的蒙古军、汉军、朝鲜甚至女真其他各部都有叛变的可能，而八旗军却奇迹般的从来没有经历过一场大败。

一个重要原因，就是八旗军的速度。

多尔衮转进山海关，一天一夜强行军二百里，终于在吴三桂被打垮之前抵达山海关战场，投入战斗。

反观李自成呢，北京到山海关六百多里，整整走了八天。

要是李自成有多尔衮的速度，山海关早就没清军啥事了，多尔衮要是再想入关，只能去扒长城。

清军入关后，更是把速度优势发挥到了极致。

清军千里追击大顺军，从北京到陕西，又从陕西追杀到江西。往往大顺军惊魂未定、立足未稳，清军就已经杀到，就是无法甩掉他们。

速度优势，带来的结果是清军往往能发动突袭、奇袭。

阿济格突袭李自成的九江之役，就是一场经典的奔袭战。大顺军被撵得损兵折将、人困马乏，跑到九江，以为终于暂时摆脱了阿济格。正在扎营休息，阴魂不散的阿济格就又带兵杀到了，仓促之间，结果是李自成的御营都被击破，李自成的众多亲属被抓，刘宗敏、宋献策等也都被擒，这直接导致李自成很快在九宫山身亡。

击败张献忠大西军的决定性一战——凤凰山战役，更是奇袭的代表性作品。满洲第一勇士鳌拜率领清军前锋，人不卸甲，马不解鞍，“衔枚疾驱，一昼夜行三百里”。没有同八旗军交过手，根本无法理解这种速度。

作为八旗军的新一代优秀将领，勒克德浑显然继承了“速度为王”这个传统，把速度优势发挥得淋漓尽致。

他在1646年二月初二从石首出发，第二天凌晨就已到达荆州城外。

就行军而言，这个速度简直可怕。

李锦等人还没有收到岳州被占的消息，对清军的即将来袭，更加毫无准备。“忠贞营”正在加紧攻城，希望拿下荆州，与何腾蛟会师武昌。

勒克德浑在高处观察良久，发布命令，清军分两路，从侧翼直冲“忠贞营”老营。李锦正在催动部下全力攻城，老营自然不会留下多少兵力。八旗军轻松斩将夺旗，前方“忠贞营”将士回望老营被端，阵脚大乱，猝不及防，被清军杀得大败。

之前被勒克德浑派到南岸突袭“忠贞营”辎重的一路清军，在副都统觉罗郎球的率领下，也出其不意地击败“忠贞营”守军，堆积如山的粮草辎重大部分被付之一炬。更为重要的是，“忠贞营”的所有船只，共计一千多艘，都被觉罗郎球夺走，使这支军队短时间内再也难以利用长江这条最重要的水上通道。

前线被突袭，辎重被抢，神仙也无法坚持，“忠贞营”全面退却。

在彝陵口，紧追不舍的奉国将军巴布泰追上了败逃的田见秀、张鼐、李友、吴汝义等人。田见秀等手下只剩下了五千残兵败将，退无可退，于是向清军投降。

田见秀等人都是老兵油子，尤其李自成的部下，诈降是家常便饭，很难说清楚他们的投降是真是假。

这个问题永远也不会有答案。因为，多尔衮没有给他们这个机会。

老谋深算的多尔衮没有阿济格好骗，他接到勒克德浑的报告后，立即下令，将投降的田见秀、张鼐、李友、吴汝义及其部下将士全部屠戮。

堵胤锡在撤退时坠马，摔断了胳膊，向常德退却。李锦等人则退入了天险三峡地区，清军这才停止了追击。

到这里，被隆武朝廷寄予厚望的湖北之役宣告全面失败。

失败的原因，还用说吗？说何腾蛟成事不足、败事有余，恐怕太轻了，就凭这场战役中他的表现，就足以下狱论罪。

可惜的是，何腾蛟活得好好的，他的部下也没有受到大的损失，伤亡惨重的是堵胤锡和“忠贞营”。何腾蛟的目的已经达到，随后的日子里，他还将继续掌控湖南。

以文制武

讲到这里，再回过头来看看隆武帝朱聿键。

这个苦命人，对湖北之战比谁都看重，简直是望眼欲穿。等到战役失败的消息传来，朱聿键的眼睛都直了，目光呆滞、魂不守舍，一下子憔悴了十年。

朱聿键好歹是个皇帝，怎么会有如此表现呢？因为他这个皇帝，实在是太难了。

拥立福州政府的郑氏集团，此时已成为他的对手，对他产生了直接的威胁。

郑芝龙虽然获封了一个南安伯，但是对手握福建兵权的他来讲，这区区爵位算得了什么，老子不当皇帝已经是太委屈了。

皇帝他不敢当，不过他敢欺负皇帝。

郑芝龙的目的是“挟天子以令诸侯”，控制好朱聿键为自己服务。他也舍得下血本，又是送钱又是送美女，想要腐化朱聿键。

如果是弘光帝朱由崧，早就乐得一头扎入后宫，屁事不管了，但朱聿键不是朱由崧。

他是个有抱负的年轻人。傀儡，他是不肯做的。

但是，在乱世中是要靠实力说话的。朱聿键光杆司令一个，手里又没兵，拿什么去跟郑芝龙斗呢？

他想到了一个老办法：“以文制武”。

以文制武，这是老祖宗传下来的规矩，明朝历代皇帝都用得很溜。直到崇祯末年，时局崩坏，武人们逐渐失去了制约，一个个地成了军阀，比如吴三桂、左良玉、江北四镇、郑芝龙。

许多人觉得“以文制武”是战斗力落后的根源，实则不然。“以文制武”是社会进步的表现，是社会发展的必然，千千万万的例子告诉我们，武人失去制约，最后的结果就是蜕变为军阀。

“以文制武”的明朝，到了明末却变成了文人被武人一脚踹开，再也说不上话。

这正是社会退步的表现，意味着天下大乱。

武人一旦掌握了权力，再想将他们赶下台，除了用更强的武力把他压制，就只能等着他们良心发现了。

而良心这个东西，在绝对的权力面前，就是个笑话。

所以，朱聿键恢复祖制，“以文制武”的想法，看似有理有据，实则镜花水月。

文人们也看不惯郑芝龙的飞扬跋扈，纷纷支持朱聿键。隆武朝的首席文臣是黄道周，他在朱聿键的授意下，在朝堂上向郑芝龙发难，要求恢复祖制。

郑芝龙会答应吗？嘴皮子再利，也快不过刀子。不过有朱聿键的支持，郑芝龙暂时也不好公开动手，但君臣间的矛盾已经从暗地变得公开，就差没翻脸了。

没有公开动手，不等于不能私下动手。郑芝龙找了个机会，命人扮作强盗，将屡次弹劾他的户部尚书何楷割掉了一只耳朵，成了“一只耳”。

大家都明白是谁干的，只是谁也不敢说。当时流行一句民谣“都院无耳方得活，皇帝有口只是啼”，足见郑氏兄弟是多么肆无忌惮。

在此期间，江西建昌和抚州都爆发了明朝官员领导的抗清起义，并且离福建边境不远，只有一二百里路。义军人单势孤，急需隆武朝廷的支援。

隆武帝想出兵支援，可是他没兵。郑芝龙有兵，他不想出兵，至于理由太好找了。

得不到增援的起义军，很快归于失败。

朱聿键心比天高，你郑芝龙不是不肯出兵吗，我还不要你的兵了。我这就亲自出兵北伐，不信以我皇帝之尊，就招募不到义士。

这就比较赌气了，俗话说“皇帝不差饿兵”，你就是皇帝，没钱也招不到兵。

隆武帝表态要亲自北伐，首辅黄道周上疏：

与其坐而待亡，不如君臣共出一拼。我为大臣，当先于皇帝而行，以为人臣表率。

当时黄道周已年过花甲，且作为一代大儒，他不知兵事，从未领军，更兼郑芝龙不愿出兵，这如何是好？其实，从黄道周上疏之日起，他早已抱定必死之心，决意以身殉国。

黄道周回乡自行筹粮筹兵，靠变卖家产和朋友、门生资助，募得福建各地义民三千余人，马匹仅有十余匹，衣甲军器皆不齐全，这支近似流民的部队也因此被称为“扁担军”。

隆武元年（1645 年）九月十九日，黄道周誓师，带兵出仙霞关，抗击清军。后来降清的著名水军将领施琅起初曾在黄道周军中，因觉事不可为，不久后自行返回福建。

客观地说，撇开文才来看，黄道周其实难称栋梁之材。黄道周北伐是一次明知不可为而为之的自杀性军事行动，没有经过训练的民军，连马匹、兵器、衣甲都不齐全，对阵久经战阵、如狼似虎的清军，其结果可想而知。

北伐的过程其实不用细说。十月初，道周军到达广信。在广信，黄道周作出了军事部署，兵分三路向清军发动进攻，不久三路皆败。十二月初六，黄道周兵败被俘。

被俘期间，清廷曾派著名降臣洪承畴劝降，黄道周对以一副对联：

史笔流芳，虽未成功终可法；洪恩浩荡，不能报国反成仇。

这是副名联，巧妙地将抗清就义的史可法和降清乞活的洪承畴的姓名隐于其中，狠狠地打了洪承畴的脸。

清廷劝降不成，黄道周于隆武二年（1646 年）三月五日就义，享年六十一岁。他在临刑前大呼："天下岂有畏死黄道周哉？"

黄道周是东林党人，东林党里既有不少反复投降的软骨头，也有黄道周这样视死如归的英雄。对这个群体，还是不能一概而论。

直到今天，黄道周都是个名人，不过他的出名是因为书法。黄道周博学多才，被称为"通儒""闽海才子"，书法绝妙，流传至今，却少有人知道这位隆武朝内阁首辅、悲剧北伐英雄的故事。

之所以对黄道周北伐着墨甚多，也是出于对这位明知飞蛾扑火，依旧一往无前的英雄的敬仰。

当然，历史人物是复杂的。黄道周身上既有英雄的光环，也有另一面的偏执，这点我们下面还要说到。

而隆武朝的故事，还将继续。

隆武帝北伐

黄道周的悲壮北伐，一去不回早在预料之中。内阁首辅没了，隆武帝的朝堂之上，文官的声音更加微弱。这时候，却从湖南传来了消息，就是堵胤锡招安李锦等大顺军余部。

对隆武帝朱聿键来说，这是个天大的好消息，正愁没兵，兵就从天上掉下来了，而且还是几十万大军，足以跟郑芝龙抗衡了。

想想也是，有堵胤锡这样的忠臣，有大顺军这样战斗力不错的军队，是时候甩掉郑芝龙了。

黄道周的北伐虽然失败了，但是朱聿键胸中的北伐之火并没有熄灭，现在他有了指望，这把火又重新开始燃烧。

他要御驾亲征！

亲征这件事，在明朝历史上可不少，从朱棣到朱瞻基到朱祁镇，再到朱厚照，都是喜欢亲手砍人的皇帝。不过，从宣宗朱瞻基以后，亲征这事就成了高风险行当。最惨的当然是明英宗朱祁镇，“土木堡之变”精锐尽丧不说，自己还被蒙古人给活捉了，丢光了祖宗的脸。

自武宗朱厚照之后，明朝皇帝们就再也没有亲征过。朱聿键现在要亲征，靠谱吗？

朱聿键坚持要出征，有他自己的苦衷。在福建，他上个厕所都在郑芝龙的耳目之下，与被软禁也差不多，如果不想办法离开福建，早晚要被郑芝龙耗死，所以这个险值得冒。

朱聿键选择的目的地是江西赣州。这个选择很有技术含量，说明隆武帝确实是走心了。

在地图上可以发现，隆武朝控制的地盘，包括福建、江西南部、广东、广西、湖南、贵州和云南。

赣州在武昌东南面，荆州在武昌西南面。江西南部现在还是隆武朝的地盘，那里驻守着江西总督万元吉。这个人同堵胤锡一样，是个难得的忠臣。

如果坐镇赣州，隆武帝就能与堵胤锡相呼应，对武昌形成威胁。江西虽然兵力不多，必要时也可以出一支兵，沿江而上，威胁武昌的东面。如果拿下了武昌，又可以和浙西的监国朱以海合作，共同出兵南京。

并且，万元吉早就欢迎他去赣州了。

就这么定了。隆武帝拍板，兵出福建，移节赣州。

他下诏：

是朕今痛念祖陵，痛惜百姓。狂彝污我宗庙，害我子民，淫掠剃头，如在水火。朕今诛清使、旌忠臣外，誓择于八月十八日午时，朕亲统御御营中军平彝侯郑芝龙、御营左先锋定清侯郑鸿逵，统率六师，御驾亲征！

诏书很提气，现实却很惨淡。

兵都在郑芝龙手里，别说六师了，一个兵也不会派给朱聿键。

当然，郑芝龙也不敢用武力强拦朱聿键，毕竟君臣名分还在，事情做绝了，自己会被天下人戳脊梁骨。明里不行就暗里，私底下来点小动作，这郑芝龙拿手得很。他派出一拨又一拨人劝说朱聿键，又借口防御吃紧，不肯出兵。

事情到这份儿上了，朱聿键已经不在乎郑芝龙的阻挠，执意出发。兵我不要了，我就带着自己人走行了吧，皇帝当到这个份儿上，也是够悲壮！

朱聿键还是低估了郑芝龙的能量——他在福建盘踞已久，这块地方哪里都得听他的。

郑芝龙沿路发动群众“使军民数万人遮道号呼，拥驾不得前”，走哪儿堵哪儿，朱聿键走了一个多月，还是在福建武夷山区里兜圈子，眼看离江西只有一百多里，愣是过不去。

万元吉看在眼里，急在心里，可是他又不敢派兵来接。福建是郑芝龙的地盘，没有郑芝龙的首肯，江西兵只要一进去，就得被缴了械。

这段时间，湖北的形势已经发生了逆转。

这就是我们前面提到的湖北之役——何腾蛟出工不出力，背后捅刀子，堵胤锡和“忠贞营”被勒克德浑突袭，惨败而归。

湖北之役的失利，把朱聿键的心浇得拔凉拔凉的，恢复大业好不容易有了点起色，立马就跌进更深的坑。朱聿键的沮丧，可想而知。

江西是去不了了，去了也是白去，轰轰烈烈亲征的朱聿键只好向郑芝龙妥协。不过，福州他也不肯再回去了，宁愿待在延平府。郑芝龙也不强求，延平府（今福建南平），虽然远一点，一样在我的掌控之中。

千错万错，还是何腾蛟的错。如果他顺利配合堵胤锡，荆州的郑四维孤军必定不能持久，“忠贞营”缓过劲来，就算单挑勒克德浑，也还可以一战，隆武朝的局势将一片大好。如果朱聿键有了能直接掌控的军队，以他的才干，也有可能成就一番事业。

个人的力量虽大，但也大不过天下大势；个人的力量虽小，但也有可能影响天下大势。

何腾蛟带来的“蝴蝶效应”，还将持续。

岳州，也就是现在的岳阳，是个交通要道，位于洞庭湖之滨，依长江、纳三湘四水，江湖交汇，素称“湘北门户”。

本来岳州控制在何腾蛟手里，谁知，声势浩大的湖北之役打完，明军非但没能进占湖北，连岳州这个门户也丢了，并且丢得十分窝囊。

好在击败“忠贞营”后，由于江南地区兵力空虚，勒克德浑没有乘胜深入，只是追击到岳州南面的新墙就勒兵回师，仍然回他的南京去了。湖南局势变成了明军扼守新墙与清军对峙。

何腾蛟虽然把“忠贞营”排挤出了湖南，但自己也颜面扫地。几十万“楚军”在湖北之役中成了笑话，他的面子上也有点挂不住。

不光是面子，在地盘上，他也实打实地吃了亏——重镇岳州让清军给占了。

到了1646年六月，清军又给了何腾蛟一记耳光——他们也不打算让明军在新墙待了。清军总兵祖可法（祖大寿的养子）、张应祥突击新墙，驻守新墙的明将满大壮阵亡，龙见明被活捉，新墙也被清军占领。

何腾蛟勃然大怒，本督师已经一忍再忍，你们却一点面子也不给。是可忍孰不可忍，再不给你们点颜色看看，我怕是要成为“马士英第二”。

打听到清军主力已经东返，何腾蛟决定扳回一城——再次北伐。

这次北伐完全由何腾蛟掌控。因为堵胤锡已经没兵了，“忠贞营”遭受惨重损失，正在三峡舔舐伤口，无力出兵，这次要靠他的“楚军”挑大梁。

1646年九月，督师何腾蛟下令，由章旷督军从湘阴进攻岳州；王进才和王允成统领水师，沿江而上，从水路出击。他也没忘记堵胤锡，把马进忠部调给他节制，从常德向岳州进军。

三路进军，务必攻克岳州，乘势进占湖北。何腾蛟要独立完成上次没完成的壮举，独占大功。

岳州的守将是马蛟麟，就是上次湖北之战时，被马进忠抛在岳州，随后投降清军的那个副将。马蛟麟听说明军势大，向武昌求援。这时，清军主力回南京去了，武昌没有多少兵可派，清朝的湖广总督罗绣锦硬着头皮，派出了参将韩友、高士清等人带着少量兵马救援岳州。

从左良玉离开湖广后，何腾蛟开始崛起，凭借搜刮地皮，他聚集起了一支数十万人的“楚军”，闹出了很大的动静，成为湖南的草头王。

他这支“楚军”人数虽众，却几乎没打过正经的仗。唯一一次略大一些的战斗，就是大顺军田见秀等部进入湖南时与两千“楚军”的一次交战。那次“楚军”被大顺军轻松地击败，带兵的巡抚周二南也阵亡。

这差不多就是“楚军”的真正实力，它其实是一支只能打打土贼、欺负欺负老百姓的二流军队。

在明末，经常可以看到某某将领、某某总兵拥兵数万到数十万，看上去很吓人，实则是个绣花枕头——一包草。

例如，弘光朝四镇兵马，在弘光帝继位前，上报的定额是十二万人，按照军队吃空饷的习惯，能达到十万人就已经很不错了。等到弘光帝登基后，不到一年内，四镇的兵员就翻了四五倍，上报给朝廷的达到了四五十万人之多。

弘光帝说：“哦？我江南这里还有这么大的战争潜力吗？我自己都不知道啊。”

多出来的这些兵力哪里来的呢？除了虚报人数吃空饷，增加兵员大致有两种办法。

一是收编盗匪、流民。

天下大乱之时，少不了盗匪的身影。世道越乱，坏人越多。等到官军过境，不少混不下去的盗匪就投靠官军，混一身军装穿穿，换个身份继续欺压百姓。

没有饭吃、到处流浪的流民，接近于盗匪，他们同样乐意从军，至少有口饭吃。

“江北四镇”这样的官军，也乐于收编这些盗匪和流民，以扩充自己的实力。乱世中，兵匪其实就是一家，触发了某些条件，兵就成了匪；达到了某些条件，匪就成了兵。再说大一点，大顺军余部的本质也就是“流贼”的性质。

二是拉壮丁。

拉壮丁，是自古以来最为经典的招兵办法。太平盛世里，军队有军户和募兵的办法。到了乱世，没人再管得了这么多，大军过境，寸草不生，不管你家里有没有待赡养的老母，膝下有没有嗷嗷待哺的幼子，只要被军队看上，那就没的跑，否则立马就得被砍头。

于是，这些军阀的兵力在短时间内就像吹气球一样膨胀起来。除了“江北四镇”，还有左良玉、何腾蛟，都是如此。

由盗匪改编和拉壮丁组织起来的军队，就是“三无”军队：无组织、无纪律、无战斗力。当然也不是全无作用，他们的作用就是再去改编盗匪，再去拉壮丁，如此循环。所以，左良玉坐镇武昌时，号称手下有八十万大军，其实真正拥有战斗力的，有八万就不错了。

左良玉的儿子左梦庚降清时，手下还有二十万军队。清军予以清点改编，发现其中还能打一打的，不超过三万人，其余的都是兵痞。

何腾蛟手下的“楚军”，也是这么个成色。用现在的话来说，差不多就是伪军与正规军的区别。

“楚军”人多势众，这样的军队，咋咋呼呼一冲，如果对面是没打过仗、没受过训练的民兵或者老爷兵，或许会被他们的声势给吓到，掉头逃跑也有可能。

可是，他们面对的是清军。

督军章旷率领的“楚军”挺进到岳州附近，城中嗜杀的清军早已按捺不住。马蛟麟对“楚军”的战斗力也十分了解，带着增援的数百名八旗骑兵就当先杀出城外。

怕死的碰上不要命的，面对凶神恶煞的八旗军，“楚军”夙包的本性暴露无遗。万余“楚军”前锋在八旗军的冲击下溃不成军，阵脚松动，忙不迭地后撤，逃跑的前军又带动不明就里的后军，后撤演变成了溃逃。八旗铁骑如入无人之境，来回冲杀，追杀了五十里，直到马都跑不动了才收兵回城。“楚军”又一次承包了笑料。

章旷这一路“楚军”溃败了，不过在何腾蛟的部署之中还有两路兵马，他们发挥得如何呢？

“楚军”水师，由王允成统领出征。

马进忠、王允成、王进才这三个人，是值得写两句的人物，他们的共同特点是：登场比较早，谢幕比较晚，是明末舞台上的熟人。

前面已经大略介绍过马进忠，再说几句王允成。

王允成行伍起家，是员老将，绰号“铁骑王”，他与马进忠在左良玉麾下相识。不同的是，王允成不像马进忠当过农民军，他始终是官军。到了左梦庚降清时，王允成和马进忠合作，破坏了清军的大炮，归附了何腾蛟。

随后，王允成仍旧携手马进忠驻守岳州，又一起放弃岳州。

对于前线将领来说，年老未必是好事，体力、智力都已衰退，又容易瞻前顾后、牵挂太多。老将王允成，一败再败，战斗意志已经动摇，开始为自己找后路。

这样一名战意不坚的将领，统率着同样以兵痞为主的“楚军”，战斗力可想而知。清军借着大破章旷的余威，轻松击败王允成部。这一路兵马，同样退回了湘阴。

只剩下了堵胤锡节制的马进忠部了。三路中这一支人马的人数最少，反而爆发出了惊人的战斗力。

所谓“兵熊熊一个，将熊熊一窝”，相当有道理。

堵胤锡、马进忠部下，还是以“楚军”为主，还包括了一部分大顺军。在章旷、王允成率领下不堪一击的“楚军”，到了堵胤锡、马进忠手下，战斗力却提升了好几倍，一路攻进湖北，杀到嘉鱼县，这里离武昌只剩下了两百里地，武昌为之震动。如果得到策应，这支军队还能取得更大的战绩，可惜其他两路人马那里传来的都是坏消息。

章旷、王允成的失败，意味着湖北清军可以集中力量对付他们，再孤军深入很可能被围歼。堵胤锡不得已，只好放弃战果，主动撤退。

何腾蛟主导的北伐，再一次失败了。何腾蛟和其嫡系将领的统帅能力之弱暴露无遗。相反，曾是农民军，后来才投降成为官军的马进忠却保留了善战的本色，表现出来的能力甩开了章旷等一大截。这样看来，当初何腾蛟用马进忠守岳州，是个正确的决定。如果不是何腾蛟下令放弃岳州，马进忠说不定能跟清军掰两下手腕。

马进忠、王允成等人，在乱世中大有用武之地，以后还有表现的机会。

花开两朵，各表一枝。

好久没有提到浙东监国鲁王朱以海了，浙江这边怎么样了呢？

朱以海现在正在海上流浪。

怎么跑海上去了呢？因为浙江已经丢了。

隆武二年（1646 年）二月二十九日，清军就发动了浙东攻势，以多罗贝勒博洛为统帅，率同固山额真图赖领兵南下，进攻浙东。

博洛是努尔哈赤的孙子，阿巴泰的第三个儿子，和勒克德浑一样，是八旗的新一代将领。

明失其鹿，天下共逐之。努尔哈赤、皇太极这两代人强也是正常。历史上，北方游牧民族进入中原争霸的事情并不少，从南北朝、五胡十六国到契丹、女真、蒙古，许多民族都建立了自己的政权，当起了皇帝。

不过，他们的共同点是，出道即巅峰。也就是开国君主那一代人最强，以后逐代递减，并且多数是断崖式下跌。同时，往往由于内乱导致战斗力大减，再也无力进取，甚至自相残杀而灭亡，这几乎成了一条规律。

到了清朝，这条规律失效了。

努尔哈赤强，努尔哈赤的儿子们强，这也就算了。可是，连他的孙子辈也都这么强，这就有点不可思议了。

尼堪、岳托、勒克德浑、博洛、岳乐等，够资格领兵成为统帅的，一只手就数不过来，更别说那些能征善战又爵位稍低的了。

要知道，从努尔哈赤二十五岁起兵到博洛 1646 年出征浙江，已经过去了整整六十多年。

还有一条，八旗没发生过内乱。

耶律阿保机建立的辽国，完颜阿骨打建立的金国，在两位雄主死后不久，都发生了大规模内斗。

成吉思汗的孙子们也很强，搞内斗的本事更是不差，为了争大位而互相攻伐，骨肉相残。

如果说皇太极死后的皇位之争算是一次内乱，那也没到动刀子的地步，八旗之间并没有兵戎相见，这可能是清朝最危险的一个阶段。如果内乱真的发生了，那它很可能像众多曾经强盛的少数民族一样，从此一蹶不振。

代代出名将，又没有内乱的清朝，成为这一时期中原大地的王者级军队，或者说是东亚大陆的顶级军队。

再看看这时期明朝的名将们……在哪儿呢……怎么什么也看不见……更别说二代、三代了……

哦……有个叫李定国的年轻人，好像还在钻山沟……

博洛调兵遣将，以八旗军为骨干，征调了大批江南的明朝降兵降将出征，后来出名的李成栋也率领着五千本部人马位列其中。

1646 年五月十五日，博洛大军进抵杭州，与鲁王监国政权的钱塘江防线隔江相望。

1646 这一年，是个大旱之年，正值夏天，浙江已几个月没下过雨。钱塘江是条大江，这时候的水量却只到战马的腹部。

主持钱塘江防线的方国安，原本寄望清军不会游泳，不善水战，扬扬自得，以为可以凭借大江据险固守。但在天气的配合下，方国安傻了眼。

五月二十五日，博洛一声令下，沿着钱塘江六和塔到严州一线列阵的马步清军开始涉水而渡，发动全面进攻——压根就不用船了。

方国安的明军构成也类似于何腾蛟的“楚军”，很多都是拉壮丁拉来的。怕死是人的本能，对于没受过什么训练，本来就没什么斗志的新兵来说更是如此。

看见清军渡河，不少明军一哄而散，脱下军装，回家种地去了。方国安急得直跳脚，也无济于事，他精心部署的钱塘江防线，支撑了不到半天就土崩瓦解，手下也损失过半。

面对清军势如破竹的攻势，鲁王朱以海脚底抹油，五月二十九日就从台州出海，流浪去了。再不走，等待他的是和朱由崧、朱常淓等哥们儿一样的下场。他逃得有多快呢？连家眷、儿子都没来得及带上，结果另外一拨走的这些人被清军截获，献给了博洛。

难道就没人抵抗吗？嗯……似乎是没有。鲁王监国的首席武将越国公方国安带着部下投降；三名内阁大学士：方逢年、谢三宾、宋之普，带着吏部尚书商周祚、兵部尚书邵辅忠、刑部尚书苏壮、新建伯王业泰等投降。

对明朝历史了解一些的朋友可能眼熟，新建伯，这是某位“圣人”的爵位。没错，王守仁（王阳明）因功晋封新建伯，是明朝仅有的三位因功封爵的文官之一，其他两位是正统朝的王骥和成化朝的王越——三位都姓王。其中，因为“心学”上的成就，显然王守仁最为出名。

新建伯王业泰，正是王阳明的玄孙，末任新建伯。

王守仁的后人降清，令人扼腕痛惜。不过，王业泰的事，有两种说法。

一是上面说的，王业泰与方逢年、方国安等一起投降，这事记录在清浙闽总督张存仁在顺治三年（1646 年）七月初六日所书奏本里：

今据伪越国公方国安统率马兵五百、步兵七千，并伪内阁方逢年、张国维、伪新建伯王业泰……

二是根据《余姚县志》记载：

福王时袭封，感泣请终丧报国，许之……王师南下，执送营中授以爵，泣曰：“世受国恩，义不改节，得死报君父于地下足矣。”遂死之。

王业泰的墓，后来在重庆市王家湾湖岸边被发现，墓志铭上写着：生于明万历四十二年（1614年）四月十八日，亡于清康熙三十二年（1693年）十月初九日，享年八十岁。经专家鉴定和王氏后人确认，这座墓是真的。

除了以上这些人，投降的还有老熟人阮大铖——这时他在浙江避风头，以及其他文武官员，不计其数。

自杀殉国的有大学士张国维、督师兵部尚书余煌、礼部尚书陈函辉、大理寺少卿陈潜夫等。

与方国安共同主持钱塘江防线的兴国公王之仁比他们更绝，他带着部分军队乘船数百艘出海来到舟山，打算和驻守这里的肃虏伯黄斌卿合兵，反攻浙江。

黄斌卿是个叛徒，嘴上答应，暗地里却布置下士兵，发炮轰击王之仁的船队，把他们全部击沉。

王之仁见大势已去，下令把自己的家属九十三人乘坐的船只凿沉，官印丢进大海。

按照剧本，接下来他就该跳海自尽了，然而并没有。王之仁接下来的操作，让人大开眼界。

他只留下自己驾着的一条船，大张旗帜，敲锣打鼓地来到吴淞口。当地清军以为这是个来投降的明朝大官，毕恭毕敬地把他送到松江府。吴淞总兵李成栋也不敢怠慢，把他转送南京。王之仁终于见到了他想见的人——前明朝督师、现清朝大学士洪承畴。

王之仁想见洪承畴，不是想投降，而是要羞辱他一番，但求一死。

明朝的文人骂人功夫一流，王之仁一点都不客气，破口大骂：

反面事仇，先帝赠若官，立庙祠若、祭若，荫若子；若背义亡恩，操戈入室，平夷我陵寝，焚毁我宗庙，若通天之罪，过李陵、卫律远矣。

就是说，你就是个混蛋，坏得掉渣，投降匈奴而回头打汉朝的李陵、卫律，都比不上你一半，你咋不上天呢？

然后，王之仁说："我骂完了，你可以杀我了，我很快就到九泉之下见你父亲，当着他的面继续骂你。"

要知道这时候，洪承畴的老爹可还没死，洪承畴差点被气疯。

要说洪承畴难看也是真难看，从左懋第到袁继咸，再从黄道周到王之仁，清廷想要劝降哪个明朝大官，必定要请出洪承畴——没办法，洪督师面子大嘛。

"劝降专业户"洪承畴出面，则多半挨骂，每次脸上被喷的唾沫星子估计都能洗把脸了。

东林党的几张面孔

比自杀更有骨气的是督师大学士朱大典，他据守金华城，誓死不降。博洛想看看这个硬骨头，亲自统率三军将金华围得水泄不通。朱大典抵抗强硬，清军又从杭州调来红衣大炮，即使这样，猛攻了二十天才攻破金华。朱大典则带着亲属在火药局点火殉国。

这个朱大典，在明末官场上号称"贪官中的战斗机"，被称为"严嵩再世"，史书上这样记载他的贪婪：

饶有才，而性奇贪，多行暴虐。括取财贿，四府僚属，囊橐皆尽，人拟其富且敌国。

贪是一回事，气节是另一回事；贪该挨批，殉国值得钦佩。朱大典的私德有问题，但他面对大是大非绝不含糊，这是人的两面性而已。凭借抗清殉国的气节，朱大典的口碑逆转，成了后世敬仰的名人。

这时在浙江，还有一位重要人物。

在清军攻陷浙东之战中，牵涉到了另一个重要人物。这个人在明末的争议性很大，在某种程度上，他影响了天下走势。

什么人有这么大能量呢？——马士英。

先说一下马士英的结局。

他的结局稀里糊涂。

因为在各种资料中，记载的马士英的结局相差颇大。

《清世祖实录》：浙闽总督张存仁疏报：副将张国勋等进剿太湖逆贼，擒获伪大学士马士英、长兴伯吴日生、主事倪曼青等。捷闻，令斩士英等。

在这里，马士英直接被擒处斩。

一些野史《闽游月记》《所知录》《南疆逸史》则很夸张：

贝勒曰：我为天下诛贼臣。剥其皮而尸之。

这些记载很夸张，马士英被杀的细节竟被记载得绘声绘色。

《东华录》说的略有不同："两督张存仁疏报：副将张国勋进剿太湖逆贼，长兴伯吴日生、主事倪曼青俱被获，伪大学士马士英潜遁新昌县山内，都统汉岱追至台州，士英属下总兵叶承恩等降，并报称马士英披剃为僧，即至寺拘获，并总兵赵体元，令斩之。"

在这里，马士英逃脱了第一次"围剿"，跑到山里剃发为僧，最终还是被抓获处斩。

这些记载的共同点是，马士英没有投降，而被清军所杀。

马士英没有降清，应该是件很奇怪的事情。在大儒黄宗羲的笔下，马士英是至奸之人，即历史上最奸诈的宰相。

今古为君者，昏至弘光而极；为相者，奸至马士英而极，不待明者而知之也，有何冤可理？

马士英的铁杆兄弟阮大铖都降清了，马士英却坚持不降，那该多不正常？

讲到马士英，或许应该提一下东林党。

东林党对于明朝的灭亡，有自己的责任，这点无法否认。这些人，大多是“平时袖手谈心性，临危一死报君王”。

但如果把所有错都归到东林党头上，这也不对。明朝的灭亡原因复杂，顶层、底层，外部、内部，天灾、人祸，一个东林党，怕是背不起这么多的锅。

东林党虽误国，但东林党也爱国，这并不冲突。

就明末的东林党人来说，前面提到了东林党人黄道周的悲剧北伐，还提到过“水太凉”的钱谦益，这些人都不足以概括东林党。

东林党到底是怎么回事呢？《东林点将录》记载得比较清楚。这本《东林点将录》，是在明朝天启年间，魏忠贤得势，为了打击异己，阉党骨干——左副都御史王绍徽，仿照《水浒传》的方式，编东林党一百零九人为《东林点将录》。

为什么是一百零九人呢，因为算入了在《水浒传》中早亡的托塔天王晁盖。

在这份名单里，一百零九名大臣被按照《水浒传》中一百〇八将对号入座。看上去饶有趣味，实则这是一份迫害名单，让人毛骨悚然。

《东林点将录》的名单太长，这里就不全文贴出了，只摘录前面几位，各位有兴趣的可以自行去查阅相关资料。

开山元帅：

托塔天王南京户部尚书李三才

总兵都头领二员：

天魁星及时雨大学士叶向高

天罡星玉麒麟吏部尚书赵南星

掌管机密军师二员：

天机星智多星左谕德缪昌期

天闲星入云龙左都御史高攀龙

协同参赞军务头领一员：

地魁星神机军师礼部员外郎顾大章

正先锋一员：

天煞星黑旋风吏科都给事中魏大中

……

说到明末，如果从印象出发，东林党似乎名声不佳。许多人认为东林党是明末党争的罪魁祸首，甚至有人认为“明亡于东林党”。

首先问题是，何为“东林党”？

东林党并不是近代意义上的政党，它只是政敌们互相扣的帽子，比如除了东林党，还有齐党、楚党、浙党等。他们都是松散的政治派系而不是政党，如若硬要说党，至多勉强可以算作朋党。

如果按照这种定义，那么南宋的秦桧党羽，也可以称为“秦党”；清末的清流，也可以用领袖翁同龢的名义称为“翁党”。

诸如此类，只是口头的叫法，这个“党”字，并不具有实际意义。不过，既然已约定俗成，那么，为了行文方便，姑且也以东林党来称呼之。

崇祯十七年（1644年），李自成大军逼近北京，左都御史李邦华向崇祯皇帝上密疏，先后提出了两个建议：

一、崇祯皇帝自己固守京师，让太子去南京监国。

二、把崇祯皇帝另外两个儿子，定王朱慈炯和永王朱慈炤封到太平府和宁国府。

崇祯皇帝听得颇为心动。

不过，不久后一次会议时，发生了另一件事：左中允李明睿上疏建议南迁，被兵科给事中光时亨痛斥，首辅陈演等人则齐声附和光时亨。

崇祯皇帝傻眼了，看着陈演、光时亨等人的表演，他感到孤立无助的悲哀。

不管是南迁还是太子监国的动议，就此不了了之。崇祯皇帝错过了最后死中求活的一个机会。

未几，北京城破，李邦华写下绝命诗，投缳殉国。

李邦华的故事，当然不止这么多，他在崇祯朝主要干的事，是整顿兵制、拨乱反正，功绩甚多。无奈明朝积重难返，非一人之力可以扭转乾坤。

在《东林点将录》里，李邦华是四十六员马步三军头领之一，列在地勇星病尉迟之位。

建议崇祯皇帝南迁的左中允李明睿不在点将录里，不过他是东林党李邦华所推荐。李自成入京后，他被拷打审问。多尔衮入京后，以要为崇祯皇帝议谥号、哭灵为条件，强逼李明睿做了礼部左侍郎。

这个被强逼的清朝礼部左侍郎却经常礼仪不恭，数月后被革职为民。李明睿从此闲居，既拒绝了弘光朝阮大铖的邀请，又避开了清朝的迫害，避乱广陵，再也没有出仕。

实际上，从天启中期到崇祯末期，李邦华这样被列入《东林点将录》的人物，在朝的已经是凤毛麟角。这一百零九个人，崇祯一朝，点将录上被起复任用过的，有房可壮、惠世扬、阮大铖、毛士龙、刘懋、韩爌、孙承宗、周嘉谟、钱谦益、郑三俊、文震孟、顾锡畴、郑鄤、孙必显、孙居相、李邦华、刘策、张凤翔、程绍、王洽、李若星、刘宗周、邹维琏、薛文周、沈惟炳、方震孺、魏光绪、练国事、张慎言、侯恂、胡良机、宋师襄、熊明遇、王允成、黄公辅、徐宪卿等人。

看上去人数不少。

实则，这些人里多数都是被短暂起复，没多久又被罢官，有一些连罢官的机会也没有，直接就丢了性命。比如，起复为兵部右侍郎总理蓟辽军务的刘策，在皇太极入关后被论罪斩首；官至兵部尚书的王洽，也是在清军突入长城后被论罪下狱，第二年就在狱中病死。

最惨的是在点将录中位列“地异星白面郎君”的郑鄤，崇祯八年（1635 年）赴京候补，还没捞到实职，就因得罪了温体仁而被弹劾。下狱四年后，在崇祯十二年（1639 年）八月二十六日，他被处以和袁崇焕一样的极刑——磔刑。

总体来说，在崇祯三年（1630 年）温体仁任内阁首辅后，朝野的东林党人几乎被尽逐。除了年老亡故的，他们在崇祯朝的仕途终点大概有以下几种：

一、致仕。如孙承宗、陈所学、黄公辅、张光前、郑三俊等。

二、罢官。如钱谦益、刘宗周、邹维琏、魏光绪、文震孟等。

三、流放。如练国事、孙居相、解学龙等。

四、入狱。如侯恂、宋师襄、蒋允仪等。

五、被排挤到南京坐冷板凳。如张慎言、胡良机、熊明遇等人。就仕途而言，这已经是最好的结局。

就连孙承宗这样德高望重、劳苦功高的名臣，也在宦官排挤之下不得不告老还乡；像李邦华这样坚持到崇祯十七年（1644 年）的，实在是殊为不易。

所谓“东林党”，最巅峰的时期也就是天启初年到天启三年（1623 年）那短短两三年的时间，“众正盈朝”也是说的那几年。

从魏忠贤崛起之后直到崇祯末年，东林党在朝堂之上的声音越来越微弱，直到完全偃旗息鼓。

他们失去了权力，也就没有一丝影响力可言。无法在朝堂上发声的团体，对时局能有多大的影响呢？

如果根据上面所说，似乎东林党并不见得误国。

但事实上，东林党确实有误国。

了解明史的人都知道，党争是明朝灭亡的重要原因之一。

明末的党争，从万历中期直到南明弘光政权的灭亡才算大致结束，延续了近半个世纪之久。也就是说，明朝从明显进入下降通道开始，就始终伴随着党争，直到彻底崩盘。

东林党在其中的大部分时间，所扮演的是“领衔主演”的角色。

从万历后期的众党争锋，到天启初期的“众正盈朝”，再到天启中后期的惨遭迫害，东林党在舞台中心的时间，前后持续也有三十年左右。

万历晚期的党争，消耗了大臣们的主要精力，吵架和互相攻击成了日常主要工作，必欲以扳倒对手而后快。相对地，国事则成了攻击对手的武器，凡是对手支持的，我必要反对；凡是我赞成的，你不赞成，你就是敌人。这种情况，并不是单指东林党，所有团体都是如此。大家斗起气来，那是连国事都不顾了。如果说在万历年间，东林党是为了自身安全而不得不陷入党争，那么到了天启初年，东林党和它的支持者们已经得以主持朝政，盛极一时。他们应该抓住这个时机，展现他们的治国才能和毕生抱负才对。

遗憾的是，东林才子们忙的还是党争，他们继续打击漏网的齐、楚、浙党分子，同时继续起用在前朝被打击失势的支持者和同道中人。

同时，东林党内部也并不团结，分成许多小团体。比如，左光斗和杨涟都是东林领袖，彼此却发生内讧。于是，杨涟和赵南星、高攀龙等人结成一伙，以对抗左光斗。

同为东林党骨干，位列点将录“天究星没遮拦”之位的阮大铖，则又是左光斗的同乡好友。因为杨、左的内讧，阮大铖失去了中意的吏科都给事中一职。追名逐利之下，他干脆投靠了魏忠贤，成为阉党的骨干，反东林党的楷模。

而被东林党持续打击的齐、楚、浙党们，随着魏忠贤的起势，为了自保或者利益，又纷纷倒向了“九千岁”，成了阉党的骨干，继续党争，没完没了。

所谓冤冤相报，大概就是这么回事。

凡此种种，都是徒耗精力，反而给了魏忠贤以可乘之机。最后，盛极一时的东林党短短几年间就被阉党驱尽杀绝，全军覆没。

终于得到了朝堂地位却不好好加以发挥，您说东林误不误国？

东林党确实存在误国的一面，对于明朝的灭亡，他们要承担自己的责任。但从另一个角度看，东林党也有其爱国的一面。

再看《东林点将录》。

大笑，大笑，还大笑！刀砍东风，于我何有哉？

这是杨涟狱中血书中的几句。

杨涟、左光斗、袁化中、魏大中、周朝瑞、顾大章，他们被称为“东林前六君子”。

此外，还有周起元、黄尊素、缪昌期、周顺昌、周宗建、李应升，他们被称为“东林后六君子”。

他们的共同特点是，铮铮铁骨，万世敬仰。

话又回头说。

东林党这回事，先说到这里，后面还要提到，先说回马士英。

马士英并不是东林党，他的好友阮大铖是阉党，在南京因立谁为帝争执的时候，东林党因为跟福王有“争国本”的夙愿，不愿立朱由崧。马士英联合“江北四镇”反杀，最终拥立弘光帝。所以，东林党在弘光朝受到排挤，阉党阮大铖等得势，马士英夹在中间必须站队。站队也很好选择，朱由崧不会喜欢不支持他的东林党，作为内阁首辅、首席大学士，马士英只能站在朱由崧这边。

而痛骂马士英的黄宗羲是谁呢？他是著名的《东林点将录》里被列为“天异星赤发鬼”刘宗周的得意门生，“东林后六君子”之一黄尊素的长子。

马士英上台，排挤东林党。在黄宗羲的笔下，马士英当然是一副奸臣面孔。

说马士英是奸臣，未必不对。在政治上，他的确擅长见风使舵，但他也不是像黄宗羲所说的至奸至恶之辈。马士英在弘光朝，固然毫无作为，甚至助纣为虐，但这也不能掩盖他在大是大非上的立场。马士英要降清，多尔衮双手欢迎，给他的官职不会低于钱谦益等人。

马士英的选择是从南京逃跑，来到浙江。

没人欢迎他，甚至许多人要杀之而后快，马士英几乎成了过街老鼠。

马士英的选择是坚持抗清，仿佛要以抗清来洗刷身上的罪名。

鲁王监国的几次渡江进攻余杭、富阳和杭州的战役，马士英一次不落，全部参加。

鲁王监国失败后，马士英逃入深山，落发为僧，被擒后还是不屈被杀。

相比之下，将马士英骂个狗血喷头的黄宗羲呢？最终还是剃了头，做了顺民。

自己做不到，又何必抢占道德制高点呢？

马士英没能力，有气节。

史可法没能力，有气节。

黄道周没能力，有气节。

洪承畴有能力，没气节。

陈名夏有能力，没气节。

钱谦益有能力，没气节。

阮大铖没能力，没气节。

没有人是完美的，是人都有两面性，这也许是人性最真实的写照吧。

第十一章
从江西到福建

主兵的文官们

在博洛出兵浙东时，另外一路清军，正由金声桓率领向赣南挺进。

金声桓的对手，是江西总督万元吉。

金声桓对决万元吉，这场战役从开始就不是一场等量级的较量。

金声桓，绰号“一斗粟”，陕西榆林人。明末的陕西人，最大的爱好是砍人，不是加入了农民军，就是加入了官军，彼此互砍。

金声桓则先是加入农民军砍官军，然后加入官军砍农民军，砍人经验十分丰富。

左良玉死后，金声桓跟随左梦庚降清，担任江西总兵。

万元吉，江西南昌人，天启五年（1625 年）进士，他拿手的不是打仗，是作诗。

从天启朝到崇祯朝，他一直担任的是推官，也就是管理司法的官员。弘光帝继位后，万元吉晋升太仆少卿，开始指挥军事。隆武帝登基后，他升任兵部右侍郎兼右副都御史，总督江西。

也就是说，他真正开始指挥军事，不过两年左右。而他的对手金声桓，刀尖舔血的日子已经过了半辈子。

要说军事，明初以后，主兵的一直是文人，统兵的著名文官数不胜数，除了因战功封爵的三位文官王骥、王越、王守仁之外，忠肃公于谦、三边总制曾铣、抗倭名将邢玠、与戚继光并称的谭纶、三边总督石茂华，乃至明末的袁崇焕、洪承畴、卢象升、孙传庭，统统是文官出身。明朝带兵文官的表现，比宋朝要强得多。

然而，到孙传庭这里，似乎就戛然而止了。在他之后，主兵的文官再也没有过硬的表现。

什么原因呢？

著名的领兵文官们，并不是天生就会打仗的。

举几个例子。

威宁伯王越，经历了陕西御史督查军务和随军出征“襄赞军务”的锻炼，才逐渐能够独当一面，出任“三边总制”。

挽狂澜于既倒的于谦于少保，年少时候就喜读兵书，偶像是文天祥；进士登科后，以御史职随明宣宗平定汉王朱高煦之乱，随后又任兵部侍郎，巡按江西，巡抚河南、山西等地。在京师保卫战之时，他的军事经验已经相当丰富。

袁崇焕自小喜欢谈论兵法，被破格提拔也只是担任兵备佥事，在辽东锻炼了三年后才升为按察使。

这些实战经验，在书本上都是学不到的。

文官弱不禁风、手无缚鸡之力，更是一种错觉，主兵的文官通常都是文武全才。

“心学”宗师王守仁喜好习武，箭术惊人；嘉靖年间的名臣谭纶喜欢上战场手刃敌人；更别说被称为“卢阎王”的卢象升了。

对于主兵的文官，明朝有一套系统的培养。八股文是在明朝成化末年才成为严格的科举程式，读书人要学习的还有“六艺”，包括礼、乐、射、御、书、数等。而且，文官主兵，并不是说所有文官都可以主兵，通常要经过层层锻炼，逐步过渡，才给予指挥权。没上过战场，没亲手杀过人，不了解战争的真相，对不起，你的级数还不够，还得继续练。

同前辈相比，史可法、堵胤锡、万元吉失去了成长的土壤。

这时期，他们刚挑大梁，面对的就是灭国级别的战争，没有容错率，没有机会给他们失败，一着不慎就将满盘皆输。

胜败乃兵家常事。不过，对于这时残明的各个政权来说，失败一次，很可能意味着就此毁灭，因为他们的本钱已经快赔光了。比不得老祖宗时候，丘福全军覆没还有朱棣，土木堡败了还能反杀，萨尔浒败了还能来一波松锦，卢象升阵亡还有洪承畴，洪承畴投降还有孙传庭。总之，明朝的国力和人才储备是一代不如一代，已经被折腾光了。

对“万元吉们”来说，现实则更为残酷，失败一次的后果很可能再无翻身的机会，甚至是直接死亡。

江西之战，就是一次这样的战役。

在当时的形势下，赣南连接了福建和湖南，使得隆武朝的政令还算通畅；同时它又荫蔽着广东，是两广的屏障。这样一块重要的战略位置，一旦被切断，则东西很难交通，是牵一发而动全身的重镇。它的重要性，在随后还将一再体现。

1646 年三月二十四日，金声桓首先挥师攻克了吉安。在吉安，清军各部合兵，在金声桓统率下，兵锋直指赣州。

隆武朝上下都明白赣州的干系重大，朱聿键在自己所能调动的范围内，竭尽所能地调动了能调动的军队增援江西。

其中包括两广总督丁魁楚派遣的童以振、陈课部四千人；大学士苏观生遣发的广东兵三千人；连难以调动的湖广总督何腾蛟，也意识到江西一旦丢失，大势非常不妙，派出了总兵曹志建领兵两千名增援；再加上从崇祯十七年（1644 年）就滞留江西的，由张同敞率领的数千云南兵；江西本地将领吴之蕃、张国祚部下和招安的赣州悍贼张安等部编成的新军，江西的兵力一时达到了四万多人，云集在赣州城外。

所谓一鼓作气，再而衰，三而竭。明军来自不同的省份，为了共同的目标聚集在一起，这当然是好事。就万元吉来说，趁着各军刚刚抵达，一口气还提着，就应该立即整军主动出击，因为明军的兵力，这时已经远远超过了清军，完全可以一战，如果打了胜仗，那么一切都好说。

就好比一个足球运动员，上场比赛前，已经做足了热身，就等着一展身手。可是主教练却把他晾在场边半天，等身上都凉了，精神头也没了，才打算派他上场。

这样的主教练，显然是个蹩脚的主教练。

万元吉就是这样的“主教练”。

他没有趁着明军“热身”完毕，战意正锐的时候出击，坚持要等广东罗明受率领的水师来到后，水陆并进，万无一失才肯出击。

在等待中，各路明军越来越不耐烦，来自不同地区的各部互相不服气，流言四起，彼此间争吵、私斗也时有发生。

更倒霉的是，等到八月二十三日，罗明受的水师终于来了。然而，他们压根没能跟赣州明军会合，就被清军偷袭，八十多艘大船全被焚毁。没了战船的水师跟民军差不多，罗明受干脆也不去赣州了，带着残兵逃回了广东。

水师的失败，使得赣州城内外的明军更加惊恐，原来热血沸腾，现在人人思归。大家都背井离乡地来江西拼命，等了几个月没有仗打，思乡情绪自然蔓延开来。

与之相比，万元吉的对手金声桓则是老奸巨猾。

清军进抵赣州，见明军势大，并没有发动大规模进攻，只是寻找明军的薄弱处，进行了几次小规模的战斗，击败了盗匪改编的江西新军张安所部，给万元吉以震慑。

等到击败罗明受后，金声桓等待的机会来了。他趁部下新胜士气高涨，明军士气低落之际，抓住机会，集中力量击溃了广东兵和云南兵。

对于兵法的运用，万元吉差了金声桓几个档次，而统帅层面的差距更拉大了士兵战斗力的差距。

不用全面攻击，只要集中力量击其一点，其余敌人就会不战自溃。

果然如同金声桓预料的一样，其他几部明军看到兵力最强的广东兵和云南兵都被击败，再也无心作战，如同惊弓之鸟，纷纷拔营往雩都、韶州方向撤退。这时候，万元吉再想召集各部已变得不可能。

到了八月二十九日，四万明军只剩下了四千，全部退往赣州城内，在督师万元吉、大学士杨廷麟的带领下困守孤城。

六天时间，形势已经逆转，原本兵力绝对占优的明军反而成了人少的一方，连赣州城也出不去了。

到这个时候，已经不可能再有援兵。金声桓不紧不慢，一个一个拔除赣州府外的州县，九月初九占领南康县，十五日攻占上犹县。

九月十九日，清军包围了赣州城。

十月初三，清军大举攻城。但赣州地势独特，明军虽人数少却仍然能力保城池不失，清军白天的攻击宣告失败。

到了晚上，老道的金声桓发动夜袭，趁明军激战一天防备松懈，当晚三更，清军悄悄登上城头，明将徐启仁、李士元、杨武烈、冯君瑞、崔国祥等力战身亡，万元吉、杨廷麟投水自尽。城内其他文官，翰林院兼兵科给事中万发祥、太常寺卿兼守道彭期生、吏部主事龚棻、兵部主事王其弦、黎遂球等官绅三十余人同时遇难。

赣州告破。

赣州失守，意义重大，带来的结果是福建和湖南的连接区被切断；同时，广东也就此暴露在清军的正面，影响到至关重要的三个省份。

赣州失守，主要有两个责任人。

第一，是万元吉，指挥不力，用兵失当，虽然尽节而死，但是也不能抹除战术上的失误。

第二，是何腾蛟。

是的，又是何腾蛟。

有人可能有疑问，为什么在这几个章节中反复出现何腾蛟的名字，而且都是以负面“人设”出现，这与何腾蛟在传统历史上偏正面的形象似乎不符。

这怎么解释呢？何腾蛟不是还派出了两千湖南兵增援赣州吗？

没错，兵是派了，只是这两千兵，派和不派一点区别都没有。与其说何腾蛟是为了增援赣州，不如说他是来寒碜人的。

朱聿键在武夷山“兜圈子”的时候，曾下旨意给何腾蛟，向他求救，希望他派兵来把自己接出福建，以摆脱郑芝龙的控制。

何腾蛟果然派出郝永忠率领一万兵马，进入江西，号称迎驾。可是这路人马走了三个半月，才从长沙走到郴州，也就是一百多天走了六百多里地，平均一天走六里，连湖南也没出。就算是爬，一百多天恐怕也能爬出六百多里地去，看得出何腾蛟根本就没打算真的去接朱聿键，只是应付一下而已。

到了金声桓进攻赣南，朱聿键再次给何腾蛟下命令，要求他派一万精兵驰援赣州。

隆武朝的几支重兵集团，以湖南“楚军”兵力最多，即使两次进攻武昌失败，“楚军”还是首屈一指的大军团。

而且，江西比邻于湖南，出兵近在咫尺，论条件、兵力，何腾蛟无论如何也不该只派两千兵。说白了，他这就是给自己一个台阶，好堵天下人之口。派去的两千“楚军”在赣州之战中没有任何表现就卷铺盖逃跑，这完全就是何腾蛟坐视赣南沦陷而不救。

赣州城陷后死节的万元吉、杨廷麟等可能不会想到，他们的皇帝——隆武帝朱聿键其实早已经在九泉之下等着他们了。

没错，就在清军发动对赣州的总攻之时，朱聿键已经在福建遇难。

隆武帝罹难

在发动赣南战役的同时，清朝平南大将军博洛也对福建动起了刀子。

同派到江西去的金声桓不同，他对福建动的是“软刀子”。

福建的郑芝龙早就与朱聿键不和，首鼠两端，只是还保留着个臣子的名分。这点博洛一清二楚。

郑芝龙早就在做二手准备，和清军在私下秘密接触，试探清方的态度。

1646年三月到六月间，经过几次来往，郑芝龙相信清朝能够接纳自己，投降了还是能过上自己的好日子。清廷也确认郑芝龙的投降是出于本心而不是诈降。

事情谈到这里，基本就算成了。

六月初，博洛再次派遣使者将敕书送给郑芝龙，许以高官厚禄，承诺仍旧让他管理福建。到此，郑芝龙已经决定降清。

既然决定投降，总要纳上投名状，以表忠心，还有什么比福建更好的礼物呢？

福建完全在郑氏集团的控制之下，要送出去，对郑芝龙来说，也就是几道命令的事情。

郑芝龙下令，仙霞关守将武毅伯施福立即放弃关隘后撤。

只这一道命令，就能令福建门户洞开。

仙霞关被称为“两浙之锁钥，入闽之咽喉”，从这个称号上就可以看出它的重要性，历来与剑门关、函谷关、雁门关并称中国“四大古关口”。

山上共有四道关门，层层设防，号称“一人守险，千人不能上”。

放弃仙霞关还不算，郑芝龙又借口家乡来了海盗，要率军回师剿匪，调走了军队，把朱聿键一个人晾在了安平。

郑芝龙一顿操作，福建已成为不设防的省份。1646 年八月十三日，博洛亲自带领闽浙总督张存仁、巡抚佟国鼎等官员，统率着满汉军队，从衢州进入福建，越过仙霞岭，施施然收取沿路州县，如入无人之境。

民间有歌谣描述当时的情景：“峻峭仙霞路，逍遥军马过。将军爱百姓，拱手奉山河。”

八月二十一日，赣州之战还未分出胜负，朱聿键已经无法等待了。不管赣州是否能守住，他都必须立即离开福建，否则就将成为瓮中之鳖。

他带着宗室和亲信往赣州出发，这些人行军的速度太慢，还带着大批行李和书籍，三天才走了一百里路，八月二十四日，终于到达顺昌。

清军的速度，堪称迅雷不及掩耳，很快逼近顺昌。

八月二十七日，朱聿键逃到汀州。第二天清军就已追到，朱聿键没能逃脱。

关于朱聿键的结局，有两种说法。一是说清军追到后，朱聿键带着后妃等躲在汀州城衙，被清军乱箭射死。二是说朱聿键被俘后绝食而死。

不管哪种说法，隆武帝朱聿键确实是殉国了。

短短三年不到，明朝已经有两个皇帝殉国，另外一个皇帝和一个监国被俘杀，皇帝真成了高危职业。

胸怀大志的隆武帝朱聿键殉国了，从 1645 年六月二十八日称监国算到 1646 年八月二十一日，他君临天下的时间，只有短短十四个月不到。

弘光帝朱由崧、潞王朱常淓被俘杀，可能没有多少人觉得可惜，可是隆武帝朱聿键的殉国，许多人会一声叹息。

这个以光武帝刘秀为榜样的苦命皇帝，不奢靡，不享乐，酷爱读书，他颁布的政策基本没有什么错误，纠正了弘光朝的许多问题。

他致力于消除万历以来的党争，心系百姓，保护了无数不肯剃发而南逃的人。

他制定的“联寇抗清”政策，顺应了当时的局势，一心想着北伐，甚至决定亲征。

这样一个皇帝，如果生在其他年代，有成为明君的潜质。但是，在他所处的明末清初，这些反而成为他身上的悲剧符号。

老祖宗留给他的这副担子已经腐朽了，挑不起两头的重量，再强壮的人，赤手空拳，不借助外力，也无法撑起千钧重量。

这就是朱聿键的悲剧——心比天高、命比纸薄。

明明没有做错什么，却不得不为时局买单。

朱聿键殉国了，残明还在延续，皇帝并不愁没有。但对于后续局面来说，最致命的不是隆武的殉国，而是赣州的失陷。

讲到这里，我们有必要把前面的时间线捋一捋。

朱由崧在南京继位，是在 1644 年五月十五日，这一年是明朝崇祯十七年、弘光朝成立，也是清朝顺治元年，还是大顺朝永昌元年、大西朝大顺元年，一年间有五个年号，真够乱的。

1645 年五月二十二日，朱由崧就在芜湖被俘，第二年五月，和潞王朱常涝等一起在北京被杀。

1645年正月，大顺军在与清军的潼关之战中败北，放弃陕西东下。五月，李自成在九宫山身亡。

1645年六月二十七日，朱聿键在福州继位，改元隆武。

1646年二月二十九日，清军征南大将军博洛进攻浙江、福建；六月十三日，朱大典据守的金华失陷，浙东被占领。

1646年三月二十四日，金声桓攻克江西吉安，十月初四，攻克赣州。

1646年八月十三日，博洛出兵福建；八月底，朱聿键在汀州遇难。

1646年七月，张献忠放弃成都；十一月，来到西充凤凰山扎营；十一月二十七日，大西军被八旗军突袭，张献忠当场阵亡。

1644这一年，曾经出现过五位皇帝，三年不到，就崩了四位。这三年，可以视为一个阶段的结束。天下形势，拨云见日，迷雾逐渐散去，明亡清兴的迹象，越来越明显。

"三顺王"入湘

江西、福建没费什么周折，几乎同时平定。北京的多尔衮摊开地图一划拉，占领了赣州，广东和湖南已经被割裂。隆武帝任命的两广总督是丁魁楚，他手下并没有多少兵力；相比之下，湖广总督何腾蛟仍然有数十万人，虽然战斗力不咋地，人数却是有点吓人。

先平湖南，再定广东，多尔衮定下了这样的策略。

博洛的军队还要留驻江西、福建，多尔衮派出了另一支军队，它的指挥官大名鼎鼎，或者说，臭名昭著。

清朝著名的三位汉王——恭顺王孔有德、怀顺王耿仲明、智顺王尚可喜。

讲到这三位，对明朝历史有点兴趣的朋友都不会陌生。

孔有德、耿仲明、尚可喜三个人，原本都是明将，共同在著名争议人物——皮岛总兵毛文龙麾下效力。毛文龙喜欢认干儿干孙，他们都被认作毛文龙的养孙，那时候，他们分别叫毛永诗、毛有杰、毛永喜，名字都很喜庆。

毛永诗和毛有杰，也就是孔有德和耿仲明，在毛文龙被袁崇焕斩杀后没多久，就因为一只鸡发动了兵变，这就是著名的“吴桥兵变”。说是由鸡引发兵变，是后人的夸张之辞，孔、耿二人早就心怀不满，他们注定会成为叛将，不要说一只鸡，一根鸡毛也能成为借口。

由明降清的军官千千万，不过除了吴三桂，恐怕孔有德、耿仲明和尚可喜这三位“毛孙”的投降，对清朝价值最大。

因为他们的投降，为皇太极带去了梦寐以求的战略武器。

不是一样，是两样——红衣大炮和水师舰队。

在此之前，后金军在水师上几乎是一片空白。毛文龙靠着水师三天两头地在后方骚扰，努尔哈赤只能干瞪眼，因为后金压根没有水师。宁远之战后，觉华岛之所以被屠，还是因为海面结冰，八旗军得以踏冰而过。

至于红衣大炮，那更是努尔哈赤心头的痛。八旗军纵横了几十年，却在小小的宁远城被狠打了一顿，主要原因就是城头的红衣大炮。袁崇焕的得胜之笑在努尔哈赤看来就是狞笑，虽然损失不算大，却深深地刺痛了努尔哈赤骄傲的心，他发誓，他日攻下宁远，一定要屠城泄愤。

很遗憾，努尔哈赤没能找到克制红衣大炮的办法就饮恨而亡了。在他的儿子皇太极这里，却实现了努尔哈赤的遗愿。

对付敌人最好的办法，就是让自己强大起来。

孔有德和耿仲明在崇祯六年（1633 年）带着部下和家属一万多人投奔后金，皇太极乐得亲自跑出沈阳十里外迎接，见到两人就给了他们一个熊抱——别误会，这是女真人最隆重的礼节“报见礼”。

皇太极为啥这么开心呢，因为他们带来了后金急需的东西——水师和红衣大炮。

从此，后金开始发展自己的火炮部队，到崇祯十六年（1643 年）的时候，锦州、盛京已经成为清军的火炮生产基地，驻扎在锦州的清军拥有大炮百门。甚至，清军成立了专门的兵种——“乌真超哈”重炮部队。

明军有水师，有红衣大炮，现在后金同样拥有。

至于毛永喜，也就是尚可喜，他归降的时间要晚一点，不过他带来的“嫁妆”更加丰厚。崇祯七年（1634 年）四月，尚可喜先是把驻地邻近的几个岛屿的地皮刮了一遍，然后裹挟着万余人口渡海来投，同样得到了皇太极熊抱的待遇。

崇祯九年（1636 年），皇太极建立大清，凭借卓越贡献，三人分别被封为恭顺王、怀顺王、智顺王，成为清初“三顺王”。

多尔衮入关后，三人加上吴三桂，一起追随在阿济格麾下，和李自成死掐。他们从北京一直追杀到西安，又从陕西追到江西，李自成身亡后，才班师回到北京。

用归用，防归防。

讲道理，有清一朝，清廷对汉臣的防备始终存在。在清初，更是严加防备，虽然你们是王，又很顺，也不等于会被等同于满八旗看待。吴三桂、耿仲明、尚可喜，孔有德，都入关参加了清顺之战，大顺崩溃后，又都被调回了辽东雪藏。

什么原因？辽东都成大后方了，要他们去镇守，是要防老虎还是防黑瞎子呢？还不就是不放心他们带兵，多尔衮就差没有亲口告诉他们了。

不过，从 1646 年开始，清军的进展出奇顺利，对手一个个地被揍趴下了，空出来的大片地盘，靠八旗那十几万人，根本不够防的，必然要借助其他力量。明朝的降兵降将很多，能用的当然也不少，不过想来想去，还是辽东那被雪藏的几位看上去可靠一点，于是清廷又将他们调回关内。

调回归调回，防备还得防备。在这四人随后的南征北战中，身边始终安插着多尔衮心腹的高级将领，相当于监军的角色。比如，始终伴随着吴三桂的定西将军李国翰，无微不至照顾孔有德的佟养和，始终节制李成栋的佟养甲等。

1647 年二月，恭顺王孔有德、怀顺王耿仲明、智顺王尚可喜、续顺公沈志祥、右翼固山额真金砺、左翼梅勒章京佟养和，统领本部兵马南下，抵达岳州，准备发动湖南之战。

同月，以辽东汉军为主力的清军抵达岳州，完成了进攻湖南的最后准备。

清军的指挥官是平南大将军孔有德，孔有德是四个汉王里最受清廷信任的一个。这时，他四十四岁，正是年富力强，军事经验处于巅峰的时期。

二月十六日，孔有德作出部署，自己和耿仲明、尚可喜带领主力从陆路进攻明军扼守的新墙，梅勒章京佟养和则率领水军从水路攻击潼溪。

辽东兵都是久经战阵的职业军人，与何腾蛟手下临时拼凑的散兵游勇不可同日而语。战斗过程无须细说，两天后，清军攻克湘阴。长沙的何腾蛟、章旷大眼瞪小眼，不敢防守长沙，弃城而走。二十五日，清军已占领长沙。

孔有德占领长沙后，兵分两路，派出耿仲明进攻常德，尚可喜直捣攸县。驻守在这里的，分别是马进忠、王允才和总兵黄朝宣。

马进忠、王允才本来在常德，听说清军逼近长沙，率部下援救，谁知走到一半，长沙就被清军占领，再想回常德，无人防守的空城已经被耿仲明乘虚而入。两人连老巢都丢了，不得已，退入了湘西山区。

黄朝宣是盘踞在攸县燕子窝的明将，他其实是客军，云南人，统率的是滇兵，被何腾蛟接纳，成为他的部下。黄朝宣号称勇将，面对清军却闻风丧胆，直接放弃攸县，逃到了衡州。

再看看何腾蛟，用一句话来概括他的表现就是“抵抗无门，逃生有方”。

何腾蛟先是从长沙逃到衡山县，又从衡山县逃到衡州，衡州很快失守，黄朝宣投降后被处死，何腾蛟又逃到永州一带。一个半月不到，挪了四次窝，狡兔三窟都不够他待的。

孔有德的进军，就跟多铎直取南京一样，基本没有遇到任何大规模的抵抗，反倒是一路接受投降，湖南大部分地区就被占领，简直就是躺赢。

还是天气给了何腾蛟一口喘息的时间，北方人普遍怕热，清军历来有夏天不打仗的传统，每到夏季，他们习惯性地要回北方避暑。这个夏天，何腾蛟在到处奔走，想要集结部下，组织反攻，但一事无成。到了这个时候，不知他是否想到过当初“忠贞营”的失败，当初隆武帝的求救，当初赣州万元吉的处境。

或许何腾蛟只是过于自信，自信他手下“楚军”的实力，相信他一手提拔的亲信和将领会在自己地盘遭受侵犯时为他死战到底，否则无法解释他之前两面三刀的“自杀式行为”。

何腾蛟的“表演”还没有落幕，他还将作为“主要演员”在舞台上继续活跃一段时间。

何腾蛟在上下蹦跶的同时，福建那边出了大事。

郑芝龙的算盘

前面说过，郑芝龙放弃仙霞关，清军得以顺利进入福建，占领了福州。

不过，郑芝龙也是个老江湖，他并没有乖乖地交出军队，接受改编，而是把部下集结在他老家安平一带。他这么做，有两个目的。

一是凭借手里的兵力，继续跟博洛讨价还价，争取最大的利益，这是他的商人本色。

二是万一与清军谈不拢，或者多尔衮表现出反悔的迹象，他可以固守安平；实在守不住时，便扬帆出海，一走了之，继续他的海盗生涯。

经商起家的郑芝龙算盘打得啪啪响，不过玩政治，他还是幼稚了点。

博洛为了表示诚意，下令进逼安平的清军前锋后退三十里下寨，同时给郑芝龙送去了一封信，信是这么写的：

吾所以重将军者，以将军能立唐藩也。人臣事主，苟有可为，必竭其力；力尽不胜天，则投明而事，乘时建不世之功，此士之一时也。若将军不辅立，吾何用将军哉！且两粤未平，今铸闽粤总督印以相待。吾欲见将军者，商地方故也。

清朝平南大将军的亲笔信，对郑芝龙有很大的说服力。信中明确说明，我连闽粤总督的大印都给你铸好了，就等你上任，要靠你平定两广呢。不过呢，我们最好先见个面，商量一下福建这摊子事该怎么处理。

信里说得有鼻子有眼，不容郑芝龙不信。自己有货，自己开价，买家下单，合同签好，在他看来，这笔生意已经成了。

于是，他决定接受博洛的建议，前往福州和博洛喝两杯。

对于他的这个决定，有个人表示坚决反对。

郑芝龙接到清军主帅博洛的书信，喜出望外，当即准备前往福州面见博洛，接受封赏，偏偏有个人站出来表示强烈反对。

他的儿子——郑成功。

郑成功本来叫郑森，天启四年（1624 年）出生在日本，生母是田川氏。郑芝龙接受招安后，郑森母子被接回老家安平。崇祯十七年（1644 年）初，郑森入南京国子监深造，师从钱谦益。

朱聿键为了笼络郑氏集团，将他封为忠孝伯，赐国姓“朱”，改名为成功。当然，年轻的郑成功也确实让朱聿键有眼前一亮的感觉。

郑成功没有未卜先知的本事，他并不清楚博洛的葫芦里卖的什么药，他阻止父亲的原因，是因为他压根就反对父亲降清。

前面咱们就讲到过，林子大了，什么鸟都有；集团大了，什么人都有。盘踞福建的郑氏集团，里面主要有两股力量，一股是郑芝龙代表的投降派，另一股则是郑成功和郑鸿逵代表的抵抗派。

郑成功跟父亲谈了很久，列举了很多道理和对敌的策略。他知道，乱世中讨生活，凭借的就是军队，失去了军队，郑芝龙就一文不值。

他说：“虎不可离山，鱼不可脱于渊；离山则失其威，脱渊则登时困杀。”

但是，这两派从出发点上就完全背道而驰，所以根本不可能达成什么共识。郑成功讲了半天，如同与夏虫语冰，没起一点作用。

郑成功也是后面将要提到的重点人物，从他与郑芝龙的争端开始，我们可以发现他身上的特质。

一是绝不降清。

二是要求对军队的绝对掌控。

这两点，成为他之后的行为准则，一切行动以此为准。

郑芝龙管不了这么多，他迫不及待地要去享受生活。两派人无法谈拢，郑氏集团就此分裂，郑芝龙北上，郑成功南下，开始走上了截然不同的人生道路。

1646 年十一月初五，郑芝龙抵达了福州。博洛果然没有食言，两人天天一起喝酒，宾主双方“握手甚欢，折箭为誓，命酒痛饮”。

但是，只有三天，郑芝龙发现不对了。博洛不来请自己喝酒了，自己带来的护卫也都被隔离了，并且处处有满兵跟着自己，限制自己的行动，他失去自由了。

这才是博洛的真实目的，让你统治福建？做你的千秋大梦吧！现在福建已在清军掌控，无兵无权的郑芝龙连个符号都算不上。

在喝酒的这几天里，博洛早已利用郑芝龙的声望，顺利招降了他的旧部石天福、郑芝豹等十多万人。

还幸亏有郑成功，郑芝龙还有点价值。博洛下令仍旧给他提供不错的待遇，但把郑芝龙移送北京，以防生变。

移送到北京后，郑芝龙被编入汉军正红旗，为清军效力。两年后，郑芝龙以归顺之功封为一等精奇尼哈番，跟他妄想的封王侯实在有天壤之别，至于博洛让他继续统治福建的承诺，那就只有下辈子再实现了。

博洛诱捕郑芝龙后，撕毁之前的所有协议，兴兵讨伐泉州，大肆杀戮。郑成功的生母田川氏来不及逃离，不堪受辱，自杀身亡。噩耗传到金门，郑成功抗清的意志更加坚决，彻底走上了与父亲完全不同的人生道路。

郑芝龙投降了，不过郑氏集团里除了郑成功，郑鸿逵、郑彩、郑联等人都没跟他走，这些人日后的境遇又各有不同。郑氏集团分裂再分裂，是一支比较奇葩的力量。

有必要再说一下鲁监国朱以海。

朱以海从绍兴出海漂流，在张名振等人护卫下，逃离了缺少水师的清军追捕，但也不敢随便上岸。漂着漂着问题来了，总不能始终漂在海上，总得回到陆地上才是长久之计。

他们首先来到了舟山，驻守在舟山的，正是曾经炮轰王之仁船队的黄斌卿。

黄斌卿是隆武帝派到舟山的，他在名义上服从隆武政权的领导。实际上，无论朱聿键是死是活，黄斌卿在岛上都是如假包换的土皇帝。

如今来了个朱以海，还号称监国，那么以后到底听谁的？

黄斌卿很有原则，他谁的也不听，只听自己的。

他向朱以海表示：登岛可以，入城不行；暂住可以，常住免谈。朱以海一时无处可去，只得蜗居人下，就这么尴尬地在舟山借宿了两个多月，直到郑彩的意外到来。

郑彩其实是无意中路过，他是率领船队出来巡逻的，却知道了朱以海暂住在舟山。相比黄斌卿，郑彩无疑更有政治头脑。别看朱以海这时落难了，谁还没有个不顺心的时候，再怎么像叫花子，人家明朝宗室的身份是不会变的，更何况他还是鲁王，又是监国。

奇货可居！郑彩立即护送朱以海离开舟山，于 1646 年十一月二十日抵达厦门。

朱以海也兴高采烈，听说郑成功矢志抗清，复兴大业又有希望了。

谁知，郑成功当头给他浇了一盆冷水——他不承认朱以海。

不过，郑成功总算没为难朱以海，允许他留在福建抗清，但事先“约法三章”，互不干涉，各干各的！

只能先这样了，朱以海没能得到郑成功的助力，但至少比借住在舟山强了不少。自此，福建沿海成了鲁监国、隆武政权残存势力的抗清基地。

第十二章
两广攻略

两个皇帝

隆武二年（1646 年）九月，朱聿键遇害的消息传到广州，两广官员登时炸了窝：郑芝龙坐拥数十万大军，朱聿键年轻有为，怎么说没就没了？

激动之余，一些有经验的大臣迅速冷静下来。

因为经历过几次了，从朱由检到朱由崧再到朱常淓，老朱家这两代子孙有点不行。

如今又来这一出，什么原因以后再说，当务之急还是老问题——皇帝又没了。

惨哪，这才过了多久，皇明宗室就死了多少。

惨归惨，国不可一日无君，皇帝还得立马找。

隆武朝的几道防线，江西、湖南、福建都被清军攻克，原本处于后方的两广被顶到了前面。多尔衮显然不可能收取了福建后就此罢手，出征广东是迟早的事。现在皇帝没了，两广的官员最急迫的任务就是选出下一个皇帝。

这就意味着又有一批人要飞黄腾达了，因为每次选皇帝，都会冒出一批拥立功臣。弘光朝是马士英和“江北四镇”，隆武朝是郑氏集团，而这次，情况有点复杂。

此时的清军入关已将近两年半，在农民军和清军的联手打击下，明朝的宗室亲王们死的死，降的降，还有能拿得出手的吗？

其实还是有的。

清军一路进军未曾遭遇失败，很容易给人造成印象，南明几乎快玩完了。

实际不是这么回事。南明虽一败再败，却仍然控制着广东、广西、湖南绝大部分、贵州、云南五个省。除此之外，各地孤立的抗清力量也还有不少，海上更是清军鞭长莫及之地。

老朱家的子孙确实被捕杀不少，但以这么大的地盘要找出几个宗室亲王，却也不是难事。

非但不难，人选还很现成——桂王朱由榔。

要论血脉，朱由榔比朱聿键、朱以海都要更靠谱，他是万历皇帝的孙子，崇祯皇帝朱由检的堂兄弟，也是当时仅存的万历血脉。从名分上来说，没人比他更名正言顺。

早在史可法、马士英等在南京讨论人选的时候，桂王朱常瀛就曾经是有力的竞争者。不过，到了这个时候，朱常瀛已经在1644年十一月病死，他留下了两个儿子，一个是安仁王朱由楥，一个是永明王朱由榔。

弘光政权覆灭后，广西巡抚瞿式耜就主张立安仁王朱由楥，但被郑芝龙抢了先，立了朱聿键，得到定策之功。瞿式耜为此还相当不悦，好一阵子没理朱聿键，直到后来靖江王朱亨嘉叛乱，他才承认接受朱聿键的领导。

安仁王朱由楥是个病包，不久也病死，此时永明王朱由榔袭爵为桂王。

桂王朱由榔，这时正好待在广东肇庆，血脉既近，又近在咫尺，显然是不二人选。

父亲和哥哥都死了，朱由榔能熬到这一天，也实在不容易。

桂王朱常瀛的封地并不在广西，而是在湖南衡州。天启七年（1627年），朱常瀛出京就藩，十六年后，大明已经遍地烽烟。崇祯十六年

（1643 年）八月，张献忠率大军绝尘而来，直奔衡州。

攻打衡州的，正是以后要跟他儿子朱由榔大打交道的孙可望、李定国、刘文秀等人。朱常瀛调集周围明军固守衡州。明朝藩王虽然没有实权，但如果藩王在自己的属地内被杀，大小官员都要陪着掉脑袋，是极重的罪责。岳州、长沙等地驻军不敢怠慢，老巢都不要了，拼了命往衡州赶，死守之下，衡州没有被攻破。

这时，朱常瀛、朱由棱都在生病，朱由榔在忙里忙外地主持大局。虽然守军决心拼死保护藩王，但朱由榔的特长——逃跑，已经初露端倪。

城池还没有被攻破的迹象，朱由榔就决定跑路。他命人护送父兄先行，自己率卫队殿后，撤往梧州。

不撤还好，一撤反而倒了霉。

刘文秀长于战略，早安排下兵力，朱由榔一离开衡州，就已在他掌控之中。刘文秀率兵半路截杀，打垮了卫队，活捉了朱由榔，押往永州。

按照张献忠的手段，朱由榔百分之百地要死在永州了。谁知天无绝人之路，大西军中竟然有明军的卧底，用手段买通看守，把朱由榔保护了起来。

还要感谢广西征蛮将军杨国威，他趁着张献忠挥师入川的时机，率四千人突袭永州，救出了朱由榔。朱由榔才得以来到梧州与父兄相会。

朱由榔能保住小命，已经是万幸。但是天降大任于斯人也，他朱由榔注定有皇帝命。

但还是有人不乐意，并且是个大人物——两广总督丁魁楚。

丁魁楚，万历四十四年（1616 年）进士，在崇祯末期，由于辅助凤阳总督马士英诱杀了发动叛乱的总兵刘超，被任命为兵部尚书；弘光年间改任两广总督直到现在。

两广原本地处抗清的大后方，在之前有江南、江西、湖南、福建在前面顶着，战事没有蔓延到广东，相对比较安定。丁魁楚也没闲着，这段时间，他最重要的任务不是厉兵秣马，而是捞钱。

隆武帝遇害后，广东的兵力和财力就显得至关重要，唯有控制了广东，才有进一步北上收复失地的可能。所以，在之后的几十年，不管是李定国还是郑成功，都必须先取广东，才能够安心出兵北上。

广西巡抚瞿式耜提议拥立桂王朱由榔，得到大多数人的响应，而丁魁楚却不同意。

台面上的理由很光明正大："我是隆武帝任命的官员，现在隆武帝遇害只是传言，并没有确切的证据。在没有确实的消息下，我不同意另立中央。"私底下的理由却很现实，因为拥立桂王的提议是瞿式耜首先提出。作为手握实权的两广总督，如果成立新政府，则必欲得内阁首辅而后快，他恐怕瞿式耜得了拥立的头功，自己被排挤，所以寻找理由迟迟不肯表态。

不肯表态是为了拖时间。丁魁楚没闲着，他私下串通了朱由榔宠信的太监王坤。王坤是个老资格太监，从崇祯宫中投奔到桂王身边，他对宫廷礼仪如数家珍，恰好长期逃难的朱由榔对此一窍不通，因此得到了信任。

丁魁楚买通了王坤，王坤弄权，使得丁魁楚终于如愿以偿，得到首席大学士兼兵部尚书的职位。他这才表态，完全支持朱由榔继位。瞿式耜则只得到了东阁大学士兼吏部左侍郎管尚书事。

从随后事态的发展来看，这个结果其实是很要命的。因为丁魁楚和瞿式耜的职位调了个，不论从哪个方面来说，瞿式耜担任朱由榔的内阁首辅才是正确选择，而不是丁魁楚。朱由榔还没有正式继位，宦官就开始弄权吹风。朱由榔能力有限，只求能登上皇位，用人失误所带来的恶果很快就会表现出来。

朱由榔继位了，不过没有直接称帝，而先称监国，这是个程序。不管是皇帝还是监国，他从坐上宝座开始，就不得不面对一个问题：跑还是不跑？

从崇祯皇帝开始，这个要命的问题就始终困扰着明朝的皇帝们。

崇祯皇帝没有跑，只好自挂东南枝。

弘光帝朱由崧跑了，但跑得慢了点，当了清军的俘虏。

隆武帝朱聿键跑了，但很快就被追上，殉国了。

监国潞王朱常淓不跑，也不殉国，而是主动投降了清军。

鲁监国朱以海跑了，在海上漂了小半年，最近才被郑彩收留。

这些监国和皇帝面对时局，缺乏准确的判断力。朱由崧和朱常淓是废物点心就不说了。崇祯皇帝早就可以跑，跑到南京再抵抗。隆武帝反应太迟钝，清军快马加鞭，他却还带着书本在福建山路上优哉游哉。

在这些人里，截至目前，最能跑的是鲁监国朱以海。

这回轮到朱由榔了。

他称监国第七天，还没来得及完成“三进三让”的规定流程，就传来了赣州失守的消息。

这显然是个坏消息，大家都很悲痛，朱由榔却表现出了不同于常人的嗅觉。

三十六计走为上。

赣州距离肇庆还有千里之遥，况且山高险阻，沿路还有兵将驻守，除非清军都是“空降兵”，飞越大山直接空降，否则短时间内，清军无论如何没办法神不知鬼不觉地突然出现在朱由榔面前。就算清军开始向广东进军，消息也能及时地传到肇庆这里。

朱由榔不管，他坚持要跑。

你可以说他怕死，也可以理解为天生的警惕性或者不安全感。这或许跟他九死一生的经历有关，使他掌握了逃跑的独门“绝技”。不过，就跟《天龙八部》中段誉的六脉神剑一样，这门“绝技”时灵时不灵，完全碰运气。

这一次，他的嗅觉失灵了。

朱由榔坚持逃跑，司礼监太监王坤和首辅丁魁楚表示支持——他们本来就穿一条裤子，大学士瞿式耜则坚持反对。

朱由榔很给瞿式耜面子——又待了四天。是的，瞿式耜的面子就值四天时间。

到了 1646 年十月二十日，朱由榔等人终于一跑了之，从肇庆直接跑到了广西梧州。

这一跑不要紧，直接又跑出来一位皇帝。

朱由榔原本是桂王，他出生在北京，四岁跟随父亲朱常瀛就藩衡州，二十岁逃出永州，死里逃生后又来到广西梧州。

看出什么问题吗？朱由榔来到广东，只是近半年的事情，在此之前，他从未踏足这片土地。对广东的官员和百姓来说，他完全是个陌生人。要不是时势所迫，在广东没人会理他，你看就算他快当皇帝了，两广总督丁魁楚还是敢晾着他。

桂王朱由榔来到广东称监国准备继位，靠着两广总督丁魁楚的支持倒还罢了，广东的官绅和百姓也不好多说什么。可是清军还在千里之外，风还没有吹到，你就又跑回广西去了，这算什么意思？

两广号称一家亲，但无论在哪里，地域观念始终存在，这点无须怀疑，千百年来也是如此，当然也不是中国独有，全球都是一样的。本质上看，这并不是坏事，它有利于抱团一致对外，能大大增强同一个地区的凝聚力。小到村庄，大到国家，其实都是一个道理。

随着文明发展，它的范围会发生变化。比如，远古时期局限于村落之间，然后发展到城池之间，接着发展到地区之间、国家之间乃至不同文明之间；就算人类走向了太空时代，它也会存在于星球之间乃至星系之间。在一定程度上，它推动着文明的发展。当然，它同时也会有一些负面因素，这就不多说了。

扯远了，再看广东。

如果你是个广东人，一个陌生的亲王来到广东，宣称就任监国，没到一个礼拜，听说江西出现了敌人，就丢下广东一溜烟地跑回了广西，连两广总督丁魁楚也跟着一起跑，你会怎么想？

在广东士绅看来，这就是放弃广东，不顾广东死活的自保行为。这并不能怪他们，朱由榔的行动确实落人口实。

既然你放弃广东了，那么应对方案也很简单，朱由榔只是就任监国，还没称帝，那你就干脆不要称帝了，我们自己再选个皇帝出来。

选谁呢？人选也比较现成，隆武帝朱聿键之弟——唐王朱聿鐭。

朱聿𨮁此时正好和其他隆武朝的官员逃到了广州。于是，在大学士苏观生的主持下，大学士何吾驺、广东布政使顾元镜，侍郎王应华、曾道唯等一起拥立朱聿𨮁为监国。

那么新的问题又来了，现在同时出现了两个监国，那谁是真，谁是假？

这个问题其实已经不再重要，重要的是谁先称帝，谁就可以指责对方是冒牌货。

或许有人不解，在清军节节胜利的情况下，各省先后沦陷，已经死了两个皇帝、一个监国，这么烫屁股的椅子，还有人要抢着坐吗？

其实，设身处地想一下就能明白，虽然明末的皇帝是个超高风险的职业，但如果你是位明朝的藩王，同样是朝不保夕，当皇帝是死，落到清军手里一样是个死，既然都是死，还不如搏一下。

况且，此时明朝至少看上去还并没有糟糕到无可救药，如果出现个明主、几个良将，再寄望于清朝内部乱一乱，或许局势逆转，也未可知，当时谁又敢说一定不可能呢？如果这样，这个皇帝就赚大发了，万一中兴大明，成就或许可以比肩光武帝刘秀。

1646年十一月初二，朱聿𨮁称监国。为了抢先手，三天以后，即十一月初五，他就在广州正式称帝。仓促到什么程度呢？称帝必须封一大批官员，而广州根本没有这么多现成的官服给这帮未来的官老爷穿，定做根本来不及。

要说人的智慧是无穷的，的确如此。

大家齐心协力，开动脑筋，终于灵机一动，谁说没有现成的官服？戏班子里有的是啊！于是，三天之内，各州县乃至村镇的戏班子成了稀缺品，里面唱戏用的戏服被一抢而空，总算解决了没有制服的问题。同理，还有乐器、礼器等用品，也用此类方法一并解决。

朱聿𨮁继位，年号绍武，改明年为绍武元年，加封苏观生为首席大学士、建明伯，兼兵部尚书。曾道唯、顾元镜、王应华等人都入阁为大学士兼任各部尚书。

三天之后，十一月初八，朱聿鐭继位称帝的消息传到身在广西梧州的朱由榔和丁魁楚那里。

朱由榔和丁魁楚懊悔地直拍大腿，逃到广西半个月了，广东一个清军的影子也没见到，反而让别人先称了皇帝。不行，是我先称的监国，非得找回这个场子不行。

于是，朱由榔又立刻动身，于1646年十一月十二日就返回了肇庆，六天后宣布即皇帝位，年号永历，改明年为永历元年。

十几天内，广东一省之地，突然冒出了两个皇帝，这下可有热闹看了。

客观上来说，不论是血统上还是身份上，拥立朱由榔名正言顺，并没有什么问题。苏观生等人拥立的朱聿鐭只是个唐王，就连他哥哥朱聿键继位时，都有鲁王朱以海等人不服，导致福建和浙江长期对峙，分散了抗清力量，刚刚袭爵的朱聿鐭则更没什么威信可言。

但怪就怪朱由榔这个腿脚太利索，崇祯、隆武等皇帝是该跑的时候不跑，他却是不该跑的时候瞎跑，并且是一跑了之，对广东的防务既不上心，更无计划，也难怪很多广东士绅会不理他。

但对于苏观生而言，为国着想只是冠冕堂皇，这里面也存着很大的个人私心。他本来是个长期被排挤的官员，从弘光朝到隆武朝都得不到重用，朱由榔继位，他同样只是个边缘人物。苏观生巧妙地抓住了这个机会，凭借自己的三寸不烂之舌，竟然以小博大，撬动了广东的根基。他自己则凭借拥立之功被封为内阁首辅，赚得盆满钵满。

丁魁楚、苏观生这两个广东官员，各自成了红人。但同时出现了两个皇帝，到底听谁的呢？不管是朱由榔、朱聿鐭，还是苏观生、丁魁楚，要这几个下了大功夫才大权在握的人放弃已经到手的地位和利益，显然都不可能。

在朱聿键和朱以海并立时，两人多少还肯为抗清大局着想，至少在表面上没有刀兵相见，保持着克制。到了永历和绍武这里，两个人挤在一个地区，再也没法靠嘴皮子解决问题了。

1646年十一月二十九日，内战正式爆发。

大敌当前之际，两个亲戚各自的政权想的不是合作双赢，而是先分个高低，凭武力想要让对方屈服，这叫什么嘛！

清军很强大吗？确实很强大。

强大到不可战胜吗？远远不是！

崇祯皇帝殉国后，先是弘光朝愚蠢的“联虏平寇”政策，让清军得以各个击破。然后是隆武和鲁王监国的并立，互相掣肘，削弱力量。到了永历朝廷，争斗反而越来越激烈，竟动起了刀子。

或许，明朝的内乱是有基因的。朱棣和朱允炆的叔侄大战，朱祁镇和朱祁钰的兄弟阋墙，众所周知。

此外，还有不那么出名的：谷王朱穗、齐恭王朱榑、汉王朱高煦、安化王朱寘鐇、宁王朱宸濠。这些个王爷，有的企图反叛，有的已经举兵，或许都是受了朱棣的刺激，幻想着有朝一日自己也能君临天下。

到了明末，天下大乱，更是为这些宗室提供了土壤，有资格的，没资格的，纷纷出头，想要尝一尝称帝的滋味。算上这些人，明朝造反的王爷，几乎是历代中原大一统王朝中最多的。

这样看来，清朝能最终一统天下，是因为南明的不团结。尤其以宗室的不团结最为致命。对比一下南宋，如果有个类似赵构的宗室，一呼百应，无人敢有异议，事情无疑好办得多。

在两个皇帝开战之前，朱由榔还是先走了一下程序，他派兵科给事中彭燿、兵部职方司郎中陈嘉谟到广州拜见朱聿鐭。拜见的目的，对朱聿鐭来说当然不是什么好事，两人是来劝他取消帝号，认永历帝为正宗的。既然这样，他们就不能用对待皇帝的礼节来拜见朱聿鐭，而只能用对待藩王的礼节。

绍武帝还没来得及发作，旁边的苏观生就勃然大怒，下令把彭燿、陈嘉谟拖出去处斩。可怜这两个冤大头，除了来送人头，没有任何意义。

双方再也没有调解的可能性了。

十二月二十九日，效忠各自皇帝的两支军队在三水县城外摆开战场，开始交战。

首先是永历军取得先手，击败了绍武军，连督师陈际泰也临阵逃脱。

永历军的统帅林佳鼎初战告捷，踌躇满志，决心一举攻克广州。结果中了绍武军总兵林察之计，被骗到沼泽中围歼，连林佳鼎本人也淹死在水里，永历军全军覆没。

永历帝本来就没多少兵，林佳鼎带出的又是他全部的本钱，眼看绍武军就要乘胜杀到，永历朝廷正不知如何是好。

这时，却传来一个令人震惊的消息——广州被清军攻克，绍武帝殉国，绍武政权宣告灭亡。

唯快不破——李成栋的“闪电战”

开什么玩笑呢？绍武军杀得永历军一败涂地，正打算直取肇庆，生擒朱由榔，怎么突然皇帝就没了？

这就是永历、绍武政权和清军的战略眼光差距。

前面介绍过的隆武朝的几支兵力，何腾蛟的“楚军”此时已经一败涂地，溃不成军；大顺军改编的“忠贞营”还躲在山里回血；郑芝龙的福建兵大部分投降了清军，小部分跟随郑成功退往了沿海；瞿式耜的“桂军”还在广西。

而广东的兵马，大部分都被苏观生调去攻打肇庆，广东全省空空如也。除了正在打仗的前线，各地只有少量兵马驻守，根本构不成防御力量。

换句话说，如果清军这时由福建进攻广东，绍武朝廷除了急调前线兵力回防外，就只能跑。

但是，攻粤的清军统帅佟养甲、李成栋不会给绍武政权调兵的机会。

清军在福建集结，进入广东，一路攻占潮州、惠州，向绍武政权所在地广州急速推进。

慢着，清军虽然速度快，从潮州到广州也有八九百里地，大军过境，总有风声，绍武政权事先就没有得到一点消息吗？

这一点，李成栋早就考虑到了。

清军前锋衔枚疾进，每到一处，第一件事就是清除传递军情的塘兵。传递军事消息，全靠塘兵，他们的主要职责不是打仗，而是传递消息、传送文件。塘兵一个个都是好骑手，一旦有军情，则立即翻身上马，昼夜飞递。

塘兵被清除，但塘报是有固定时间的，如果长时间不见塘报，不用收到军情，其他驻防地的将官就会明白出事了。

李成栋也考虑到了。

他用缴获的绍武政权当地官员的官印发出太平无事的塘报，并派亲信送去报平安。

凭借迅雷不及掩耳的速度，1646 年十二月二十五日，清军前锋就抵达了广州郊外。

有必要讲讲李成栋了。

李成栋此人，绰号“李诃子”，从农民军到明军，是“翻山鹞”高杰手下的骨干成员，弘光朝时，被封为徐州总兵。

本来跟着高杰干，李成栋还算规规矩矩，高杰叫他去哪儿他就去哪儿，听话得不得了。谁知，1645 年，高杰在“睢州之变”中被许定国谋杀，他的部下群龙无首，来安抚的史可法又计无所出，江北兵力最雄厚的这一镇，成了一盘散沙。

到了多铎南下时，李成栋顶在最前面，可以说成了弃子，被史可法所放弃。他一不做二不休，干脆投降了多铎，摇身一变成了清军，被封为吴淞总兵。

到了进军广州前，李成栋已经非常出名，原因不是别的，正是他在平定嘉定起义中的表现。这些在前面的章节中有过详细介绍。

随后，他跟随博洛参加浙江之战，又从浙江进入福建，追杀朱聿键，并在汀州将朱聿键追上，将其乱箭射死。

现在，李成栋又来到了广州城下。

他现在已经是集名将、魔王于一身的人物，在不久之后，他还会多出另一个身份。

在南征北战的李成栋和他部下面前，绍武君臣们简直就像小学生。

李成栋派出几百名精兵，用布包头，遮挡光溜溜的脑袋和一条鼠尾巴。当夜，伪装过的清军穿上明军服饰，来到城下，守城明军不疑有诈，乖乖地打开城门，清军前锋大摇大摆地入城。直到布政司府前，他们才在众人面前掀掉头上的包布，露出剃青前额的满人发式，挥刀乱砍，大呼“大清军到”！

朱聿𨮁、苏观生等人此刻早已进入梦中，他们还定好了明天是国子监视学的日子，忽然有卫士急报清军入城。

好梦被打扰，苏观生的“起床气”很重！昨天潮州还有塘报说一切无恙，今天怎么会有清军来此，分明是妄言惑众！他挥手让左右杀掉报信卫士。

入城的清军很快杀掉广州东门守卫，大开城门，数百清军策马冲入，大红顶笠满街驰奔。朱聿𨮁君臣这才知道清军真的杀到，无奈大兵都西出和永历军交战未返，宿卫禁兵也一时召集不全，一时间作鸟兽散。

情急之下，朱聿𨮁化装成乞丐外逃，但最终在城外被清军抓住，关押在府院。李成栋大概因为广州城攻克得太容易，心情不错，既没下令屠城也没有立刻杀掉朱聿𨮁，还派人送食物、饮水给他。

到这时候，这位目光短浅的短命皇帝倒表现出了骨气，坚拒不受，说：“我若饮汝一勺水，何以见先人于地下！”晚间，趁守兵不备，朱聿𨮁用衣带自缢而死，和他哥哥一样，做到了“国君死社稷”，也算是条汉子。

射死一帝，又生擒一帝，从江南一路杀到广东，至此，李成栋的灭明之功臻至高峰。不过，他的人生很快也将迎来重大转折。

绍武从称帝到灭亡，它的覆灭稀里糊涂、莫名其妙，在历史上简直排不上号。

再看看拥立他的一帮大臣结局如何。

首功之臣苏观生，在清军入城后也曾试图召集兵力抵挡，无奈大势已去，最终自缢殉国。

不过，苏观生的死，还颇为曲折。

绍武朝廷有个大臣，叫作梁鋆，善于溜须拍马，拍得苏观生很高兴，认为他是个能人，推荐他做了吏科都给事中，倚为心腹。

清军攻入广州，苏观生组织巷战抵抗失败，逃到了梁鋆家里，问这个智囊该怎么办。

梁鋆大义凛然："还说啥呢，赶紧死吧！"

于是，两人相约一起上吊殉国，苏观生在东边房间上吊，梁鋆在西边房间上吊。两人进了屋，把门一关，这就准备一起去死。

苏观生到底还是有点不放心梁鋆，生怕他骗自己先死，然后投降清军，就留了个心眼，没急着套脖子，先支起耳朵听西边的动静。

先是听到那边传来上吊时喉咙里的"嗬嗬"声，随后又传来踢翻凳子的声音，最后一切归于寂静。

苏观生相信梁鋆真的死了，自己就在墙上写下"大明忠臣义固当死"八个大字，随后自缢身亡。

哪想到，梁鋆实在是个"影帝"，苏观生听到的声音，都是他按照上吊流程模拟出来的，也不知道他是不是多次进行过观摩，竟模仿得如此逼真。

梁鋆才不会上吊，苏观生死后，第二天他就献上苏观生的尸体，向清军投降，又在清军那里捞到了官职。

以上过程并非杜撰，而是明确记载在史料中，也算得上离奇。

除了苏观生和梁鋆，大学士顾元镜、曾道唯等都屈膝投降；聚集在广州的明朝宗室王爷们还有十六个人，都被一网打尽，大多被处斩。

短命的绍武朝廷，主要"业绩"就是贡献了一场内战，将至关重要的广东省拱手送给清军，比"带路党"还"带路党"。

拿下广州后，佟养甲、李成栋又向肇庆进军。但此时肇庆已经是座空城，嗅觉灵敏的朱由榔听说清军入粤，早就一溜烟地跑到了梧州，在梧州又觉得不保险，干脆跑到了桂林。

佟养甲、李成栋，正志得意满，哪肯就此收兵。李成栋亲自提兵西进，先占肇庆，再克梧州，进逼桂林。

永历帝朱由榔逃到了桂林，他的内阁首辅丁魁楚却不见了踪影。丁魁楚去哪儿了呢？

在逃跑的第二站——梧州，丁魁楚就决定不跟朱由榔混了，自己费了老大功夫拥立他，继位到现在除了逃跑就是逃跑。丁魁楚想通了，跟着朱由榔没有前途，他决定投降。

丁魁楚带着全家和全部家产，偷偷地跑到了岑溪，他派人和李成栋接头，商量投降事宜。

有人主动投降，李成栋是来者不拒，何况是重要人物丁魁楚。李成栋许诺，仍旧保留丁魁楚两广总督的职位，待遇照旧。

丁魁楚大喜，从岑溪来到清营投降，李成栋派副将杜永保护他回广东就职。

丁魁楚没能活着回到广东，走到半路，杜永就把他一刀砍了，他的男性家属，不论大小，全部杀死，女家眷和财产则被李成栋等人瓜分。虽然丁魁楚自取其死，但这样的结局还是有些过于悲惨。

丁魁楚为什么投降呢，是因为李成栋的许诺。或许他忘了，就在不久之前，福建的郑芝龙同样得到了许诺，他选择相信博洛，随即就被控制，强迫入京，先前答应的条件，全成了一张废纸。实力强大的郑芝龙尚且如此，丁魁楚又算得了什么呢？自身失去了利用价值，在敌人眼里，就只有他的家产还能入眼了。

再说朱由榔，他的警惕性实在太高，逃跑已经成了本能。逃到桂林没待几天，朱由榔又嗅到了危险的味道，干脆打算逃离广西，去湖南。在湖南武冈还有个总兵刘承胤，号称“刘铁棍”，据说很厉害，朱由榔打算去投奔他寻求庇护。

在朱由榔心里，似乎完全没有“抵抗”这两个字，总之清军来了就逃，清军没来也逃，逃得越远越好。广西并不是没有兵马，“桂军”人数虽然不多，但也有数万之众，而且广西兵素来被称为“狼兵”，身材矮小却好勇斗狠，颇为强悍。

如今不作抵抗又要逃离广西，大学士瞿式耜实在看不下去了，他说："现在朝廷已经跑了四次，每跑一次，人心就涣散一分，人心散了，队伍就彻底没法带了。"他建议朱由榔就地组织抵抗，抵挡清军前进的步伐。

岭南"三忠"

李成栋的清军前锋逼近桂林，逃亡皇帝朱由榔不听大学士瞿式耜的劝阻，终于还是逃到了武冈刘承胤处寻求庇护。

朱由榔又跑了，瞿式耜说什么也不肯再跑了。

广西是他经营多年的地方，不肯就这样拱手送人。

从1647年三月到五月，数股清军从平乐、阳朔等地向桂林推进，不过规模都不大，被瞿式耜指挥焦琏、白贵等将领一一击退。最接近的一股，突入到了桂林城下，赖有城头的红衣大炮，清军最终撤退。

对比朱由榔和瞿式耜，有时候你离成功的距离，就差那么一点坚持。

为啥进攻桂林的都是些清军小股部队，李成栋的主力呢？

李成栋现在有些焦头烂额，因为刚拿下的广东起火了。

广东丢失得这么快，永历朝廷一直以为佟养甲、李成栋手下兵强马壮，兵力众多。

如果他们知道了虚实，一定会懊悔得直拍大腿。

李成栋进攻广东的主力，是他原本的西北旧部，一共有四千一百三十一人，其中有骑兵三百名，长途奔袭拿下广东后，士兵或病或死，已经减员过半，只剩下了两千多人。

此外，还有征发的福建兵，定额是每府七百人至八百人。福建共有八个府，号称"八闽"，总数也就是六千人左右。这些兵，大多是原来郑芝龙的旧部，战斗力"脆弱不堪，无资战守"。

就是说，临时拼凑的一万多人的清军，打了一场"闪电战"，灭亡了绍武朝廷，又把永历帝朱由榔从广东赶到广西，又从广西赶到湖南。

这样看来，李成栋确实是用兵高手，兵行险着，杀伐决断，出其不意。问题是，李成栋原来是明将，在为明朝效力的时候，怎么不见他这般有才？换了个主子，就像换了个人，如狼似虎，屡建战功，比八旗军还凶狠，这其中是什么缘由呢？

这是个很有意思的话题，下面再讲。

“闪电战”对八旗军来说不足为奇，但在汉军这里可不常见。明军通常给人们的印象是行动迟缓、步履维艰，就像电影中每每姗姗来迟的警察一样，就算是以骑兵为主的关宁军，印象中也没有什么漂亮的“闪电战”例子。

然而，不属于关宁军序列的李成栋却做到了，他和佟养甲打了一场漂亮的“闪电战”，拿下了广州。随后两人分兵，李成栋继续率军追击朱由榔，佟养甲则留在广州调兵遣将，收取广东全境。

李成栋这头直接把永历帝撵出了广西，广东的佟养甲干得也不赖。

他就靠着手里不多的几千兵力，先后拿下了英德、韶州、南雄，甚至渡海攻下了琼州，明军不是被击败逃跑就是投降。到了四月初，广东十府之地已经全部落入清军之手。

简直不可思议是吧？就靠几千人，能拿下广东一省之地，明军难道都是豆腐人？究其原因，还是要怪朱聿𨮁和苏观生这对目光短浅的君臣，被李成栋的“斩首行动”直接斩首，导致广东失去了指挥中枢，成了一盘散沙。各地留守的军队既搞不清楚自己朝廷的状况，又不清楚清军虚实，往往清军一到，不是降就是跑，真正抵抗的没几个人。

其实就战争来讲，从古到今类似的一点就是，一旦指挥中枢被端掉且无备份，这支部队不管多强，基本上就会面临着溃败的命运。

佟养甲利用的就是广东明军对未知的恐惧。

但是，佟养甲忽视了一件事，他靠着几千人可以暂时忽悠不明情况的明军，不过时间长了，总会露出马脚。

率先看出端倪的是个当官的——陈邦彦。

陈邦彦，广东顺德人，天启元年（1621 年）秀才，隆武朝的兵部职方司郎中。他是个坚决的主战派，奈何手里没有兵权，屡屡建议又不被采纳。朱由榔派他回广东劝说苏观生，这个任务九死一生，比上前线还危险一百倍。幸运的是，陈邦彦还没进广州，绍武军和永历军就已开始交战，他干脆躲入了山中蛰伏起来，伺机而动。

朱由榔在危险面前首先想到的是逃跑，瞿式耜、陈邦彦在危险面前所做的却是等待与坚持，这就是人与人的差距。坚持下去，你未必会成功；但如果不坚持，你永远不会成功。

这一等，就真给陈邦彦等来了机会。

李成栋要带兵追击朱由榔，佟养甲要分兵占领广东全境，广东的清军兵力已经极度空虚。

陈邦彦跑出山林，联络甘竹滩的余龙等部义军，没有多久，就聚众数万人。

人数虽然多，战斗力却不强，大多是当地民团和义民，既没受过军事训练，又没有打仗的经验。也就是说，这是一支类似嘉定起义时乡兵一样的队伍。

这样的队伍，要跟军事经验丰富的清军去硬碰硬，多半没有好处。陈邦彦决定，采用“围魏救赵”之计，直接进攻广州，以解广西之急。

1647年二月初，义军出击，初十打了第一仗，击败了清军水师，击毙降清的总兵陈虎，清军一百多条船只被焚毁。

二月十一日，义军乘胜围攻广州。城内已经升任两广总督的佟养甲紧急传檄李成栋回援，自己则紧闭城门坚守。

广州城内只有数百清军，加上投降的明军也不过几千人，城外的义军则有几万人。但人数的优势并不能转化为胜势，因为攻城是极具技术性的军事专业难题。

即使是有战斗经验的军队，如果没有合适的攻城器械，在冷兵器时代，面对坚城也只能束手无策。

广东首府广州城，就是这样一座坚城。

陈邦彦虽然当过兵部的官，却从没真正打过仗，其他义军也是如此。

里面最能打的人，可能也就是曾经的土匪山贼，加入如今的义军。如果是面对面交锋，凭借勇气，他们也能打一打，现在面对的是十多米的城墙，大家只能干瞪眼。更可怕的是，城头不只有弓箭、火枪，还有大炮。除了把广州围起来，义军一筹莫展。

举旗起兵的并不只有陈邦彦。在东莞，还有一个广东人——张家玉。

和陈邦彦一样，张家玉原来也是个官员，他在隆武朝廷里担任过建国公郑彩的监军，随后又担任过礼部和兵部的左侍郎。从官职上看，他比陈邦彦要高不少。

陈邦彦起兵时，派人到东莞联络张家玉，他带去的信里有一句话“成不成，天也；敌不敌，势也”。张家玉看了信，二话不说，立即着手准备。到了三月初，张家玉精选了骁勇乡兵五千余人，东莞也举起了抗清的大旗。

三月十四日，张家玉攻克了东莞县城，活捉了清朝的知县，下一步就准备进军广州，收复府城。

在这当口，又是李成栋。这个“煞星”接到佟养甲的急报，立即回师广东。东莞刚刚收复三天，李成栋就杀到了城下。

张家玉率领手下在万江租和道滘与李成栋大战两场，虽然给清军造成了一些杀伤，无奈乡兵虽勇，凭的只是一腔热血，不是训练有素、从北方杀到南方的李成栋手下精兵强将的对手，终于不支败退。东莞再次被攻破，张家玉一家三十多口被杀，他本人带着残部撤往西乡，补充实力。

广东抗清的义军，绝不止张家玉、陈邦彦。新安、南海、顺德、增城、龙门、平远等地都有散失的明军明将和义军抗清。

其中，值得说一说的，还有陈子壮。

事实上，在同一时期的广东抗清义军中，陈子壮是在历史上影响最大的人物。

广东历史上有“古八贤”之说，指的是东晋程旼，唐代韩愈、张九龄，北宋刘元城、狄青，南宋文天祥、蔡蒙吉这七个人，再加上明末的陈子壮。

能与韩愈、文天祥等人并列，可见陈子壮的地位。

陈子壮，广州人，万历二十五年（1597 年）进士。从万历朝到崇祯朝，陈子壮累官至礼部右侍郎。弘光年间，陈子壮任礼部尚书。南京失陷后逃回广东，隆武要立为东阁大学士，他没有出仕。

到了永历帝立，又授他以东阁大学士，封兵、礼二部尚书的官职，领尚方宝剑，总督广东、福建、江西、湖广军务。当然，这时候陈子壮已没什么军队可督，不过他还没上任，广州就已被攻破。

陈子壮最叫人敬佩的，是他至死不屈的气节。

陈子壮于七月响应陈邦彦、张子玉等人，在九江村起兵，计划与各路义军合兵共攻广州。

义军强攻广州城很难攻克，陈邦彦想要智取，他制订了一个计划。

陈邦彦想法派人联络到了广州城内的明军降将广州卫指挥使杨可观、杨景晔作为内应，又派手下三千多人向佟养甲伪降，打算在七月初七半夜里应外合，一举拿下广州。

这时，广州城内还有活着的明朝宗室亲王——赵王朱由棪。他是明成祖朱棣的嫡三子朱高燧一脉。传到明末，赵王朱常澳被李自成擒杀，朱由棪在隆武二年（1646 年）袭爵，逃到广州，被李成栋一网打尽。

陈邦彦等人正是打算攻下广州城，救出赵王以作为号召。

后金军在关外攻城略地之时，大多也是凭借城内的内应打开城门，里应外合，很多城池才得以攻下。义军打算以其人之道还治其人之身，看上去天衣无缝。

然而百密一疏，义军的计划偏偏在自己人手里出了漏洞。

陈子壮率自己的义师向广州进军，一路非常顺利，只有一些零星抵抗，很快就到达广州城下。

这也难怪，广东这时遍地义军，零散的清军纷纷龟缩在城里，早就不敢冒头。

问题就出在太顺利了，走得太快。陈子壮的义军提前了两天，1647 年七月初五就到了广州城下。

当时的情况是这样，陈邦彦部义军曾在二月中旬围攻广州，无法攻克。于是，陈部撤围而去，联络各地义军，并定下了七月初七里应外合，会攻广州。

结果到了七月初五，广州城外突然出现大批义军，你叫城里的佟养甲怎么想？傻子也能想到义军要有所动作。

佟养甲派出斥候，捉住了到处张贴檄文的陈子壮家童，亲自审讯。家童受不住刑，如实招供，密谋就此泄露。

佟养甲立即将杨可观、杨景晔捕杀；又以犒赏为名，把伪降的义军骗到一起诱杀；赵王朱由棪也被他逼得上吊自尽。

佟养甲掉转广州城头的大炮，发炮轰击陈子壮义军停泊的舟船。义军猝不及防，船只被击沉无数，只得退避。佟养甲乘着北风大作，出城追击，义军在白鹅潭被击败。

这时候，广西的李成栋已经回师，他接手了对义军的攻势。陈子壮退守高明城。1647年十月二十五日，李成栋会合武毅伯施福部大举攻城，用大炮轰倒城墙。二十九日，高明城破，陈子壮等被活捉，押赴广州。

佟养甲决定杀一儆百，将陈子壮“寸磔于教场”。

行刑时，佟养甲“遍召广州诸绅，坐堂上观其受刑以惧之”，还凶恶地问道：“诸公畏否？”可是陈子壮依然骂不绝口，慷慨吟下绝命诗：“金枝归何处，玉叶在谁家？老根曾愿死，誓不放春花。”

值得一说的是，陈子壮就义后，他的妾室张玉乔被李成栋所纳，收为内宠。这个看似微不足道的女子，将在之后对局势产生一定的影响。

其他义军的遭遇也大致相同。李成栋击败陈邦彦手下霍师连的水军后，陈邦彦据守清远。1647年九月十九日，李成栋亲自率领副将杜永和、张月、马宝猛攻清远。清远城被攻破，陈邦彦身中三刀被俘，与总兵曹天琦等六人被押解到广州。九月二十八日，佟养甲也下令把他们“寸磔于市”。

临刑前，陈邦彦口吟《狱中五日不食临命歌》：

天造兮多艰，臣之江也浒。

书生漫谈兵，时哉不我与。

我后兮何之？我躬兮独苦。

崖山多忠魂，先后照千古！

吟罢，慷慨就义。

还有张家玉。他一直在新安到增城一线转战，中间也曾有过高潮，攻克过新安、龙门、博罗、连平、长宁、乳源、归善、河源等县城。1647 年十月初二，在进攻增城的时候，李成栋率领清军主力赶到（十月初十），与增城守军内外夹攻，张家玉大败，中箭后投水自尽。

陈子壮、陈邦彦、张家玉三人被后世合称岭南“三忠”。他们的被害，都离不开一个名字——李成栋。

把“三忠”兵败的时间线串联起来，可以很明显地看到。

1647 年三月十七日，刚刚从广西回师的李成栋，就马不停蹄地击败了张家玉，夺回了东莞城，东莞只被义军占领了三天。

随后，李成栋就四处救火，扑灭了多地的小股义军。

进入九月，李成栋在广东的军事行动达到了高潮。

九月十九日，攻破清远城，生擒陈邦彦。

十月初二，增援增城，击破张家玉。

十月二十五日，攻克清远城，俘虏陈子壮。

这些只用时一个多月。

平定广东，李成栋无疑是首功。在 1644 年还名不见经传的高杰旧部李成栋，降清不到三年，已经成为名震南北的“煞星”。

但是别忘了，平定广东只是表象。读历史从来不能只看表象。义军并不是孤立的存在，他们代表的是民意，没有民众基础，哪里来的广东遍地起义呢？那么，平定义军的背后，当然也少不了对民众的镇压。

母亲哄骗半夜啼哭的小孩，往往会说一个让他害怕的名字，比如大灰狼、人贩子，孩子怕了，就不敢哭了。在当时的广东，李成栋的名字代替了大灰狼，半夜小孩哭闹，母亲只要一说“李成栋来了”，效果立竿见影。

小孩子哪懂李成栋到底是谁呢？只是在大人们平时的谈话中听多了，形成了条件反射罢了。

然而，任何事物，永远是具有两面性的。李成栋镇压抗清起义，虽然功劳卓著，但在这个过程里，广东的遍地烽火也让他触目惊心。他一路南下，虽然各地义军也不少，但是都没有像广东这样密集。人心到底向着谁？李成栋的心中难免出现一丝波澜。

安国公刘承胤

岭南“三忠”率义军在广东发动起义，最后虽然轰轰烈烈地失败了，客观上却帮了永历朝廷一个大忙，广西暂时能平安几天了。

不过，朱由榔此时早已不在广西，他逃到了湖南的刘承胤这里。

刘承胤这个人有如下标签：力气大、酗酒、街头混混。

这样的人，在和平年代很难有什么大出息，最多也就是个“社会人”。不过，到了乱世，这种人反而有了用武之地。

刘承胤在乱世中如鱼得水，逐渐成了兵痞头子。到了弘光元年（1645年），他更是已经升为总兵，镇守武冈。何腾蛟还把女儿许配给了刘承胤的儿子，两人结成了儿女亲家。

随着明末武将地位的上升，手里有点兵，名头也能唬唬人的“刘铁棍”——刘承胤，也成了香饽饽。朝廷要笼络武将，隆武帝将他封为定蛮伯。

当永历帝在桂林准备打包逃跑的时候，刘承胤正好带兵经过全州。桂林到全州只有二百多里，刘承胤听说皇帝在桂林，就想到了曹操的故事。他上疏请求迎驾，声称自己可以保护朝廷，请永历帝移驾武冈。

朱由榔正在发愁没地方可去，眼瞅着再跑就要跑到越南了。他接到刘承胤的奏疏，就像抱到了大腿，立即同意。于是，刘承胤保护着朱由榔一行回到了自己的驻地武冈。

朱由榔以为自己遇到的是“刘备”，实际上刘承胤却是个“曹操”。

因为迎驾有功，刘承胤爵升一等，晋封武冈侯，这还不用去说。1647年五月，小小的武冈城被改为奉天府，刘承胤又爵升一等，晋封安国公。

强如左良玉，弘光帝也只是给他封了个宁南侯，“江北四镇”更是只有伯爵。刘承胤无论是兵力还是地盘，不要说比左良玉，比当初江北任何一镇都要差了好几个等级，却能晋升公爵。明眼人都看得出来，这里面肯定有猫腻。

刘承胤已经当了曹操，挟天子以令诸侯。

这时，不要说刘承胤本人，连他的党羽也都已经鸡犬升天。锦衣卫指挥马吉翔、郭承昊、严云寸功未立，都封为伯爵；他的亲戚郑逢元，原来是个太仆卿，现在升为兵部右侍郎。刘承胤还不满足，紧接着又把自己升为吴国公加上柱国。

永历帝已经成为一个符号，大权尽握在刘承胤手中。

按说到了这个地步，刘承胤也该消停会了吧？

然而并不是。对于他来说，身边还有个威胁。如芒在背——他的亲家何腾蛟。

刘承胤虽然挟持了皇帝，学曹操学得像模像样，也终究只是画皮而已，他根本没有曹操的实力。天子他是挟了，却没有诸侯买他的账。

刘承胤原本只是何腾蛟手下一个小小的武冈总兵，这样的总兵在督师何腾蛟手下至少还有几十个，而且兵力和战斗力都比刘承胤雄厚得多。“刘铁棍”虽然爵位尊贵，但那只是自娱自乐，手底下还是那么点人，湖南的兵力都控制在何腾蛟手里。在这个世道，没有兵，再大的公爵，也只是个空头司令，没有人会理你。

所以，刘承胤必须想办法抢走何腾蛟的督师之位，把湖南剩余的兵力控制到自己手里。

何腾蛟也听说了刘承胤的胡作非为，他来到武冈朝见永历帝，上疏请求永历帝回驻桂林。

刘承胤本来就忌惮何腾蛟，这时对他更加不满，他要求永历帝解除何腾蛟的督师职权，由自己取而代之。

朱由榔这时早已深受刘承胤之苦，他甚至效仿汉献帝发出密诏求救，哪里还敢再把督师一职交给他，于是拒绝了。

一计不成，刘承胤又生一计。何腾蛟手下虽然打清军不行，但比刘承胤还是要强了很多，不要说马进忠、郝永忠这些总兵，连公认弱小的总兵张先璧，刘承胤都打不过，所以硬拼的可能性是不存在的。

刘承胤打算智取，在何腾蛟回去的路上伏兵暗害，却被早有准备的何腾蛟识破，轻松躲过了。

还没有等刘承胤采取下一步动作，清军就已经杀到了湖南，就是前面说过的“三顺王”入湖南。何腾蛟部下的“楚军”总兵们，不是逃就是降。何腾蛟、章旷等人逃到了永州避风头，靠着清军怕热要避暑，才得以喘息。

等到盛夏过后，秋高气爽，清军又要恢复进攻了。

何腾蛟已经跑到大山里去了，找起来实在吃力。抬眼一瞅，武冈不太远，听说永历帝也在那儿，得，那就先打武冈吧。

1647 年八月，天气转凉，恭顺王孔有德统率部下进军武冈。

八月，刘承胤派部将陈友龙迎战。刘承胤所部明军，在何腾蛟的“楚军”序列里战斗力属于末流，“楚军”精锐尚且不堪一击，何况是刘承胤的部下。两军在斗溪铺交战一场，刘军大败，蒋虎、孙华、聂鸣鹤、张承明、张大胜等将官阵亡，陈友龙随后投降。

刘承胤只是个总兵，并没有多少兵力。陈友龙所率领的已经是刘承胤的主力，这支主力崩溃后，刘承胤只能自己赤膊上阵了。

这时候，刘承胤已经贵为上柱国、吴国公，再也不是以前的总兵“刘铁棍”了，打仗似乎已经是很遥远的事情。他不会再去以身犯险，那就只有两个选择——逃跑或者投降。

事实上，逃跑的可能性也不存在了。此时的刘承胤，兵力已经大损，之前“挟天子以令诸侯”的举动更是已经让他成了过街老鼠人人喊打，不论落到瞿式耜或者何腾蛟手里，都不会有啥好结果。

那就只有投降了。

但是，投降要有资本，如果能纳上投名状，那就再好不过了，可保荣华富贵。

至于投名状，眼前不就有个最高级的？刘承胤把眼光转向了永历帝朱由榔。

朱由榔别的本事不大，有一项天生的技能——逃跑，练得“炉火纯青”。

这个本事时灵时不灵，在之前李成栋还没攻入广西时，朱由榔就一口气跑到了桂林，又从桂林跑到武冈，结果自己反而成了人质，被刘承胤加以利用。

虽然这是次失败的跑路，但朱由榔的嗅觉总有有用的时候，这时，他超灵敏的嗅觉发挥了作用。

刘承胤想拿朱由榔当投名状，朱由榔却早已嗅到了危险的气息。

他通过亲信打听到清军正在逼近武冈城，又见刘承胤行踪诡秘，看自己的眼光就像盯着一块肥肉。联想到弘光帝、隆武帝都是被自己人给卖了，他明白大事不妙。

朱由榔带着几个亲信，带上宗室，没敢跟刘承胤打招呼，通过刘承胤的母亲打开城门，匆忙地逃出武冈。有多仓促呢？连皇帝的一套行头都不要了，能多轻装就有多轻装。

从武冈到广西，要经过靖州，这是常规的路线，路也比较好走。但是，朱由榔的嗅觉又起了作用，他想到在靖州驻防的还是刘承胤的军队，万一刘承胤给他们打过招呼，自己就是自投罗网。

朱由榔果断决定，宁愿多走点冤枉路，抄小道直奔广西，也不拿性命冒险。

朱由榔的直觉再一次救了他的命。

武冈的刘承胤投降后，孔有德发现少了最重要的人物——朱由榔。

不用想，朱由榔只能往广西跑。孔有德立即派手下护军统领线国安率一千骑兵沿路追杀。线国安部轻松攻克靖州，却没有发现永历帝的踪影。如果朱由榔走常规路线，这时恐怕已经成了阶下囚。

清军这次是放完“暑假”之后再次发动湖南攻势，结果更轻松。明军只有郝摇旗和张先璧稍作了一下抵抗，其余的均作鸟兽散，不是逃跑就是投降。

又是一次大获全胜。根据战后统计，投降的有刚当上安国公没几天的刘承胤，还有王允成等四十七名总兵，其他将官更是多达两千余名，士兵则有六万八千多人。

也就是说，七万多名明军基本不战而降。

整个湖南，这时除了湖广巡抚堵胤锡率领的马进忠等几个总兵还在湘西九溪卫坚持抵抗外，其他地方都已被清军征服。

之所以说一说刘承胤，因为他就是一个代表，代表的是当时局面下明兵明将们的心态。

湖南民风素称剽悍，却在短短时间就被占领。什么原因呢？还是统帅和将领的问题。

有句老话说得好，“一将无能，累死三军”，将领在军队中的作用至关重要。

大兵始终是这些大兵。虽然湖南的“楚军”成分良莠不齐，但这与战斗力没有必然联系，关键看谁带。

举个例子，著名的“土木堡之变”中，明军在长城外被瓦剌击溃，损失惨重，一度让人以为明军的战斗力已经衰弱到不堪一击的地步。

然而，几个月后，大同守将郭登（武定侯郭英之孙）就连续三次击败瓦剌的入侵，并且都是野战，不是守城战。

郭登为什么这么强——他以练兵出名。

同样的，还有名将戚继光，也以练兵著称。戚继光的兵来自哪儿呢？——浙江。

江南向来被认为民风软弱，不善于打仗。不过，在戚继光手下，南兵成为明军的招牌，不管是在国内打倭寇，还是出国到朝鲜抗倭，都是当仁不让的主力，表现甚至强过辽东和西北的边军。

甚至直到松锦之战末期，浙江将领陈策部下的浙兵，还在浑河联手川军“白杆兵”，给八旗军造成重大杀伤。

同理，浙江兵能打，湖南兵就不能打吗？

那当然是不可能的，湖南素以民风剽悍著称，怎么可能不能打。

关键还是在将领身上。作为湖南统帅的何腾蛟，想的不是如何忠勇报国，而是怎么扩充自己的实力，保住自己的地位。所以，他排挤投靠的大顺军，又一再敷衍隆武帝，出工不出力。有这样的统帅，他手下的将军们又能好到哪里去。

堵胤锡约何腾蛟一起进攻湖北，他敷衍了事；隆武帝有难，要求何腾蛟保护，他又出工不出力，那这支军队存在的意义是什么？

如果只是为了保住自己的荣华富贵，那么投降清朝一样可以做到，最多受点损失，但是安全啊，不用去战场上拼命。

也就是说，军队不明白为谁而战。

用现在的话来说，这个团队没有凝聚力，没有企业精神和企业文化，大小上司们只以私利第一，却不明白，有了团队利益，才有个人利益。

这样的军队，怎么能打仗呢，集体投降也就不足为奇了。